Anne Lefièr.

Un aigle dans la basse-cour

Maquette de la couverture : Normand Hudon

ISBN 2-7609-3402-0

© Copyright Ottawa 1986 par Les Éditions Leméac Inc.
Dépôt légal — Bibliothèque nationale du Québec
2e trimestre 1986

Imprimé au Canada

Suzanne Paradis

Un aigle
dans la basse-cour

Poche
Québec

Je n'ai pas inventé Yannick Duntel: il existe en chair et en os. En se penchant sur son court et explosif passé, il a rassemblé près de neuf cents pages de notes maladroites mais criantes d'une vérité insupportable. J'en ai tiré ce livre que la romancière n'aurait jamais pu proposer sans que le lecteur ne l'accuse de cruauté excessive ou d'imagination morbide. Du fond de son désespoir, Yannick cherche à son existence et à celle de ses semblables un refuge et une explication. Dans ce but nous avons suivi son trajet délirant, de la blessure initiale à la conscience de l'être décidé à vivre en harmonie avec soi et avec les autres. L'aiglon à l'aile brisée fourvoyé dans la basse-cour découvre peu à peu son identité et son envergure — mais en traversant l'enfer et en explorant douloureusement l'envers de l'amour et de l'espoir. Il franchit aujourd'hui l'abîme qui le sépare des Autres par besoin de croire, d'agir et d'aimer, à travers l'urgence d'être aimé et reçu parmi nous. Il veut vivre et nous l'y aiderons en ne refermant pas sur son envol les frontières du passé.

Parmi les droits méconnus de l'homme, exclus officiellement de la charte des privilèges humains universels, figure le droit à l'avenir. Qu'il soit accordé à Yannick Duntel et à ceux qui ont emprunté la même errance et le même désespoir que lui.

Suzanne Paradis
octobre 1984

CHAPITRE 1

Mon village

Il était une fois un village... Il est un lointain village...

Moi, j'habite ce village, avec mon père, ma mère, mes frères et soeurs aînés Martin, Roger, Damien, Monique — et ma petite soeur Marie. J'ai six ans de moins que l'aîné et deux de plus que la cadette. Nous sommes tous nés entre 1952 et 1960. Je m'appelle Yannick.

Il était une fois ce magnifique petit village de la Gaspésie, juché entre le ciel et la mer, flanqué de routes et de quais, de bateaux et de cages de bois, et nous, parents et enfants vivant dans une grande maison à moitié finie, construite par mon grand-père et ses fils, dont mon père, dans la rue du Quai.

Situé à une quinzaine de kilomètres de S..., le village comprend, vers la fin des années cinquante, environ 4,500 âmes, réparties en petites communautés à peu près fermées les unes aux autres. Les enfants, garçons et filles, savent que franchir le seuil de la communauté expose à la bagarre et attire des ennuis et des bosses. Suis-je le seul petit garçon au monde à me poser des questions à propos de l'inégalité qui nous divise en clans plus ou moins civilisés? Sans doute pas. Mais, entre six et dix ans, je n'ai personne à qui confier mes réflexions les plus élémentaires: pourquoi certaines familles connaissent-elles l'abondance, d'autres, la misère? Pourquoi les gens ne s'aiment-ils pas? Pourquoi ma mère me repousse-t-elle obstinément lorsque je quémande un peu d'attention? Suis-je aveugle pour ne pas voir de différence entre un enfant pauvre et un riche et pour admettre l'un et l'autre dans mon coeur? Pourquoi ne se donne-t-on pas la main au lieu de la refuser aux uns et aux autres selon ses caprices?

Pas de réponse. Jamais de réponse aux larmes et aux étonnements du petit Yannick Duntel. Rien que les grands trous vides des questions qu'il se pose en silence, surtout lorsqu'on le rabroue et le punit injustement. À cet âge tendre, je ne sais pas pourquoi les enfants du P'tit Canada sont tellement misérables, sinon parce qu'ils gèlent l'hiver dans leurs minces vêtements. À la maison, nous ne disposons pas de jouets sophistiqués, mais nous avons de la nourriture et des vêtements convenables. Mon père ne possède pas de voiture ni de beaux meubles, mais le vieux téléviseur fait office de boîte à magie avec efficacité. L'argent est rare, souvent absent, mais l'épicier nous fait crédit de paie en paie hebdomadaire. Nous n'appartenons pas apparemment au clan des *Ballu* du P'tit Canada, pas plus d'ailleurs qu'aux Grands-Fonds, le quartier des riches.

Nous sommes pauvres pourtant. Mon père travaille au moulin à bois de John Robinson pour un salaire qui ne suffit pas à payer ses dettes: l'électricité, la nourriture, le chauffage entament si largement sa paie qu'il ne lui en reste jamais pour l'imprévu. La fierté et la diligence de ma mère nous permettent de porter de bons habits et des chaussures appropriés à nos occupations et à chaque saison. Elle sait coudre du neuf dans du vieux, confectionner aussi bien des robes que des manteaux ou des chemises qu'elle entretient avec un soin extrême. Elle y emploie énormément de son temps et de ses énergies et exige que nous paraissions à notre avantage lorsque nous sortons.

Elle se débrouille admirablement bien à la cuisine où, en plus des 40 pains hebdomadaires nécessaires à la famille, elle prépare des ragoûts, des cipâtes, des pâtés à la viande, de la soupe et — détail non négligeable à mes yeux d'enfant — des desserts à chaque repas. Elle achète en gros la farine, le sucre, le sel, les pommes de terre, les bananes, par mesure d'économie. La seule restriction alimentaire que nous connaissions est l'interdiction de manger entre les repas. Son temps appartient à différentes tâches ménagères dont elle refuse d'être distraite par moi ou ses autres enfants. Cuisiner, laver, repasser, coudre, administrer une maisonnée de six enfants nés en huit années de mariage, exigent un va-et-vient continuel et la concentration de ses forces. Je le constate, même à sept ou huit ans, mais ce dévouement à des tâches dont je ne saisis pas la complexité me frustre terriblement. Moi qui n'éprouve aucun dédain pour les pauvres, les mal nourris et les mal accoutrés, je voudrais plutôt que ma mère me prenne dans ses bras et berce l'une ou l'autre de mes innombrables peines, au lieu de laver le linge et de faire le ménage. Je ne comprends pas non plus qu'elle affiche au dehors une humeur heureuse, un comportement positif, alors qu'elle se montre si agressive dans la maison, la bouche pleine de cris et d'injures envers nous. Je la hais par moments autant que je l'adore, car elle me balaie de son chemin avec une bordée de mots qui sonnent durement à mon coeur, me traite de menteur, et me punit à tort et à travers. Ma pauvreté, ma misère à moi ne la concernent pas puisqu'elles lui demeurent invisibles et, peut-être, incurables. La seule déchéance qui l'excite s'avère celle qu'on montre du doigt, celle des *Ballu* aux habits sales et aux taudis malodorants. Les besoins du coeur peuvent attendre, du moins tant que les privations ne le placent pas dans une situation que l'on montrera du doigt...

Bien sûr, dans ce village comme partout ailleurs, veille une commère dans chaque fenêtre de la rue, circulent des ragots à n'en plus finir dont ma mère, qui est originaire de la rive nord, est terrifiée. Elle fait partie des étrangers que l'on épie et sur qui retombera la colère du village en cas de désastre. Mon père, lui, jouit de la protection due aux vrais enfants du pays, car mon grand-père Duntel a pignon sur rue au pied de la côte Saint-Norbert. Dans un village comme le mien, l'appartenance joue un si grand rôle que ma mère s'efforce, par les moyens dont elle dispose, d'offrir les apparences d'une intégration réussie à la communauté dont nous faisons partie. Ma mère, si sensible à la critique de la parenté Duntel, réagit à mes chagrins et mes attentes comme à des piqûres d'insectes: une volée de jurons et une grande claque sur le bobo.

Mon père, je l'ai dit, travaille au moulin de John Robinson qui emploie 85 ouvriers. Je me souviens de mon père, un être taciturne, muet, d'une sensibilité maladive. Il travaille lui aussi presque sans arrêt. Lorsqu'il est à la maison, il fabrique des meubles dans le sous-sol et, pour nous, des luges, des toboggans, des skis. Il s'est installé un coin-établi, près de la fournaise et il m'arrive souvent de passer la soirée assis dans l'escalier, et de le regarder façonner habilement le bois dont l'odeur imprègne ses vêtements. Il ne me parle pas, mais de temps en temps, me sourit. Quand il ne travaille pas, il se berce en silence ou va dormir et je regrette tellement l'absence de paroles entre nous...

Peu à peu, je me rends compte que ma mère porte presque seule le fardeau de la responsabilité familiale. Elle détient l'autorité aussi bien qu'elle administre le budget et garde l'initiative au sein du groupe. Peu à peu également, je me rends compte que beaucoup de petites choses dépendent de ma seule débrouillardise. En dépit de mon handicap d'enfant trop sensible, je n'en manque pas. Aussi, à l'âge de neuf ans, ai-je une certaine conscience de notre condition sociale, des restrictions que nous impose notre type de pauvreté. Une fois par semaine, j'accompagne le cordonnier du village dans sa tournée de la localité et des localités avoisinantes où nous collectons les chaussures endommagées. Il fait sombre, j'ai peur des chiens et parfois les maisons sont éloignées du chemin. Au bout de la ronde, le cordonnier me remet un dollar cinquante avec lequel je m'achète les friandises dont j'ai le plus envie. Sans doute aurais-je continué plus que les quelques mois que j'ai consacrés à ces tournées hebdomadaires après l'école. J'abandonne devant l'intransigeance de ma mère qui me dépouille de la moitié de mes achats au profit de ma petite soeur et ne permet pas que l'inverse soit respecté.

L'été suivant je découvre une autre source de revenus auprès des nombreux touristes à qui je sers de guide, pour la visite de notre extraordinaire rocher, pour la somme de un dollar. Il m'arrive de gagner ainsi jusqu'à dix dollars dans une seule journée. Mais j'ai eu ma leçon: je dissimule mon argent dans une cachette aménagée hors de la maison et j'y puise à mesure les sommes dont j'ai besoin pour relever mon niveau socio-économique. J'ai vite compris le chacun pour soi dans un univers où mes frères aînés, eux, apprendront à voler pour se procurer des revenus supplémentaires et les petits plaisirs de la vie.

Bien sûr, dans mon village, on sait que chez les *Ballu* du P'tit Canada logent officiellement les mal lavés, les putains, les voleurs et les assassins. Pourtant je sais que se cachent des voleurs dans la maison de mon père: que Martin, Roger et Damien même commettent des vols et des larcins régulièrement. Le soir, Martin et Roger sautent par la fenêtre de leur chambre, puis reviennent avec des caméras, des projecteurs, des outils, des instruments que nous ne possédons pas et n'utilisons pratiquement jamais. Quant à Damien, il dérobe de l'argent à la voisine qui l'emploie pour de menus travaux. Notre communauté a peut-être meilleure réputation que le P'tit Canada, mais ne faudrait-il pas dénoncer mes frères pour leurs actions répréhensibles? Encore des questions sans réponses. Personne ne me croirait, personne ne me croit jamais lorsque j'accuse Martin. De plus, j'ai développé une telle horreur de la violence, de la haine, de la barbarie, que mon agressivité s'est endormie.

Pourquoi un enfant pleure-t-il alors qu'un autre rit? Pourquoi l'un est-il riche et l'autre démuni de l'essentiel? D'où vient cette terrible et inexplicable injustice? Est-ce qu'on fera un jour écho à ces interrogations qui me troublent tant? Et pourquoi n'ai-je pas adopté les solutions de mes frères? Qui avait raison, d'eux ou de moi?

Personne ne m'aide à comprendre mon village et je suis trop petit pour apporter moi-même des réponses adéquates. Il y a autant de trous dans mes élucubrations que dans les murs qui séparent nos chambres à l'étage. Le monde que je découvre me terrorise, ma vie est une espèce de cauchemar où ma mère et mes frères tour à tour se changent en ogres et en tyrans dont je suis le souffre-douleur. Mais pourquoi les choses sont-elles ainsi et non autrement?

Pourquoi ci, pourquoi ça? J'essaie de savoir. Je feuillette le livre de ma mémoire, plein de pages grises ou noires parmi quelques lumineuses pages en couleur.

Je sais que mon village est beau, avec son rocher monolithique, sa presqu'île de sable (où l'on entasse les planches de bois que des bateaux charroient vers un autre monde), son grand quai et sa marina, sa belle église qui accapare le ciel à la ronde, ses escaliers et son océan sans limites. Je le sais sans qu'on me l'ait jamais dit à la maison, à l'école ni ailleurs. Derrière le presbytère, des cygnes argentés se mirent dans l'étang artificiel entouré de milliers de fleurs multicolores. Des goélands survolent le quai des pêcheurs en quête de nourriture. Le village sent le bois et le poisson frais, tout dépend si on approche du moulin ou du petit quai. D'énormes bateaux engouffrent les cages de bois qu'on produit au moulin. Des pêcheurs à la ligne hantent le grand quai et comptent leurs morues, leurs maquereaux, leurs saumons et leurs éperlans. L'escale d'un gros navire constitue un événement qui réunit chaque fois une petite foule. La rivière du Bois bruit derrière le moulin de ses truites encore libres.

Je grandis dans un décor démesuré et pourtant simple et familier. J'aime mon père mais son silence contribue à augmenter mes peurs. À travers son mutisme perce une impuissance semblable à la mienne. Il ne répond jamais aux reproches et aux accusations de ma mère. Il jongle interminablement devant la fenêtre ou bricole dans la cave, sans jamais se mêler des querelles des enfants ni des scènes que multiplie ma mère excédée. Il semble trop bon, un peu mou peut-être à mes yeux d'enfant. Pourquoi ne nous engueule-t-il jamais? Pourquoi ne corrige-t-il pas Martin et Roger qui le méritent bien? A-t-il autant peur de maman que moi?

Une seule fois — Damien a douze ans — j'assiste à une effroyable colère de mon père. Il vient d'apprendre que Damien qui fait le ménage chez une voisine, madame Delage, lui vole chaque fois de l'argent avec lequel il nous approvisionne en bonbons, crème glacée, jouets, cigarettes qu'il nous a appris à fumer en cachette. Enragé, mon père saisit une grosse courroie de cuir, baisse le pantalon de Damien et lui administre devant nous la plus sévère fessée dont je puisse me souvenir. Mon frère se débat, hurle et pleure, mais papa frappe furieusement jusqu'à ce qu'il ait le derrière bleu, blanc, rouge comme le drapeau des Français.

Une fois sa colère satisfaite, mon père regrette d'avoir battu l'enfant coupable, non seulement de vol, mais d'avoir perverti ses frères et soeurs. Il renonce définitivement à son rôle de père, éducateur ou policier, pour s'enfermer dans un silence plus profond que jamais.

Pourtant il nous aime, je peux en témoigner à la suite d'un incident qui a lieu à l'époque de mes neuf ans. Je suis dans l'escalier en train de m'amuser avec mes camions miniatures. L'irruption soudaine de Martin me donne des frissons prémonitoires: il ne passera certainement pas dans mon chemin sans causer quelque drame. En effet, le fier-à-bras m'arrache des mains les jouets qu'il refuse de me rendre. Bien qu'il ait six ans de plus que moi, je monte à l'assaut afin de les récupérer. Inutilement bien sûr. Mes coups et mes cris ne viennent pas à bout de sa force et le duel s'achève par ma défaite. Saisi par un irrésistible sentiment de frustration et d'injustice, je me jette sur le premier objet venu — en l'occurrence, la précieuse machine à coudre de maman — que je fais dégringoler dans l'escalier. Une fois ma vengeance accomplie, je me précipite dans ma chambre et me terre sous mon lit en attendant l'inévitable punition. Mais j'ai été poursuivi et rejoint par mon père. Je me prépare à recevoir les gifles réglementaires que je mérite, mais papa m'attire à lui et me parle avec une étrange douceur. Non seulement il ne me demande pas de présenter des excuses pour mon geste fautif, mais il promet de prendre l'accident à son compte devant maman et me recommande de faire un peu plus attention à l'avenir. Que de bonté, que d'amour je lis, en ce moment, sur le visage compréhensif de papa, dans ses paroles apaisantes. Je reste muet devant lui qui s'attarde à panser la blessure qui cause mes souffrances: ma faiblesse si évidente, ma peur de grandir et de devenir aussi méchant que mes frères.

En un tel moment, je devine ce que recèle le coeur muselé de cet homme, et la force qui m'attire vers lui: je lui ressemble. Il peut lire en moi une détresse qu'il supporte sans dire un mot, sans révolte, une détresse qui l'écrasera puisqu'il ne peut l'écraser lui-même. Je pleure sur mon lit, autant de tendresse que de désarroi, en possession d'un secret que je ne peux partager avec personne: l'amour de mon père.

Comment expliquer que je m'acharne à la conquête de ma mère qui me rejette, sinon parce que le mutisme continu de mon père rebute mon besoin de communiquer par la parole? Ma mère crie, jure, engueule sans arrêt mais finit par articuler des sentiments et des pensées. Ce langage, si grossier et autoritaire qu'il soit, la rend plus accessible à mes propres efforts. Du plus loin que je me souvienne, j'essaie d'accrocher ma faiblesse et ma peur de vivre aux jupes de cette femme volontaire, vaillante, organisée. Elle se défoule de ses sentiments négatifs en punissant au hasard, sans chercher à comprendre la faute ou à découvrir le vrai coupable. Châtier, refaire l'ordre, tel est son mode de présence et de communication. Elle ne dispose pas du temps nécessaire à une explication, même succincte, à une argumentation enfantine qui risque de traîner en longueur. Choquée par le silence et l'inertie de papa devant nos continuels affrontements fraternels, elle accuse sans arrêt, déverse sa bile en blasphèmes et taloches. Instinctivement, je réprouve ce langage vulgaire et excessif.

Elle se trompe souvent, et je m'aperçois que je deviens la victime attitrée de ses erreurs. Que de fois elle me repousse avec une violence que je prends pour de la haine. Mes questions inopportunes l'agacent: elle ne s'intéresse qu'aux problèmes bien tangibles qu'elle résout d'ailleurs avec intelligence et sans ménager sa peine. Les obstacles matériels ne l'effraient pas tant qu'elle peut les abattre en investissant son temps et son talent. Elle hait la misère et le climat de détérioration qui en découle. Aussi met-elle son habileté en oeuvre pour nous garder dans les limites d'une pauvreté honorable et supportable. Elle a besoin d'activité, de mouvement pour oublier le gouffre où nous risquons à chaque moment de sombrer. Elle aime le bruit — pas celui que nous faisons par exemple — et redoute le calme où ses pensées déprimantes prennent le dessus et l'entraînent dans une rumination impuissante de ses difficultés.

Elle a choisi une fois pour toutes ses priorités — les tâches ménagères, son apparence et la nôtre — et rejette les autres obligations de la maternité. Elle me rejette, moi, avec tant de dédain que je ne peux le supporter. Jamais elle ne me serre dans ses bras. Elle ne s'aperçoit de mon existence que pour mieux m'écarter de son chemin. La solitude, la peur, cette misère que je lui rappelle par une présence pâlotte et souffreteuse, elle les rejette aussi. Je suis trop petit et ignorant pour comprendre le mal qui la ronge et je ne perçois que son agressivité. Ai-je assez pleuré sur la cruauté des paroles qu'elle déverse sur moi sans retenue? Aimer ses enfants, pour elle, consiste à les nourrir, les vêtir, leur donner un toit et des ordres, à remplacer un père muet et mou qui n'ose pas intervenir auprès d'eux, un père inoffensif qu'elle traite de «maudit malade» sans expliquer de quelle mystérieuse maladie il est atteint.

Sans doute travaille-t-elle jour et nuit pour répondre aux besoins urgents de la maisonnée. Six enfants autour d'elle sont devenus six agents de troubles, de chicane, qui la dérangent dans la réalisation de son programme quotidien. Aussi ses interventions sont-elles aussi brutales que brèves: gifles, fessées, réprimandes, abus d'autorité. Suis-je plus sensible que les autres pour ne pas vivre une seule journée sans crise de larmes et émotivement perturbé par son attitude cavalière? N'y a-t-il que la violence qui sache convaincre?

Je peux déjà croire, vers six ou sept ans, que la violence constitue l'unique réponse à mon angoisse enfantine. Une pression insupportable règne entre les murs de la maison. Ma mère se défend vertement des accusations que les frères de papa portent contre elle. Elle rétorque que papa était malade et fou bien avant qu'ils ne se rencontrent. Mais je ne sais pas ce qu'est la folie. Mon père semble si tranquille et si accommodant. Il travaille au moulin, il sent le bois frais, il se berce devant la fenêtre, il coupe et varlope le bois dans la cave. Est-ce cela, être fou? L'excitation de ma mère fait surgir sur nos têtes le danger avec un grand D, celui qui n'a pas de nom, qui est invisible mais n'attend que la seconde d'inattention pour vous sauter dans le dos, vous mordre, vous rouer de coups, vous étrangler... À six ans, oui, je sais qu'il rôde autour de moi, qu'il m'en veut particulièrement, que la tyrannie de maman à mon endroit me désigne à sa morsure.

Pourtant je n'approuve pas que Martin et Roger jouent des tours à maman, provoquent son impatience ou sa colère. Je n'aime pas Martin qui m'effraie et me martyrise. À la maison, il a vite pris la place de papa et assumé la tâche de nous éduquer, mes frères, mes soeurs et moi. Il est le plus grand, l'aîné, le plus fort, le leader au sein de notre groupe. Il me terrifie parce qu'il exerce son autorité avec une violence plus raffinée que celle de maman. Pour obtenir obéissance et respect, il se sert de menaces et de représailles qui vont jusqu'à détourner sur nos têtes innocentes les foudres de maman qui devraient retomber sur la sienne. En un sens, l'éducation qu'il nous impose, à ma petite soeur et moi surtout, s'avère marginale plutôt que complémentaire à celle que ma mère nous donne.

Certains soirs — je dois noter que Martin est notre gardien attitré lorsque nos parents s'absentent — il me réveille par exemple, pour que je visionne avec lui le cinéma de fin de soirée à la télé. Si je lui résiste, il me harcèle jusqu'à ce que je lui obéisse, et me réveille avec de l'eau froide quand je me rendors. La plupart du temps, dès que je l'aperçois, je me réfugie sous mon lit ou dans quelque coin où il ne pourra m'attraper. Il m'est arrivé de m'enfuir chez des voisins afin de trouver un peu de réconfort. Je prends facilement panique au souvenir des sévices qu'il parvient à m'infliger. Il peut le faire sans inquiétude d'ailleurs puisque ma mère refuse de croire les récits d'épouvante que je lui fais, me traite de menteur et me punit pour avoir inventé des abominations.

Je me souviens de l'une de ces soirées de garde d'une façon cuisante. Martin, un autre de mes frères (je ne sais plus lequel) et un de nos voisins nous font monter dans la chambre de Martin, Marie et moi, nous obligent à nous déshabiller, à jouer avec nos sexes en utilisant des trucs de leur cru. Martin force ensuite Marie à masturber son copain, la brutalisant et la menaçant pour qu'elle s'exécute. Au retour de maman, je m'empresse de lui raconter cette séquence d'horreur dans l'espoir que mes frères seront justement châtiés. Peine perdue.

Maman nous renvoie dans nos chambres, Marie et moi, et prend la défense de Martin «qui ne peut pas accomplir d'aussi vilaines actions». Et devinez qui est le vilain de cette histoire? Yannick, bien entendu, le méchant Yannick qui a une si perverse imagination. Je finis par comprendre que le mal qu'on me fait devra toujours être expié par moi et que je ne mérite pas mieux.

Je comprends aussi qu'à ce petit jeu, ceux qui en ont envie peuvent impunément abuser de ma faiblesse. J'en ai d'innombrables preuves. Le voisin qui a participé à la séance d'initiation avec Martin m'entraîne un jour sous une galerie en prétextant un secret à me révéler. Aussitôt à l'abri des regards, il procède à des attouchements sur moi, il détache mon pantalon et me masturbe en m'écrasant au sol de sa poigne vigoureuse et en multipliant les pires menaces en cas de délation. Il me tuera si je raconte la chose et je le crois. D'ailleurs, ma mère elle-même ne m'a-t-elle pas formellement interdit de répéter ce genre d'histoires à qui que ce soit? Épouvanté, blême comme un oeuf, je cours me cacher sous mon lit où je pleure assez fort pour que maman s'inquiète de mon bobo. Je ne peux lui dire que j'ai peur, incapable de dévoiler la terrible vérité qui peut attirer la mort sur moi. Elle me dirait encore que je suis un malade (comme mon père?), que j'ai une imagination morbide, que je mens, que les choses que je vois et que je vis ne sont pas réelles. À quoi bon, dans ce cas, risquer encore une punition?

Mes frères prennent un malin plaisir à me persécuter. Le spectacle de la peur les stimule et je panique facilement. Je peux à peine bouger de sous mon lit, le seul endroit où je retrouve un peu de sécurité. La situation s'envenime tellement que vient le jour où je ne peux plus descendre l'escalier pour me rendre au cabinet de toilette. Pressé par l'urgence et mes besoins naturels, je trouve une solution. À l'étage des chambres, il y a un cabinet sombre où maman entrepose les vêtements hors saison dans des sacs. Pris au dépourvu, je fais mes selles dans les sacs de linge tandis que j'urine dans les tuyaux creux de mon lit.

Évidemment, maman finit par découvrir le manège, entre dans une colère que je trouve juste, pour une fois, m'agonit d'injures et de reproches, mais sans chercher à découvrir la cause de mon comportement. Pour finir en beauté, je suis mis à genoux dans un coin afin de réfléchir à mes impardonnables péchés. Impossible de me défendre et d'obtenir un peu de protection contre les abus de mes frères, je suis condamné au silence, au silence de mon père.

Chaque jour charrie mille occasions de me buter à d'affolantes initiatives fraternelles, et bien peu de chances de les esquiver. Un matin, Martin m'emmène à la chasse avec lui dans l'unique but de me dérober les deux sandwiches auxquels nous avons droit chacun pour la journée. Évidemment je rentre affamé de l'excursion et dois attendre le souper sans accuser mon frère qui m'en ferait voir de toutes les couleurs. Je suis le stupide cobaye à portée de sa main brutale, de son impitoyable persécution.

Une autre fois, Martin nous enverra en éclaireurs, Monique et moi, afin de tester la solidité de la glace à la fonte des neiges. Il ne s'inquiète pas de voir se rompre la glace sous le poids de Monique, pourvu que le danger ne le menace pas lui-même. Quand nous l'accompagnons, nous savons qu'il y a risque ou danger et que nous ne pouvons compter sur son dévouement pour nous sortir des situations fâcheuses où son inconscience nous met. Pas possible non plus de nous dérober à ses invitations, il dispose de moyens de pression aussi nombreux qu'effrayants. Il sait d'ailleurs que le malheur arrive par ma faute, version universelle aussi bien à la maison que dans le village. Malade et fou peut-être, le petit Yannick. Pourquoi, si je ne suis ni malade ni fou, ne puis-je fonctionner comme les autres enfants? Pourquoi mon comportement tranche-t-il sur celui des autres? Ma famille n'est-elle pas respectable et ne tient-elle pas ses engagements en me nourrissant et me vêtant convenablement? On me fait une réputation d'idiot de village. Retrouve-t-on un objet brisé? Un autre a-t-il disparu? Le coupable est sûrement tapi sous mon lit, chiâlant ou se rongeant les ongles...

Il m'arrive, je le confesse, de casser de la vaisselle ou de briser volontairement un objet de la maison, pour exercer ma petite vengeance personnelle et surtout manifester ma peine. L'initiative se solde par une fessée à la maison. À l'école, pour les mêmes délits, j'ai droit au fouet de la courroie de cuir sur les mains, à un avertissement à mes parents qui doublent automatiquement la punition, à la colère et l'incompréhension habituelles. Je multiplie les fugues dans le village, mais il me faut toujours rentrer, car je me méfie autant des voisins que de mes frères. Je me demande pourquoi, lorsque j'emprunte le langage de la violence qu'on emploie contre moi, je dois en subir les conséquences les plus désastreuses. Alors que Martin impose le respect grâce à la violence, sort indemne des situations les plus corsées, pourquoi ne puis-je m'attirer que la réprobation générale et plus que ma part de punitions et d'échecs? Pas de réponse. Toujours pas de réponse.

Certes la violence ne m'est pas naturelle. Je la connais parce qu'elle s'est acharnée sur moi, mais pas de l'intérieur. J'ai appris ses détestables manèges à observer les autres, à commencer par mes frères et mes sœurs. Même la petite Marie s'en tire mieux que moi. Elle ne se gêne pas pour se servir de moi en guise de victime, elle non plus. Ses deux années en moins ne l'intimident pas. Elle a compris très tôt l'avantage de pratiquer le mensonge et l'hypocrisie afin de plaire. Et elle plaît, parce qu'elle est intelligente et habile, elle n'hésite pas à réclamer les témoignages dont elle a envie. Je me souviens avec une certaine amertume de l'époque où maman m'oblige à partager avec elle les friandises que je me suis payées par mon travail chez le cordonnier. Non seulement elle critique mon choix mais elle m'arrache des mains les précieux bonbons dont elle donne la moitié à Marie, puis m'envoie en pénitence dans ma chambre. Je ne répugne pas vraiment à partager avec Marie, mais pourquoi ne me donne-t-elle jamais la part qui me revient des gâteries qu'elle obtient? Puis-je aisément comprendre qu'on ne l'y oblige point?

Probablement que je ne connais pas encore le mot injustice, mais il forme la base de ma souffrance. Je suis jaloux de Marie parce qu'on la protège et qu'on l'aime, même contre moi. De temps en temps je manifeste cette jalousie. Le bel ourson qu'elle a reçu de l'oncle Tin'homme, je saute à pieds joints dessus dans l'espoir de l'éventrer et en pleurant à chaudes larmes parce qu'on ne m'a rien donné, à moi. Elle me fait si souvent punir pour des fautes que je n'ai pas commises, j'ai envie de me venger et de manifester mon désaccord envers la «récompense» qu'elle a reçue si injustement. Résultat: fessée et réclusion dans ma chambre, tandis qu'on console Marie, la pauvre petite Marie.

Même le fait qu'elle ait pu entrer à l'école plus jeune que moi, parce que sa date de naissance coïncidait avec le règlement, soulève un malaise en moi. Et puis l'école lui réussit. Elle est entourée d'un tas d'amis, récolte de très bonnes notes, chante dans la chorale, joue dans les pièces de théâtre, écrit des poèmes pour maman, dessine ses cartes de souhaits et sait fabriquer des petits cadeaux. Souriante, de bonne humeur, elle s'amuse et fait son chemin sans entrave.

Quand elle vole de l'argent à la maison, elle affirme que je suis le coupable et on la croit. Et elle le fait souvent. Et moi je courbe l'échine et reste impuissant à me défendre. Pourtant, quand des visiteurs nous viennent de Québec où vit la parenté de ma mère, ils offrent des présents à Marie et l'assoient sur leurs genoux en lui faisant mille compliments. Personne ne semble lui reprocher ses vilaines actions ni la soupçonner de la moindre mauvaise intention. Ses espiègleries enchantent les visiteurs qui ne savent quoi inventer pour lui exprimer leur attachement. Ce dernier point surtout excite mon envie. Moi qui ai une telle soif d'amour, j'accepterais même ses sous-produits: la pitié par exemple.

Mais je suis celui qu'on punit et qu'on dénigre, l'autre plateau de deux poids, deux mesures dont je commence à percevoir le fonctionnement abominablement truqué.

J'ai sept ans. J'entre à l'école. L'école élémentaire est située derrière l'église, au bout de la rue des Écoliers. La cour est vaste et plantée de grands arbres. Je me dissimule dans un coin de la cour, derrière l'un d'eux. J'observe les autres enfants qui jouent au ballon, à la tape, qui se chamaillent et rient ensemble. Je ne leur ressemble pas et n'aurai jamais le courage de les affronter. Ne suis-je pas différent d'eux au point que ma mère ne supporte pas ma présence? Ma tristesse profonde m'apparaît plus vivante que cet essaim d'enfants bruyants et aimables qui ne pourront jamais m'accepter, j'en suis certain.

Mais l'école n'est pas peuplée que d'enfants. Quelqu'un me repère derrière mon arbre et m'enjoint d'aller me mêler aux jeux des autres enfants. Ma peur d'être exclu est plus forte que ma crainte du professeur à qui je rétorque que je n'ai pas envie de jouer.

— Tu pourrais te faire des copains, insiste la dame souriante.

— Je veux pas d'amis, j'en aurai jamais.

Je parle entre les dents, l'air agressif et malheureux. La dame n'insiste pas. Pourquoi s'intéresserait-elle à un petit garçon qui préfère rester seul, assis à l'ombre d'un gros arbre, à rêvasser ou à s'ennuyer de sa mère?

Je suis les autres dans l'école, mal résigné à passer dans cette bâtisse sans attrait les heures réglementaires. Je me sens aussi nerveux que les autres écoliers lorsque l'institutrice nous fait donner nos noms à tour de rôle. Yannick Duntel. Je suis Yannick Duntel, et je crois qu'on se doute désormais que mes parents m'ont chassé de la maison et m'envoient à l'école afin de se débarrasser de mon encombrante personne. Très vite on apprendra également que je n'aime ni le sport ni les jeux de compétition, que je déteste ce lieu et possède un pouvoir secret: celui de me réfugier dans un monde de nuages, d'étoiles et d'arbres, où chaque objet se transforme en pourquoi. Combien de temps faut-il pour faire pousser un arbre? Pourquoi les feuilles tombent-elles dans la cour?

L'école est la solution que mes parents ont trouvée en attendant que je grandisse et que je quitte pour de bon la maison et le village afin de gagner ma vie. Mais je hais l'école, je n'y apprends rien. Elle non plus ne répond pas aux questions. Je suis toujours seul parce que je ne joue pas, et parce que j'ai peur du maître ou de la maîtresse, peur des autres écoliers, peur des punitions et des brimades. Dans ces îlots d'adultes et d'enfants, je retrouve dix, vingt, cent autres frères disposés à me torturer, à m'injurier, à m'accuser de leurs saletés de mauvaises actions. Si je ne ressemble pas aux autres, c'est parce que je suis plus détestable et insignifiant que mes frères et mes soeurs, parce que j'ai peur de mon ombre. Les autres enfants rient, ils s'amusent et font du bruit; moi je ne suis bon qu'à geindre et à pleurer sous mon lit. Je ne peux proposer ma compagnie à personne car on me rejetterait dans mon coin en se moquant de moi. Les autres enfants n'ont pas le temps, eux non plus, de me rassurer, de me prendre par la main, de m'enseigner leurs jeux, de me raconter leurs secrets. Alors je reste solitaire ou je me tiens avec d'autres éclopés qui se taisent et rasent les murs.

Le plus souvent, je me promène dans mes rêves, je traverse des montagnes de nuages ou je glisse à l'aventure sur mon bateau qui file vers le monde de beauté et de plaisir où je bâtirai ma vraie vie, quand je serai grand. Dans cet univers privilégié, pas de violence ni de haine. Je ne fais de mal à personne et personne ne m'en fait.

Je ne sais presque rien des autres enfants sauf qu'ils paraissent heureux. Ils m'agressent parfois, me provoquent à me battre. Peur encore. Peur de la bataille dont je connais les conséquences et les séquelles d'horreur qu'elle a laissées en moi. Maman me dit de me défendre mais à quoi bon? Je ne suis jamais le plus fort. Et mon coeur saigne chaque fois que quelqu'un souffre près de moi. Je ne veux pas faire de mal aux autres. Parfois un écolier me vole un livre ou un crayon et ma mère en colère va le récupérer, désespérant que j'apprenne à le faire moi-même. L'école et sa réglementation me semblent une absurde et interminable compétition où je n'ai pas ma place. Souvent je fais l'école buissonnière pour échapper à cette torture. Je suis incapable de me concentrer sur les explications de l'institutrice et ne parviens pas à me mettre au rythme de ma classe. Je me retrouve assez rapidement dans une classe pour enfants mentalement attardés. Là ou ailleurs, que m'importe?

Je traîne partout mon petit bagage de mélancolie et une réputation d'idiot, rien à perdre ni à gagner. La vie à la maison est un enfer, l'école en est un autre. D'ailleurs mes actions sont mauvaises. J'ai donné mes mitaines à un *Ballu* qui crevait de froid, sachant que ma mère m'en confectionnerait d'autres, et maman m'a réprimandé. Pourquoi? Était-ce vraiment une si mauvaise action?

À huit ans et demi, je m'enrôle dans les cadets de la marine. L'engagement implique que le vendredi soir, à 19 heures et demie tapantes, je me présente au local de l'école Saint-Norbert, vêtements propres, bottines cirées, cheveux réglementairement taillés. Interdiction de mâcher de la gomme. On nous enligne par ordre de grandeur au garde-à-vous pour l'inspection. Je ne suis pas toujours sans reproche. Je me faisais du corps des cadets une idée plutôt fantaisiste: nous étions une bande de jeunes qui jouaient à la guerre pour le plaisir.

Or jouer aux soldats, chez les cadets, s'avère aussi exigeant qu'épuisant. D'abord il y a l'exercice: gauche, droite, gauche, garde-à-vous, ponctué d'ordres lancés d'une voix tonnante. Un petit moment de relâche, le plus léger mouvement de jambe et l'énorme voix vous rattrape et vous traîne devant la classe, vous ordonnant de compléter vingt *push up*. J'ai de la difficulté à me tenir droit, à ne pas bouger. Je suis vite devenu un champion du *push up* au rythme des vendredis hivernaux. Cette préparation militaire aboutit à une parade à travers le village juste au seuil de l'été. Ma carrière de cadet s'arrête là: je conclus que les criailleries de la maison suffisent largement à mes besoins «auditifs», et quitte la marine sans aucun regret.

Je ne voudrais surtout pas poser à l'enfant martyr. Mais, souvent, les espiègleries de mes frères font de moi une victime, comme cette fois où ils m'ont obligé à ingurgiter un infect mélange de ketchup, mayonnaise, vinaigre, moutarde et mélasse, pour couronner leurs efforts de savants en herbe d'une façon convaincante. Pourquoi ai-je avalé la mixture et ne l'ai-je pas recrachée sur eux? La peur des coups?

Je me révèle certainement le cobaye idéal. Martin abuse de moi et de tous les faibles qui l'entourent. Il ment comme il respire et, lorsque ses initiatives provoquent un accident, il en donne une version qui le fait bien paraître. Protester ne sert à rien. Il invente une façon bien à lui de nous *initier*. Nous sommes convoqués à sa chambre, en l'absence de nos parents, afin de passer le test de courage et d'endurance qui nous donnera le droit d'appartenir à son club privé. Il enflamme une paille de plastique, nous présentons le dos de la main, et Martin y laisse couler une goutte de plastique fondu, brûlant. Résultat: nous avons chacun une brûlure à la main droite à faire admirer à maman à son retour.

J'aime beaucoup les visiteurs car, en leur honneur, maman prépare du thé et du café, sert des boissons gazeuses et des biscuits. Parfois elle attrape son accordéon et se met à jouer tandis que papa l'accompagne à l'harmonica. On s'amuse, on rit librement, on raconte des histoires drôles, et jamais on ne discute des affreux problèmes qui nous font souffrir. Maman est une musicienne naturelle et j'aime la magie qui se dégage de son jeu, de son étonnante gaieté quand elle manie son accordéon. J'oublie alors combien tristes et grises sont les journées de silence ponctuées de taloches et de récriminations à la chaîne.

Presque chaque week-end, papa et maman louent leurs services de musiciens pour arrondir leur budget. Mais maman, le reste du temps, retient en elle son goût du jeu, du rire, de la détente. Avec nous, elle se livre peu à des bouffonneries si bien que, lorsqu'elle se décide, elle nous effraie. Un soir d'été justement, alors que nous veillons les six à la maison, elle éclate tout à coup de rire, place ses prothèses dentaires d'une façon menaçante, à moitié hors de la bouche, roule de gros yeux révulsés, contorsionne ses doigts, sa nuque, ses jambes, d'une manière qui la transforme si totalement en monstre — surtout qu'elle nous poursuit ainsi dans la maison en grognant — que la panique s'empare de nous. Je cours me réfugier sous mon lit, Marie dans la garde-robe, Monique verrouille sa chambre. Mais Damien, qui n'a que neuf ans, coincé dans l'escalier, s'oublie dans son pantalon tant il est épouvanté par l'approche de maman. Le jeu, bien entendu, s'arrête là. Maman retrouve sa colère habituelle, moins effrayante que sa soudaine farce, pour enguirlander Damien et se plaindre de l'accident. C'était pour rire, a-t-elle dit, mais nous sommes si peu habitués au rire et aux facéties que nous n'avons pas compris. Notre instinct ludique a été muselé, on dirait.

Je ne me souviens pas d'avoir joué avec mes frères et soeurs. Nous ne vivons pas vraiment ensemble, et les jeux se tournent généralement contre moi et les plus petits, le seul plaisir des aînés étant de nous jouer des tours. Pourtant, de temps en temps, notre maison ressemble à un chez-nous que je pourrais apprécier et nous, à une famille que je pourrais aimer.

Pendant les Fêtes, par exemple, je pourrais être heureux, car cent bonnes odeurs se répandent dans la maison: tourtières, beignes, gâteau aux fruits embaument la cuisine. Puis la maison se remplit de visiteurs, de bruits et de jeux nouveaux. Il y a toujours des cadeaux à cette époque, jouets ou vêtements confectionnés par maman.

Pourtant je demeure mélancolique et maussade, insatisfait dans mon désir profond de quelque chose qui ne se produit pas, comme si la fête n'avait jamais vraiment lieu, malgré les cadeaux, la dinde et la visite.

J'aime aller à l'église contempler l'immense crèche et entendre les chants de la chorale, ces airs qui ont charmé les oreilles de l'humanité depuis des siècles. J'aime aussi, à l'aide d'une obole, animer le Jésus mécanique qui hoche la tête en guise de remerciement quand il a gobé mes sous.

À la maison, maman décore, prépare beaucoup de petits cadeaux pour nous, dresse une table colorée et joyeuse, met de la musique pour nous bercer. Pourtant malgré ses efforts, malgré les plaisirs de la bonne nourriture, l'atmosphère de fête ne me pénètre pas. Ce déploiement m'apparaît un simulacre de mon rêve d'amour, familial et fraternel. Je plane par lui bien au-dessus des mensonges et des apprêts, mais seul, si seul que je ne m'en console pas.

En présence de visiteurs, je cherche constamment à m'imposer. Je redouble de politesse et d'amabilité, partage mes trésors et mes découvertes. Je réclame, en fait, une attention qu'on ne m'accorde pas facilement. Toujours il se trouve un de mes frères pour tourner en ridicule mes efforts et mes ruses. Mais je voudrais tellement que l'un ou l'autre me prenne sur ses genoux et s'intéresse à moi. Comment Marie s'y prend-elle donc pour obtenir ce dont j'ai tellement envie?

Nous avons un chien, un bâtard haut sur pattes qui s'appelle Tobie. Bon gardien, surtout la nuit, il me communique un sentiment de sécurité. Il est doux et affectueux avec les enfants, adore dormir dans nos lits. Pendant le jour, il se transforme en chasseur. Il court après le moindre objet qui bouge: voiture, oiseaux, avions, lapins, chats ou chevaux. Lui aussi semble dominé par Martin qui le gronde, mais le manipule si bien qu'il lui court sur les talons et lui obéit comme un robot hypnotisé.

Il m'arrive de le nourrir en cachette et je lui tiens compagnie lorsque quelqu'un le repousse. Cependant il ne s'attache pas à moi, semble indifférent à ma tendresse. Il m'arrive de chercher auprès de lui le réconfort d'une présence lorsque ma peine culmine et que la solitude me pèse. Cette fois, je me fâche contre lui et serre son collier pour le retenir près de moi. Je lui tiens un discours plein de reproches, chien ingrat, chien stupide qui voue sa fidélité à Martin dont il ne reçoit que des injures et des moqueries. Tobie, impatient de retrouver ses jeux insouciants, ne m'écoute pas. Pas de temps pour le petit garçon qui ne court pas, qui ne lui lance pas de bâton à rapporter.

Même Tobie ne veut pas de mon isolement. Quand il est seul, lui, il dort. Dès que l'un de nous apparaît, il lâche son fou, court, aboie, se mue en mouvement perpétuel. Dans son langage de bête, on dirait qu'il refuse ma triste compagnie et des larmes qu'il ne comprend pas. Cette fois, je lui flanque une gifle sur le museau pour le renvoyer. À quoi bon attendre de l'esclave de Martin qu'il me venge de l'isolement où la famille me maintient, malade incurable et contagieux?

Malade, je le suis souvent depuis ma naissance. J'ai parfois terriblement mal aux dents et la bouche endolorie par des abcès. Ma consolation, lorsque je suis souffrant dans mon corps, c'est d'accaparer le dévouement de maman. Elle dispose des compresses de glace sur mes joues pour diminuer la douleur. Elle m'accorde son temps sans compter, multiplie les soins et même respecte mes caprices d'éclopé. Cette exclusivité m'enchante. À cause des abcès qui m'empêchent de mastiquer des aliments solides, elle me prépare des gâteries: de la gelée, de la cossetarde, du lait au chocolat, et même une boisson gazeuse, suprême luxe à la maison. L'attention que ma mère me consacre me fait prendre mon mal en patience, car il me donne l'impression d'exister réellement dans une famille qui me renvoie volontiers dans mon coin et m'y oubliera une fois guéri.

J'ai trois ans lorsque ma mère nous fait vacciner contre je ne sais quelles maladies. Quatre d'entre nous, soit Damien, Monique, Marie et moi rejetons le vaccin. Une infection sanguine se déclare et nous sommes conduits d'urgence à l'hôpital, la peau boursouflée. Ma mère pleure de peur et de désarroi car mon père, alors mineur à Murdochville, est absent et ne rentre que pendant le week-end.

Néanmoins après deux mois d'hospitalisation, Damien, Monique et Marie regagnent la maison, parfaitement guéris. Mon problème semble beaucoup plus grave, car deux autres mois ne suffisent pas pour le régler. L'infection persiste et les médecins, troublés par ce résultat, décident de me transférer à l'hôpital Sainte-Justine à Montréal.

Même à cet âge, j'enregistre très exactement certain souvenir du long trajet en taxi, défrayé par l'unité sanitaire de S... jusqu'à Montréal. Maman s'arrête devant un magasin d'où elle ressort avec un sac de mes caramels favoris, juste pour moi. Une telle dépense, chez nous, est si extrêmement rare que j'en reste émerveillé et réconforté.

La séparation d'avec maman, alors que je suis emprisonné derrière les barreaux de mon lit, plus impuissant et abandonné que jamais, me laisse inconsolable. Je resterai à Sainte-Justine pendant quatre interminables mois. Heureusement il y a Rosalie, la jolie infirmière qui m'apporte chaque jour une friandise à la crème glacée, qui me parle et me traite avec beaucoup de douceur et de gentillesse. Les infirmières admirent mes cheveux si blonds qu'on les croirait blancs, mes grands yeux bleu clair qui pleurent trop souvent. Je m'ennuie, je suis maussade et frileux, mais sans aucune méchanceté.

Je me rappelle aussi une visite chez le dentiste. Mes nombreux abcès une fois dégonflés, il me reste à subir l'extraction de quatre dents de la mâchoire supérieure. Maman m'emmène à M... Je n'aime pas l'atmosphère des salles d'attente, ni chez le médecin ni chez le dentiste, car je sais qu'on s'y trouve pour souffrir ou parce qu'on a mal.

Maman déploie beaucoup de patience pour me calmer et me distraire, mais vainement. Je suis aussi survolté que possible lorsque l'infirmière me fait asseoir dans le fauteuil surélevé, si étrangement environné d'appareils inquiétants, à usage inconnu. L'assistante du dentiste me parle avec une grande gentillesse, m'explique le rôle de chaque machine, sourit, circule avec tellement d'aisance que je me laisse convaincre de l'innocuité du traitement qui m'attend.

Toutefois lorsqu'elle apporte le masque d'oxygène qu'elle place sur mon nez en riant, ma méfiance naturelle se réveille. Elle a beau m'expliquer que je vais jouer à dormir comme au cinéma, mon corps se rétracte et proteste contre ce jeu-là. Je m'agite en beau diable tandis que maman me retient et que l'infirmière continue de m'assurer que je ne subirai aucun mal si je me tiens tranquille.

Mais au lieu de respirer profondément, comme elle me l'a demandé, je retiens ma respiration, réunis mes forces d'enfant pour repousser les deux femmes, arracher le masque et le lancer derrière moi. L'anesthésie a commencé son oeuvre, mais je réussis à me propulser hors du fauteuil, étourdi, à me glisser sous une table où maman et l'infirmière me traquent. J'inspire quelques bouffées d'air qui chassent l'effet de l'éther et me mets à courir partout, à la grande honte de maman. Je n'ai pas oublié, moi, les senteurs d'hôpital, ni le supplice des piqûres, du thermomètre, des médicaments amers, des tests à n'en plus finir. La peur me donne des ailes pour

32

échapper à ses bras tendus, à ses appels courroucés. Je me rappelle qu'on m'a endormi une fois, de cette manière-là, pour retirer de mon ventre une grosse écharde de bois...

Maman me rattrape et me réinstalle fermement dans le fauteuil. Aux protestations de l'infirmière qui voudrait retarder l'opération, maman répond avec sa logique de mère surchargée de travail qui se doute bien que la peur ne guérit pas en un jour. Elle me serre les bras avec une extrême vigueur cette fois, l'infirmière place le masque sur mon nez, fermement, et malgré un suprême effort de mon corps, je glisse dans ce drôle de sommeil qui engloutit et mes forces et mes craintes.

Lorsqu'on se préoccupe de moi, remarquai-je avec étonnement, immanquablement je dois souffrir. Je sollicite des caresses et reçois des coups. Je cherche la chaleur d'un contact humain et l'on abuse de l'innocence de mon corps. J'ai été initié à la sexualité, sans y rien comprendre d'ailleurs, par le viol. Martin s'est chargé des premières leçons; un de ses copains, voisin, me viole sous la galerie de sa maison mais, avant l'âge de dix ans, je ne cherche pas de signification à ces jeux grossiers, effrayants parce qu'ils sont pratiqués par des grands et s'accompagnent de menaces à l'égard des plus petits qu'on y entraîne.

J'ai dix ans. J'emprunte un sentier de la forêt qui aboutit derrière le moulin où travaille mon père. L'après-midi est beau, chaud, grésillant d'insectes. J'ai l'habitude déjà de ces longues promenades solitaires et marche depuis une bonne heure, lorsque j'aperçois une cabane abandonnée dans le bois, un ancien abri pour les bûcherons peut-être. Poussé par la curiosité, j'ouvre la porte et entre prudemment. Il y a là une vieille table fixée au mur par des clous, un fauteuil délabré, un tas de traîneries désormais sans utilité. Les vitres des carreaux sont brisées.

Je m'assois dans le fauteuil, submergé peu à peu par des images de mon enfance que j'examine avec une grande attention. La scène du viol par mon voisin remonte soudain à ma mémoire avec son cortège d'interrogation. Pourquoi m'a-t-il masturbé? Qu'est-ce qu'il cherchait à me prouver par ce geste incompréhensible? Presque inconsciemment, je commence à me masturber moi-même, inquiet au fond de moi du secret que je peux découvrir. La vue du liquide qui, au bout d'un certain temps, s'écoule de mon pénis, me plonge dans l'épouvante. Je hurle, je sanglote, je crois mourir parce que ce liquide contient une menace de mort. J'essuie mon membre avec un morceau de papier-journal, soulagé de voir s'arrêter l'hémorragie, puis cours sans reprendre mon souffle jusqu'au moulin.

Complètement épuisé, je m'appuie à une grosse roche, en larmes et hoquetant de peur, convaincu que je viens de découvrir un secret mortel, interdit aux autres garçons et qui confirme que je suis gravement malade. Je mérite donc la pluie de punitions et d'injustices qui s'abat quotidiennement sur moi.

Au lieu de me rapprocher de mes frères et des autres garçons, cette découverte inexplicable creuse un trou noir entre eux et moi. Je suis un être maudit dont on ne tolère pas l'existence. Je mérite la mort, la haine. Même mon chien a flairé en moi le désordre qui me marque et appelle sur moi le malheur et le rejet.

Pourquoi les seuls événements de ma petite enfance sont-ils négatifs et m'enfoncent-ils dans un total mépris de moi-même? Pourquoi mes aînés tirent-ils un malin plaisir de mes souffrances et de mes peurs? Et comment, en l'absence de réponse, ne pas conclure que je suis un être abominable qui attire sur soi la vengeance du destin?

Tout à l'heure, Martin s'est mis à courir après moi sur le plancher frais ciré en menaçant de me battre. J'ai essayé de lui échapper mais lui, plus fort et plus rapide, m'attrape par l'épaule et me renverse sur le dos. Je perds l'équilibre et, sous la pression de sa main, ma tête heurte la vitre de la porte. J'ai le crâne fendu, mon sang coule abondamment. Comme mes parents sont absents, Martin s'énerve et m'emmène chez les voisins où il raconte l'accident à sa façon, bien entendu. Son image à lui est intacte: que lui importe qu'on prenne son avorton de frère pour un arriéré mental qui se blesse volontairement dans les vitres des portes?

Damien ne manque pas une chance non plus de m'humilier. Un jour, pour me taquiner, il place une balle de neige dans le malaxeur où je suis en train de battre mes oeufs. Horrifié à l'idée de gâter mon repas, sans réfléchir je plonge une main dans le bol afin d'attraper la boule. Parce que je n'ai pas pensé de débrancher l'appareil, voilà mes doigts éraflés et deux dents de l'appareil, cassées. Mes frères ne me portent pas secours, ils éclatent de rire, me traitent d'imbécile, se moquent de ma maladresse.

L'arrivée de maman arrête le concert, mais non l'engueulade qu'elle me réserve quand elle aperçoit les dégâts que j'ai causés.

En soignant mes doigts, elle m'adresse la flopée de reproches habituels, dans ce langage dur et vulgaire qui m'offense tellement, puis m'expédie à ma chambre sans chercher à connaître l'incident en profondeur. Mes frères complices les uns des autres ne diront rien non plus.

Monique a sa façon de me tenir à l'écart, de faire retomber sur moi sa continuelle mauvaise humeur. Je ne sais pas, d'ailleurs, par quel détour seuls Marie et moi ressentons péniblement le drame familial. Les autres rient de la situation orageuse où se débat maman.

Il faut dire, ici, que mon père lui occasionne beaucoup de soucis. Non par sa mauvaise conduite. Au contraire, il se montre l'homme le plus doux et le plus soumis du monde. Si je voyais un peu plus clair dans ma propre vie, je remarquerais que son sort ressemble au mien. Dans sa famille, on le considère simple d'esprit, dans le village aussi. Son silence perpétuel, sa façon de se réfugier dans son monde secret lui ont mérité une réputation négative. La maladie dont on l'accuse semble si honteuse qu'on n'en prononce jamais le nom. Il a été soigné à plusieurs reprises, dans sa jeunesse, pour des dépressions nerveuses.

Ses frères ne le respectent pas. Ils se rappellent son existence uniquement pour obtenir ses services. Ils n'aiment pas maman qu'ils accusent des maux qui le frappent. L'année de mes dix ans, je me souviens que l'on parle de dédoublement de personnalité pour décrire l'évolution de sa maladie. La famille accuse maman de son état de santé. Il faut bien qu'elle se défende. Et elle n'a pas la langue dans sa poche. Les troubles de papa ont commencé bien avant son mariage et maman accuse à son tour ses beaux-frères de n'avoir rien fait pour lui aider, d'avoir profité honteusement de sa bonasserie et de son grand coeur.

Pendant que l'on parle de lui, papa ne bouge pas. On dirait qu'il n'entend rien ou que rien du discours de son frère, ni un mot de celui de maman, ne l'intéressent. Il ne se défend pas et ma mère pleure de rage. Elle voudrait qu'il l'appuie et mette l'oncle et sa femme à la porte. Mais il continue de se taire. Alors elle se décide à les chasser elle-même, en hurlant comme une déchaînée.

Mon coeur serré éclate en morceaux brûlants qui me font affreusement mal. Marie pleure à chaudes larmes, mais papa ne paraît pas s'apercevoir de la tempête qu'il a déclenchée dans la maison. Quelle est donc cette terrible maladie qui suscite la discorde, la haine, le mépris? Dans le village, on me demande parfois comment va mon père et, inexplicablement, j'éprouve de la gêne et de la honte plutôt que de l'inquiétude. Cette maladie sème trop de violence pour que je prenne parti pour mon père. On harcèle maman au téléphone de menaces de représailles; on parle de lui enlever ses enfants avant qu'elle les ait rendus aussi fous que son mari.

Papa est parti finalement pour l'hôpital. Il a fini par se prendre pour un agent secret, signe sans doute révélateur de la déchéance que craignait maman. Il est sous les soins d'un psychiatre, et la famille s'acharne à accuser maman de son internement. Elle a pourtant suffisamment de problèmes pour s'occuper: nous six d'abord, puis les dettes de papa qui a signé des chèques sans provisions et abusé du crédit chez les fournisseurs. Les débiteurs menacent de saisir notre maison et maman ne perçoit que cent soixante dollars par mois pour notre subsistance. Elle ne sait plus où donner de la tête. L'étau qui l'enferme se resserre constamment. Maladie, dettes. Pauvreté, misère, impuissance. Plus possible de tenir le coup.

Terrassée à son tour par la dépression, elle rejoint papa à l'hôpital, tandis que ses enfants sont rescapés par des voisins compatissants.

Nous sommes séparés pendant trois mois, de décembre à mars, éparpillés un peu partout dans le village. Nous ne nous voyons presque jamais pendant cette période. À part papa et maman, Marie et moi sommes les seuls à nous en plaindre. Les aînés se débrouillent pour tirer leur épingle du jeu et cachent bien leur souci. À moi, cet hiver désolé apparaît plus lugubre que jamais. Même si je connais à la maison toutes les frustrations imaginables et pis encore, les affres de la séparation n'en sont pas plus supportables en fin de compte.

La maison de madame Delage, ma gardienne, est un lieu triste où je m'ennuie. Depuis que son dernier enfant s'est noyé, il y a quelques années, elle vit presque constamment seule à la maison. Ses quatre enfants encore vivants sont mariés et habitent ailleurs. Elle a fermé son petit magasin où nous nous procurions autrefois des friandises et des fournitures scolaires. Elle broie du noir pendant la journée. Monsieur Delage conduit des camions et des niveleuses, et reste absent parfois plusieurs semaines d'affilée quand son travail l'appelle au loin. En son absence, ma gardienne reste muette, insensible à ma présence. Sa chaise berçante grince puissamment et le tic tac de l'horloge grand-père résonne et m'agace les oreilles.

Madame Delage est courte sur jambes et ronde comme une tour. Lorsqu'elle se livre à ses monologues quotidiens, elle se plaint des maux que son pauvre corps endure ou passe en jugement les faits et gestes des voisins qu'elle peut observer derrière ses rideaux. Elle ne rit jamais car elle est trop préoccupée de ses malaises et des mauvaises actions des gens. Au lieu de me sécuriser, sa présence me brime. Une atmosphère déprimante règne dans sa demeure. Ses scrupules excessifs m'obligent à porter pantalon et chandail pour aller au cabinet de toilette en pleine nuit. Durant le jour, elle s'en prend particulièrement aux enfants qu'elle enguirlande pour la moindre peccadille. Je me rappelle que mes frères aimaient la faire enrager, eux qui sont très doués pour ce sport.

J'ai une minuscule chambre à l'étage, à plafond en pente qui suit la descente du toit. Ma lucarne donne sur la cour de l'école où, le soir, les enfants s'amusent en groupes. Madame Delage m'envoyant au lit à sept heures, je n'ai pas le droit de sortir ni d'écouter la télévision. Chez mes parents, j'avais la permission de jouer dehors jusqu'à huit heures, au moins. Mais ici, dans cette maison endormie, je passe le temps à la cave, comme je le faisais souvent pour regarder papa travailler le bois et sentir son odeur d'érable et de bouleau frais. Dans la cave de madame Delage, il y a une provision de boîtes de bonbons et de biscuits dont je me régale avec entrain et appétit. De plus, je n'y entends pas le grincement de la chaise ni le bruit de l'horloge qui m'énervent et me semblent réveiller autour de ma gardienne l'hostilité latente de la maison.

Quand monsieur Delage rentre de la Côte-Nord ou de la Baie James, il se couche, lui aussi, à sept heures et repart le jour suivant. Il est bon et généreux et aime jouer avec moi, sans parler ou, au contraire, en racontant des histoires drôles avec une verve de farceur. Car il aime à jouer des tours, mais d'une façon plaisante et chaleureuse. Si sa femme ne le houspillait pas sans cesse avec ses recommandations au sujet de sa santé ou de ma sécurité, ses séjours me combleraient de joie.

Depuis que je vais à l'école, je n'ai qu'un seul ami, Gaétan. Son père est réparateur d'appareils électriques. Enfant unique, Gaétan vit avec son père, sa mère et sa grand-mère paternelle. Il me ressemble car il est presque toujours seul et très secret. Sa vie familiale l'a marqué. Monsieur Veilleux est un homme violent, gros buveur, qui bat sa femme régulièrement — on peut voir les marques de coups dans sa pauvre figure. Il bat aussi Gaétan, le lance au bout de ses bras sur le mur ou au plancher. Il se bagarre souvent dans les tavernes; aussi visite-t-il la prison à l'occasion de beuveries où la police doit intervenir.

Gaétan déteste son père et souhaite sa mort. Il se venge ainsi de l'impuissance dans laquelle on le tient. Maman m'interdit de le fréquenter, à cause de l'exemple du père, de la vulgarité de langage de Gaétan, de sa conduite envers les gens du village: quand il ne peut plus contenir sa haine, il injurie son entourage, employant les expressions des adultes pour exprimer sa souffrance. Inutilement puisqu'on ne le comprend pas. Pourtant je ne connais pas de garçon plus doux et sensible. Avec lui je peux ouvrir mon coeur. Nous partageons nos secrets, nos élans, nos friandises. Lui non plus ne se bat pas. Il a trop reçu de coups pour s'en attirer avec les autres enfants. Plus grand et bâti que moi, il m'aime et me protège, car il sait que je serai battu chaque fois qu'on nous verra ensemble. Il dérobe parfois des sous à sa grand-mère pour le plaisir de m'offrir des caramels ou des pastilles de menthe.

La seule personne qu'il aime est sa mère, mais il lui arrive de la rudoyer en paroles quand elle le contrarie. La plupart du temps, je trouve un prétexte pour le rejoindre chez lui. Je mens et invente des rendez-vous avec des copains dans la cour de l'école. Maman a tellement peur que notre réputation soit ternie par celle de cette famille qu'elle m'interdit formellement une relation avec lui. Mais je ne l'écoute pas, Gaétan est mon ami.

Grand-maman Veilleux m'a appris à jouer au bluff, son jeu de cartes favori. J'aime ce bluff où le plus rusé l'emporte, conclusion qui m'apparaît juste. Je m'amuse comme un fou avec les deux femmes et mon copain, je m'empiffre de chips, de chocolats, de bonbons et de gâteaux, pour oublier que je n'en reçois guère à la maison. Grand-mère raconte souvent des histoires dans son jargon truffé de blasphèmes. La vieille dame aux cheveux blancs surveille Gaétan de très près afin qu'il ne triche pas et, si elle l'y surprend, l'inonde de sacres pas trop trop catholiques. Pourtant l'ambiance reste calme et joyeuse et je me détends parmi eux.

Madame Veilleux semble soumise; elle parle peu mais toujours avec gentillesse. Elle nous comble de gâteries et nous fournit de la menue monnaie pour nos dépenses. Sa maison est un nid à désordre: la vaisselle traîne dans l'évier, des vêtements sont éparpillés un peu partout; l'odeur de la cigarette de ces trois enragés fumeurs imprègne les pièces. Mobilier usé, murs malpropres et nus; dans son abandon et sa laideur, la maison me plaît telle qu'elle se révèle à mon coeur. Peu m'importe qu'elle ne soit pas approuvée par le village; peu importe que cette famille soit ostracisée par les villageois; car je suis reçu à bras ouverts dans cette maison et apprécié par ceux qui l'habitent. Je laisse penser, je laisse dire. Mes vrais amis me reconnaissent et m'ouvrent leur porte.

Je vois rarement monsieur Veilleux; il rentre tard ou ne rentre pas. Je le crains parce que Gaétan le déteste.

Je garde un très mauvais souvenir de lui.

Il fait nuit. La vieille horloge marque huit heures lorsque monsieur Veilleux fait une entrée fracassante dans notre tranquille réunion. Il est tellement ivre qu'il perd l'équilibre en s'accrochant dans le tapis de la cuisine. Il jure et injurie grossièrement madame Veilleux, se remet sur pieds, avance vers nous en titubant. Son approche me terrifie, il me paraît si énorme et la colère lui sort les yeux de la tête. D'une main il empoigne la femme assise et, en tentant de l'attirer vers lui, la fait tomber. Une pluie de jurons et de menaces la presse de se relever. Aucun de nous ne bouge, figé par la stupeur ou l'épouvante. Madame Veilleux se lève, se raplombe sur ses jambes; elle pleure de tristesse et de désolation. D'une voix timide, elle essaie de calmer l'homme, de l'encourager à la réflexion.

Le sermon ne l'impressionne pas du tout. Il la saisit par les cheveux et la rapproche de sa grosse poitrine. Elle sait bien ce qu'il veut: boire et boire encore, et de l'argent pour boire. Sa grosse main tient solidement les cheveux de madame Veilleux. Il est sale, mal rasé, le coeur me lève. Et quand il commence à la frapper, Gaétan tente de s'interposer et j'admire sa bravoure. Enragé, le père l'attrape par le col de son chandail et le jette au sol. Je tremble comme une pauvre petite feuille, secoué par l'horreur et la pitié, aussi démuni que grand-mère dont les cris assaillent l'homme. À ce moment, il m'aperçoit et m'ordonne de déguerpir.

Je pars, soulagé de partir mais le coeur lourd, plein d'affreux pressentiments. Gaétan est resté dans l'enfer et je n'ai personne à qui confier mon martyre: cette scène de brutalité, tellement irrationnelle, m'éprouve et me bouleverse. Je ne le sais pas encore, mais bientôt je vais perdre mon seul ami, parce que mon existence dans le village achève. Mais avant le départ j'apprendrai que monsieur Veilleux est sous les verrous pour de bon.

Mais toi, mon ami Gaétan, qu'est-ce que tu deviendras? Qu'est-ce que tu es devenu?

Maman est revenue de l'hôpital hier. Mais son retour n'est pas une partie de plaisir. Poursuivie par les accusations de la famille, par les créanciers qui s'apprêtent à saisir la maison, par les commerçants qui réclament le règlement des factures, minée par la désapprobation générale, elle se montre impatiente et plus tendue que jamais. Puis elle prend rapidement une décision: quitter cet enfer, partir assez loin pour qu'on ne la retrouve plus. Fuir en cachette.

La femme forte et saine que nous connaissons est devenue une créature maigre et pâle; son visage reflète la peur et quelque chose de pire encore, le désespoir. Nous n'allons presque jamais voir papa, elle espère ainsi calmer ses beaux-frères qui continuent de la rendre responsable du mal qui le mine. Nous sommes traqués et je me découvre, à onze ans, dans un état d'impuissance devant le monde qui s'écroule, désastre augmenté par l'effarement de maman et de mes frères aînés.

Début du mois de mai, quatre heures, il fait froid dans le brouillard encore nocturne. Je me suis levé, étourdi et hagard, du canapé où j'ai passé la nuit; et mes sœurs, du matelas où elles ont dormi côte à côte. Martin, Roger et Damien ont aidé maman à remplir des caisses durant la nuit, et ils continuent d'empiler les boîtes sous mes yeux effarés. Donc, nous partons. Nous abandonnons la maison, papa, le canapé dépareillé, le village.

Nous partons et je ne veux pas quitter mon enfance. Je m'accroche à maman que la nuit et notre fuite transforment en une autre femme, étrangère à mes arguments, à la panique qui s'empare de mes nerfs, de mon cerveau en ébullition. Je ne sais qu'une chose: il faut que maman change d'idée. Elle ne voit donc pas le ciel se déchirer, par grands morceaux noirs et humides, et nous tomber sur la tête? Je frissonne de sentiments d'une violence inconnue: j'enrage de perdre l'univers qui constitue le seul repère de mes ignorances, je hais sans nuances ceux qui se sont attaqués à lui et me l'arrachent sans faire attention à mes larmes et à mes prières. Ma colère s'enfle, si grotesque que je voudrais mourir. Je veux mourir sur-le-champ. La mort mettra fin à la torture que les paroles de maman m'infligent: elle dit que nous allons à Québec, que notre vie y sera différente, que je m'habituerai vite à un nouveau paysage, qu'une terre promise existe, même pour des parias de notre espèce. Elle dit que nous nous évadons d'un trou à rats, et ses yeux se remplissent d'une misère que je ne comprends pas, que je ne peux partager. Chaque mot me fait trop mal.

Je regarde notre maison, le trou à rats, et je l'aime parce qu'elle contient mon enfance, mes secrets les plus intimes, mes fantômes et les rêves qu'elle a encouragés silencieusement. Je ne deviendrai jamais médecin ni chanteur populaire si je la quitte. Et à qui offrirai-je l'amour et le bonheur dont j'ai deviné l'existence grâce à sa complicité? Je fixe ma mère, l'esprit hagard, le coeur battant dans son étau de haine: un jour, je la tuerai. Oui je la tuerai pour venger le mal qu'elle me fait. Je ne sais pas non plus comment articuler les prières qui se bousculent dans ma tête, à l'adresse du Créateur. Je nage en plein cauchemar, dans un océan vide où mon malheur se lève dans un cyclone. Quel enfer!

Martin et Roger ont pris place dans le camion chargé de nos meubles et des colis que nous emportons et sont partis vers Québec. Maman distribue les sandwiches qu'elle a préparés en guise de déjeuner. Je suis incapable d'avaler quoi que ce soit, même sous la menace de crever de faim pendant le voyage. Je me suis tourné face à la fenêtre, devant le vide extérieur, pour refouler les cris de détresse et les hurlements de protestation qui traversent mon corps avec leurs flèches empoisonnées. Si j'avais une carabine, je tirerais sur les traîtres qui, dans mon dos, dénient ma liberté et même mon existence. Un jour, je les tuerai pour leur apprendre le poids de ma souffrance. Damien, Monique et Marie déjeunent tranquillement, ma mort n'existe pas pour eux, parce que moi, je n'existe pas pour eux. Si je savais comment on s'y prend pour mourir, je me tuerais moi-même. L'avenir m'est fermé, car je ne veux pas ressembler aux êtres qui m'entourent; j'étoufferai peut-être en me repliant totalement sur moi-même, mais je ne pleurerai pas. Ils ne me forceront pas à céder à leur chantage, à leur lâcheté...

Tu te trompes, proteste ma petite voix intérieure qui veut toujours avoir raison. Tu ne comprends pas les événements. Mes nerfs se hérissent et je serre les dents sur l'agressivité qui me fouaille et me fait tanguer en moi comme la houle déchaînée ébranle le navire. Je me sens coupable de pensées meurtrières et pourtant je voudrais les exposer au grand jour, m'en délivrer à la face du village afin qu'on m'écoute une bonne fois.

J'ai envie de pleurer, d'une épaule compatissante, d'un corps solide et chaleureux où me blottir. Mais cela n'existe pas. L'oreille pitoyable qui entendrait ma confession n'existe pas non plus. Tout à coup, je pense à Tobie. Je ne l'ai pas aperçu depuis mon lever. Il dort peut-être à la cave? J'y descends. L'établi est vide et la senteur du bois me rappelle cruellement l'absence de papa. Je m'assois dans les marches comme lorsque je l'observais en train de travailler. Il se retournait de temps en temps pour me sourire. Puis, lorsqu'il avait assez travaillé, il me donnait la main et nous remontions ensemble vers la nuit et le sommeil. Je fonds en larmes grosses comme le poing, irrésistibles, en sanglots forcenés, car je réalise que je ne verrai plus papa, que nous l'abandonnons, famille ingrate et pusillanime, à la dérision du village.

— Le taxi attend dehors. Viens Yannick.

Maman s'impatiente au haut de l'escalier. J'essuie mes yeux rougis et irrités. Je n'ai pas encore fait mon choix et sens que j'en ai un à faire. Je rejoins maman dont j'entoure la taille de mes deux bras suppliants.

— Je veux rester ici, maman. Je t'en prie, fais-moi garder par une voisine.

— Viens-t'en, Yannick. Tu vas voir, on va être heureux là-bas ensemble.

44

— Papa... papa ne vient pas?

Je tremble de toutes mes forces. Ma voix est molle de larmes et de remords.

— Il est trop malade. Il faut qu'il reste à l'hôpital.

— Il y en a, des hôpitaux, à Québec? Il guérira peut-être...

J'ai épuisé mes arguments. Maman est au bord de la crise de nerfs et je vois bien qu'elle ne cédera pas. Épuisé moi aussi, et le coeur détraqué, je la suis machinalement et rejoins mes soeurs sur la banquette du taxi. Tobie a disparu, autrement il serait venu aboyer autour de la voiture qui démarre bruyamment. Est-ce qu'on perd toujours quelqu'un quand on change de lieu de vie?

Je ne crois plus aux promesses. Nous n'allons nulle part et je ne le sais que trop bien. Le mal se transplante si facilement, qu'à peine arraché à un endroit, il fait aussitôt des racines ailleurs. Je porte le mal en moi. Maman nous casse les oreilles avec l'avenir meilleur, un avenir qu'elle bâtit sur des ruines. Je perds mon père, Tobie, Gaétan, ma chatte Mistigri, mon enfance; que pourrais-je retrouver qui vaille la plus petite parcelle de mon passé? Je hais en ce moment le monde entier et me jure bien que je m'évaderai, un jour, de la prison où l'on me traîne. La pire épreuve, c'est de partir sans projet de retour. Je ne me résigne pas à voir s'estomper, puis disparaître, dans un horizon indifférent, les mille petites choses qui ont habité mon univers et l'ont nourri. Pourquoi les êtres en qui je croyais, malgré leur intolérance, me trahissent-ils? Le front collé à la vitre, mes soeurs et moi jetons un regard désolé sur le village, sur le paysage familier qui se dérobe à ma contemplation.

Je cesse de regarder à l'extérieur dès qu'il a disparu. Jambes croisées sur la banquette, mains immobiles sur les genoux, la face silencieuse, je m'abandonne à l'affreuse nostalgie qui nous empoigne à la gorge. De temps à autre, maman adresse quelques mots à notre chauffeur et Damien multiplie les facéties pour mettre un peu de gaieté dans l'air. Ni Monique, ni Marie ni moi ne le trouvons drôle. Nous baignons dans un chagrin collectif qui englue notre curiosité naturelle. Ce désarroi joint à la fatigue d'un lever matinal nous rend moroses et craintifs.

À la hauteur de Rimouski, maman demande un arrêt au chauffeur afin que nous puissions nous restaurer et nous dégourdir un peu. Pour la première fois je pénètre dans un *Marie-Antoinette* et je suis ébloui par la richesse de l'établissement, les murs de bois verni, la moquette somptueuse, les plantes vertes suspendues devant les larges fenêtres, les uniformes impeccables des serveuses, les couverts fleuris, les ustensiles brillants, les serviettes couleur or, un luxe de détails proprement incroyable à mes yeux habitués aux limites de la nécessité. Et ce que je peux observer par la fenêtre! Des feux de circulation, des lampadaires élégants, une foule sans cesse en mouvement, allant dans les nombreuses directions, plus de voitures dans la rue qu'il m'était possible d'en dénombrer en six mois dans mon patelin, d'énormes édifices dressés dans le ciel. Des sirènes d'usine, des klaxons, des bruits de circulation et de mouvement m'emplissent les oreilles. Et même s'il faut manger — sans appétit, mais la route est longue — à travers mon intuable regret et le sentiment d'avoir été délaissé par papa, je ne peux ignorer ces impressions si neuves et déroutantes car, assurément, seuls les riches de ce monde ont pu connaître la fierté de manger dans un tel endroit et découvrir la ville dans son extravagance et sa fascination.

Cette étape m'a réveillé un peu et la suite du voyage me pose bien des énigmes et des questions auxquelles je tente de répondre. Mais cet intérêt n'altère pas le persistant sentiment de refus qui me trouble: je dis toujours non à notre départ en catastrophe, à une destination qui n'a pas une seule fois amené le sourire aux lèvres de maman. J'ai mal au coeur et il faut arrêter la voiture pour que je puisse vomir. Notre chauffeur prétend que j'ai le mal de la route et je lui en veux de ne pas deviner que je vomis l'amertume de mon coeur déchiré par la séparation. Ma sensibilité me joue souvent des tours: que de fois j'ai souffert d'étourdissements, de pertes d'équilibre, lorsque je suis surexcité par un sentiment de totale et ridicule impuissance, par exemple. Maman m'envoyait me reposer alors, croyant que j'étais exténué par les jeux et des activités mal contrôlées. Personne n'a compris *avant*; personne ne comprendra jamais la culpabilité que je développe à force de refus.

Monique et Marie posent des questions sur les objets qu'elles peuvent apercevoir au bord de la route, dans les champs ou sur le fleuve, tandis que Damien explose en espiègleries que personne n'écoute. Maman parle le moins possible et son épuisement est évident. Elle a une figure si maigre maintenant et de si vilains cernes sous les yeux. Ses efforts pour paraître sûre d'el-le-même ne convainquent personne. Pas moi, en tout cas.

Pour des petits campagnards qui n'ont jamais fré-quenté que le pont de mon village sur ses quelques pieds de rivière, voir d'un seul coup le Pont de Québec se détacher sur un fond de falaise a de quoi retourner les sangs et inspirer un effroi proportionné. Surtout que nous le traversons en même temps que le train et une file impressionnante de véhicules. Est-il possible que cette gigantesque structure de fer tienne en équilibre au-dessus de l'eau, chargée d'autant de circulation? L'étonnement, la peur me serrent la gorge. Le spectacle ne peut être que le fruit grotesque de mon imagination, l'oeuvre d'un cauchemar.

Mais il existe et nous tient à notre tour dans son étreinte. Ma mère a bien essayé de nous le décrire avant que nous arrivions; mais comment aurais-je pu édifier un univers d'une telle dimension, traverser pareille cacophonie? Le changement est trop rapide, trop irréel, si terriblement menaçant. Ce monde ne m'inspire aucune confiance, ses dimensions en font une gueule de géant prête à nous engloutir. Maintenant que je l'ai vu, je n'éprouve aucun désir de m'y installer. Je supplie maman de me ramener à la maison et lui promets que je serai sage et obéissant désormais. Elle répond que la maison, notre maison, nous la retrouverons ici et que je m'y habituerai. Est-ce qu'on s'habitue à n'importe quelle maison? Je n'en suis pas aussi certain qu'elle et je me renfrogne encore une fois, et encore un peu plus.

Soudain j'ai peur, si violemment, si uniquement peur que mes autres sentiments sont annihilés: peur de ne pas trouver le moyen de fuir cette ville, peur de grandir, peur de finir par accepter la loi des adultes qui me persécutent, peur de ceux qui se moquent de mes scrupules, peur du langage grossier qu'ils emploient, peur des répugnantes habitudes que je devrai prendre pour leur ressembler. Suis-je condamné, moi aussi, à cette pourriture de vie où il faut semer le mal et la souffrance pour être respecté? Et qui résoudra pour moi la contradiction entre les paroles de justice, de paix, de bonté et d'amour des prêtres à l'église et la conduite des hommes dans la rue et dans les maisons? Mon Dieu, mon Dieu, je ne veux pas grandir. Je n'aime pas l'homme qu'on m'ordonne de devenir, à coups de poing et à bout d'injures.

Je me souviens: j'ai six ans, je crois, Marie en a quatre. Nous nous attardons sur la plage après le départ des autres baigneurs. Soudain apparaissent dans le ciel d'épais nuages noirs. Le vent se lève brusquement, la mer commence à s'agiter. Maman nous presse de la suivre et nous courons vers elle. À peine atteignons-nous la route que la pluie crève les nuages, tombe comme des clous sur nous. Le vent nous pousse furieusement. Nous avons peur, mais nous nous donnons la main pour faire face au tumulte. Il y a vingt minutes de marche entre la plage et la maison et l'orage ralentit notre allure. Par bonheur, l'ambulance en maraude nous recueille et nous dépose à la maison, sains et saufs. Pendant la semaine, nous nous racontons cette aventure et nous, les deux petits, nous nous sentons complices de maman, de notre sauvetage, de l'intérêt que nous avons suscité en rentrant en ambulance. Enfin le village

48

s'émeut, croyant que l'un de nous est malade ou blessé...

Pourquoi n'est-ce pas toujours ainsi? Pourquoi ne nous a-t-on pas gardés, au chaud du village, dans notre pauvre chère maison? C'est mal d'y penser, on dirait, je m'attire des reproches et les gros yeux de maman. Mais, dans cette ville infernale, où retrouver ma forêt et ses conciliabules d'oiseaux? La forêt me donnait envie de prier tandis que mes yeux s'ouvraient grands pour admirer les merveilles offertes à mes sens: odeurs, musiques, caresses, images — mon beau grand livre d'images inoubliables. Ah! que j'ai aimé partir à l'aventure dans ma forêt! Je gravissais la montagne sans souci d'une chute, je grimpais aux arbres, je me perdais dans son coeur touffu, si vert, si odorant. Je surprenais des bêtes dans leurs jeux et leurs courses, et jamais n'éprouvais de crainte envers elles. En l'absence des hommes, je n'avais peur de rien. Autant de fois je me suis égaré, autant de fois j'ai retrouvé seul mon chemin, et senti l'immense fierté d'exister à l'égal d'une multitude de créatures innocentes et libres.

Ma forêt, maman, qu'est-ce qui la remplacera?

Souvent, le soir, je m'étendais sur l'herbe devant la maison pour contempler les mystères du ciel. Des étoiles filantes glissaient dans l'espace, et elles brillaient dans leur halo lointain. Comment le ciel pouvait-il les supporter et n'en échapper aucune? Et les nuages, comment retenaient-ils l'eau dont ils sont faits? Souvent Monique et moi demandions à maman la permission de coucher dehors pour observer le ciel, suivre le dessin de la marche des astres et sans jamais nous lasser, rêver de leurs mystérieuses expéditions.

Le ciel, une fois, m'a fait peur. J'ai sept ans et je joue dans la cour de l'école avec Marie. Soir d'hiver. Soudain, un flot de lumières aux innombrables couleurs se mettent à danser par-dessus nos têtes, nous paralysant de stupeur et d'appréhension. Nous nous regardons, incapables de prononcer une syllabe, puis prenons nos jambes à notre cou jusqu'à la maison où nous faisons irruption dans un état d'excitation difficile à décrire. Les extraordinaires danseuses en tutus gigantesques sont des aurores boréales, des marionnettes, des mauvais esprits (insinue Martin), nous explique-t-on en riant de notre énervement. J'aurai besoin de quelques jours avant de calmer mon appréhension et ma crainte des mauvais esprits, mais le mystère du ciel restera total, attirant par son silence et sa richesse.

Dis, maman, mon ciel, qui me le rendra?

Il y avait la mer.

On peut lui donner de multiples noms, elle possède déjà la totalité des couleurs. Pendant l'été, je flânais sur la plage, à faire des ronds dans l'eau avec des galets. J'observais les goélands quand ils cueillent leur proie, leurs ruses, leurs maladresses. Mais surtout, j'écoutais la voix de l'eau qui murmure ou percute le sable. Je ramassais les plus jolis galets, découvrais des formes de bois inventées par la marée elle-même, brillantes et lisses.

La mer m'écoutait. Assis sur une butte, je la contemplais et lui racontais mes peines. Douce, elle pansait mes blessures, dissolvait ma haine. Agressive, je la fuyais, elle me rappelait mes bourreaux et mes tyrans. Je la respectais à travers ses caresses et ses largesses, mais aussi à travers ses noyés, ses tempêtes, ses naufrages.

Des bateaux énormes, par magie flottaient dans cette moire, et j'aurais voulu comprendre pourquoi ils filaient commodément à la surface alors que je ne parvenais pas à maintenir mon frêle poids sur l'eau. Une odeur grisante se dégageait d'elle, faite de la vie qu'elle charriait d'un rivage à l'autre, quand les vagues s'échouaient à mes pieds. J'aimais l'activité des pêcheurs, le teuf teuf de leurs embarcations, le départ pour la haute mer et les retours quand leurs cales luisaient des prises de la journée.

J'aimais courir pieds nus dans le sable, me rouler dedans comme dans de la soie, creuser des trous où me cacher ensuite pour y attendre la marée. J'aimais me baigner mais ne savais pas nager. Un jour je demande à Martin de me l'apprendre. Il m'emporte sous le bras, se munit d'une pièce de bois avec laquelle il m'abandonne à une certaine distance du rivage. Mon flotteur étant trop léger pour moi, je m'enfonce dans l'eau, remonte, m'enfonce encore, étouffe, blêmit, avale de l'eau que je ne sais pas rejeter. Je me noie sans secours. Alors Martin revient me chercher et me rend à la terre ferme, toussant et crachant comme une locomotive. Maman, je ne sais toujours pas nager. La mer n'en est pas moins belle, et consolante lorsque je m'approche d'elle et lui confie mes rêves...

Maman, maman, pourquoi m'avoir dérobé mon amie, la mer?

CHAPITRE 2

V...

La voiture s'est immobilisée le long du trottoir et nous avons sauté dehors comme des petits chiens excités que leur laisse étrangle. Nous attendons maman qui n'a pas encore quitté le véhicule. Puis elle nous rejoint et nous la suivons vers le rez-de-chaussée de l'immeuble où habite sa soeur (et notre tante) Ginette. Je ne l'ai jamais vue de ma vie mais aussitôt que la porte s'ouvre, maman lui saute dans les bras et elles rient et pleurent comme des fontaines. Le logement est sombre et Martin, qui vient à notre rencontre, se met à vomir sur le parquet. Colère de maman, réprimande; protestation de ma tante Ginette qui l'excuse parce que, dit-elle, il n'a pas l'habitude des voyages. Elle court chercher un torchon pour essuyer les dégâts, se penche sur l'objet de notre collective horreur pour s'apercevoir que Martin... lui a joué un autre de ses tours pendables. Il a vomi... du plastique acheté dans une boutique de farces et attrapes et se tord de rire, tandis que maman l'injurie dans le jargon salé qu'elle emploie chaque fois qu'elle sort de ses gonds.

L'aventure commence bien. Je ne suis pas sitôt entré que l'ambiance de la maisonnée m'écrase. Une pesante impression de désordre se dégage de la maison et de la façon dont elle est habitée. Difficile d'imaginer ici le monde meilleur dont maman parlait pour m'encourager à quitter le village. Mon oncle et ma tante ont déjà quatre enfants de moins de dix ans et si peu d'espace où loger notre famille. Nous nous marchons littéralement sur les pieds. Et maman se vide le coeur pour s'attirer la pitié de ma tante, blâme papa et son horrible famille de nos malheurs, pleure et se plaint. Autour de moi s'élève un brouillard de haine et de jalousie où j'étouffe. Plus que jamais le langage grossier que j'ai tant de mal à supporter règne entre nous. Ma tante insulte ses enfants à longueur de journée en termes dégoûtants. Mes cousins se chamaillent continuellement, dans un enfer de cris et de bruit. Par moments, on croirait que ma tante en a aussi gros sur le coeur que maman, tant son énorme et courte personne dégage de rancoeur, de frustration et de dégoût. Elle en a après pratiquement l'univers et ne respecte pas plus que sa progéniture les règles de savoir-vivre et de tolérance qui nous permettraient de souffler un peu.

Je pense que maman a menti, pour me convaincre ou m'abuser. Le monde nouveau qu'elle me propose maintenant ressemble, en plus noir et isolé encore, à celui que nous avons laissé. Les gros ballons colorés crèvent déjà. Je n'ai qu'à écouter ma tante Ginette, qu'à la regarder s'épivarder, régler les problèmes de maman, faire un remue-ménage avec notre arrivée, les repas, notre déménagement. Même si elle montre avec nous plus de patience et de gentillesse qu'envers ses propres rejetons, je me tiens le plus éloigné possible de ses jupes, de sa voix, de son incessante activité.

Il y a aussi mon oncle Conrad, chef cuisinier dans les forces armées, cuistot itinérant, tantôt en Égypte, tantôt en Israël. Je déteste ses manières avec Diane et Claire qu'il attrape par le bras ou le cul, embrasse sur la bouche en leur tenant des discours écoeurants. Elles ont neuf et cinq ans et il leur parle comme à des putains. Je déteste sa vulgarité, ses habitudes d'ivrogne et son langage ordurier. Si c'est pour des pères comme celui-là que nous avons abandonné papa, quelle injustice et quelle méchanceté!

Martin et Roger ont la chance de s'échapper dans la ville et on ne les voit pas souvent à la maison. Marie essaie d'apprivoiser les cousines mais ses tentatives sèment des pleurs, des cris et des hurlements de protestation. Il n'y a que sa persévérance et sa ruse naturelle qui lui permettent d'obtenir des résultats intéressants. Monique seconde ma tante: par exemple elle fait le ménage et la vaisselle, s'improvise la gardienne de la marmaille. Elle a beaucoup de patience avec les enfants; elle imagine des tas de jeux et d'activités et adore y participer avec eux. Damien joue des tours et rigole tant qu'on ne lui rend pas la pareille, se montre plutôt serviable et terriblement taquin.

Je suis le seul à rester dans mon coin, larmoyant, inaccessible aux autres, répugnant à toute approche même bien intentionnée. Têtu comme un mulet, triste à faire peur, je refuse d'accepter les distractions, les compromis, les menteries. Je déteste le monde entier et je sais que ce monde ne me souhaite que du mal. Je broie du noir et constate que nous sommes de plus en plus misérables et désunis. Qu'est-ce donc qui me permettrait d'imaginer les choses fantastiques que maman m'a promises? Elle ne se souvient probablement plus de ses promesses. Elle s'en fiche pas mal, maintenant qu'elle a obtenu ce qu'elle voulait.

Finalement nous emménageons chez nous, dans un logement à nous. Nous allons habiter coin Parc et Boiteau à V..., un premier, au-dessus du magasin Nantel. Maman, ma tante Ginette et mes frères aînés se retroussent les manches, lavent les murs et les planchers, peinturent et effectuent le déménagement et le rangement de nos effets. Tandis que Monique garde la marmaille chez ma tante, l'installation se poursuit pendant une semaine. Nous serons certainement plus confortables qu'entassés chez mon oncle Conrad, mais je ne pense pas moins à une cage, à des cages, lorsque je regarde le bloc-appartements, les appartements tassés les uns sur les autres, leur manque d'intimité. Il me semble qu'on y peut écouter aux murs, épier les voisins et dérober leurs secrets. Dans mon esprit éclairé presque uniquement par des images de la télévision, j'associe notre logement à un habitat de pauvres, de gens qui n'ont aucun droit à la liberté, à la chaleur de la famille, à l'espace.

Je constate avec stupeur que nous n'avons pas de cour. Il y a la rue, le trottoir, asphalte, ciment et béton, des étages de ciment et de béton. La mer, la forêt, les oiseaux ont disparu et fait place à des cages et des cages de béton. Pas de cour où jouer, pas d'arbres, pas de rivière... Dire à quelles profondeurs de découragement et de désenchantement je suis parvenu me semble impossible, même après des années. Je regrette encore le bruit de la mer, le jacassement des goélands, les vastes espaces bleus ou verts, la vieille grande maison, une chambre à moi où me réfugier...

Désormais j'habite une cage, c'est-à-dire que nous sommes sept à nous partager cinq pièces plutôt petites. Prisonniers les uns des autres, mes frères et moi disposons de lits superposés. Comme de raison, on m'octroie une des couchettes du haut et, ayant le sommeil très agité, j'ai peur de m'endormir et de tomber en bas de mon lit. De toute façon, j'ai horreur de cette chambre parce que je la partage avec mes frères. Les aînés se couchent tard et font jouer de la musique jusqu'à une heure avancée, si bien que je deviens d'une effrayante nervosité et sursaute au moindre bruit. De plus l'odeur des garçons peu soignés, mal lavés, me fait lever le coeur.

Le manque d'espace où ranger nos objets personnels est un autre problème. Querelles, menaces, gros mots ponctuent nos rencontres quotidiennes, m'épuisent même si nous ne nous battons jamais qu'en paroles... et ce climat ne me prépare guère aux épreuves qui m'attendent.

Je viens de quitter mon village encore enseveli sous la neige et je découvre le mois de mai en ville, les neiges fondues, la température déjà chaude. Je sens que je ne verrai pas le vrai printemps, la fonte des glaces sur le fleuve, le retour des grands cargos. Je ne retrouverai jamais le goût de mer du village et l'irruption des goélands affamés sur les battures. Des milliers d'oiseaux qui ranimaient la forêt, je n'admirerai plus les plumages multicolores, ni les gazouillis fiévreux de la nidification.

La ville produit un concert bien différent: automobiles, klaxons, moteurs, l'infernale circulation, le rythme artificiel, anonyme des machines et de la vie corrompue par ce clinquant. Je m'isole de ce cirque en serrant les dents. *Ils* ne m'auront pas, me dis-je sans trop savoir qui sont ces *ils* hypocrites qui me guettent pour m'avaler. Je ne leur ressemblerai pas, je me bouche les oreilles des deux mains, je baisse les paupières quand *ils* me parlent. La répugnance que j'éprouve est quasi physique: je ne veux pas qu'*ils* me touchent.

Je n'ai pas la permission de traverser la rue Boiteau. Je dois chercher de la compagnie dans un étroit secteur où les enfants de mon âge me semblent beaucoup plus grands et gros que moi. Ils portent les cheveux longs et leur langage rude m'agresse. Moi j'ai la nuque rasée comme un soldat, il me manque quatre dents, et j'ai l'air timide et peureux d'un «nouveau». Et puis, devant eux, je me rétracte, je rentre dans ma coquille et décourage leurs intentions. Alors ils se retournent contre moi.

Dès ce printemps, maman se préoccupe de nous inscrire à l'école. Monique fréquentera l'école secondaire Anne-Hébert, Damien une école de métiers, dans le faubourg Saint-Jean-Baptiste, Roger aussi, mais à Sainte-Foy. Marie et moi irons à l'école primaire de la rue Boiteau. Seul Martin refuse de poursuivre des études et se fait embaucher dans une épicerie comme livreur à bicyclette. Évidemment il apprécie moins d'avoir à payer pension à maman. Il a dix-sept ans et doit encore obéissance, malgré ses prétentions à l'autonomie et à l'autorité.

56

J'entre en sixième, Marie en cinquième, à l'école Blanchard de la rue Boiteau. Je me souviens de cette rentrée pour le reste de ma vie. Les nerfs et la sensibilité à vif, je perçois dans la cour où sont regroupés les élèves des ondes néfastes, je flaire le zèle hypocrite des jeunes durs qui cherchent à se manifester et à s'imposer aux dépens des nouveaux. Qui n'a pas connu le supplice de l'initiation ne comprendra pas que je feigne l'indifférence envers les agressifs et m'adresse plus volontiers à ceux dont la sensibilité ressemble à la mienne. Je sais au flair de qui me viendront les ennuis et les tracas, tant je suis habitué à leurs manoeuvres et rompu à leur art. Quoi qu'il arrive, je décide que je ne céderai pas à ceux qui veulent m'entraîner dans le clan de la violence. Et patiemment j'attends que la cloche mette fin au vilain jeu des meneurs.

Ils s'approchent par petites bandes, vous encerclent, vous provoquent par des commentaires humiliants. On attaque ma coiffure, mon teint, ma taille fluette. On me bouscule à coups d'épaule, espérant me faire sortir de mes gonds. Je serre les dents. Je ne bronche pas. Qu'ils me traitent des pires noms, je ne lèverai pas le poing, je ne riposterai pas par des coups de pied. Pas de bagarre. Mon audace à moi consiste à refuser de me battre. *Ils* ne m'auront pas.

J'imagine assez facilement l'épouvantable ravage causé et creusé par ces innombrables colères rentrées, brûlant mes énergies sous leur passage. Mais une inébranlable confiance en la vie retient en moi l'action vengeresse. Une sorte de morale naïve m'interdit de faire aux autres le mal que je redoute qu'on me fasse: je n'ai pas envie de blesser, d'abaisser, d'écraser, de ridiculiser des êtres pareils à moi. Dans mon village, pour me soulager, je brisais des objets, détruisais des choses sans âme et sans coeur, voilà tout. La vie est sacrée, intouchable, où qu'elle soit, dans chaque être, si insignifiant soit-il.

Donc je tiens le coup. Sous l'effet de la rage, je me demande si j'ai raison, et pourquoi l'on s'adresse à moi particulièrement avec des démonstrations de méchanceté bête. Est-ce pour m'obliger à revoir ma façon de penser? Est-ce que je me trompe en souhaitant un jour recueillir le fruit de mes efforts, la sanction de mon choix? Est-ce que je deviendrai par ce moyen-là l'adulte franc et fort que je rêve de devenir?

La cloche sonne, les élèves se précipitent vers les portes. Dans la grande salle, on nous regroupe par classes, en rang de grandeur, et colonnes rigoureusement droites. Le garçon qui me malmenait dans la cour est placé juste derrière moi. Il en profite pour multiplier les gestes et les paroles désagréables, se moque de mes dents, emploie des expressions dont je ne connais pas la signification: mangeux de balustres, tapette... Puis, tout à coup, il s'applique à me donner des pichenettes derrière les oreilles, avec constance et régularité. Je commence à voir rouge et ses coups secs sont douloureux. Excédé, je me retourne d'un bloc contre mon tourmenteur pour le prier de cesser son petit jeu.

J'ai dû parler un peu fort car M. le Directeur en personne demande des explications, d'une voix de stentor. Je les lui donne, l'air honteux et niais, attitude qui provoque les rires et les moqueries des amis de mon agresseur qui ricanent. Il s'appelle Charles Gignac et le Directeur s'adresse à lui sans détour, lui suggérant de m'aider à m'adapter au lieu de m'agacer niaisement. Le calme se rétablit. Le discours de M. le Directeur me ravit: il y a si longtemps qu'on a pris ma défense, qu'on m'a donné une chance de vérifier le bien-fondé de mon comportement. Je vogue au septième ciel lorsqu'il me fait reconduire à ma classe par un élève qui se montre, lui aussi, très encourageant. Il me recommande une attitude d'humilité vis-à-vis de Charles et m'explique qu'il vaut mieux se mettre du côté de ce garçon pour avoir la paix. C'est ce qu'il fait, lui.

Ma classe regroupe vingt écoliers — rien que des garçons. Mon pupitre se trouve au milieu de la salle. L'instituteur me présente aux autres élèves, présentation qui fait encore une fois jaillir des rires et des quolibets. Encore une fois, on se porte à mon aide car le prof rabroue l'élève Gignac instigateur des hostilités. Je peux respirer un peu. Les cours défilent, plus ou moins paisibles, malgré la bande à Gignac qui aime bien s'amuser et interrompre les explications.

À la récréation, les écoliers sortent en vitesse, heureux d'échapper pendant quelques minutes à la studieuse ambiance des cours. J'ai trouvé un copain avec qui jaser tranquillement et oublié l'existence de Charles. Mais lui ne m'a pas oublié: il vient se planter devant moi et m'assène en plein visage une droite qui m'envoie au sol. Désireux de lui laisser la victoire, je reste à terre, pleurnichant, hésitant, bientôt entouré d'un groupe excité qui me provoque à me défendre, à démontrer du courage. Que faire? Qu'est-ce que ces chiens aboyeurs attendent de moi? Un combat de coqs? Je ne suis pas un lâche, aussi dois-je le prouver. Je me redresse donc et fais face au garçon. J'argumente de mon mieux et affirme que je ne comprends pas le rôle d'une bataille entre nous. En guise de riposte une autre droite me rebondit au visage. Je tombe encore mais cette fois je saigne. J'ai la lèvre fendue et ne tarde pas à réagir: la vue du sang me rend fou de terreur. Cependant je me relève, hésitant quoique décidé à ne plus recevoir de coups. Mais désespéré par le dilemme apparemment, je prends mes jambes à mon cou et rentre à la maison, poursuivi par les risées, sans demander mon reste.

Rentrer à la maison n'est pas une échappatoire, je sais trop bien l'accueil qui m'y attend. Non seulement je ne peux pas m'expliquer l'impuissance qui me frappe lorsque je dois faire face à un affrontement physique, mais je dois convaincre maman d'accepter mon attitude et de m'aider à la comprendre. L'affrontement en réalité ne ressemble en rien au tendre dialogue dont j'aurais besoin pour refaire mes forces: maman se hérisse, m'accuse d'avoir semé la pagaille et m'ordonne de retourner sur-le-champ à l'école. Je me bute aussitôt: non je n'y retournerai jamais.

Téléphone de maman: caucus avec le Directeur qui appuie sa décision et me convoque à son bureau. Je suis pris au piège comme un lièvre, inutile de me rebeller. Les forces de l'ordre se liguent contre moi, elles me serrent le cou à m'empêcher de respirer.

J'ai attendu que la rentrée de l'après-midi soit terminée avant de m'engager moi-même dans la cour et de me glisser jusqu'au bureau de M. le Directeur. Il note mon retard, me fait un sermon sur l'importance de la ponctualité. Ému par ses remarques, je lui confie la raison de mon retard et ma crainte d'affronter les élèves qui me ridiculisent et me menacent. Il sourit avec bonté. Lui, au moins, il me croit et comprend mes difficultés. Je pleure à chaudes larmes en écoutant son sage laïus sur la nécessité de ne pas fuir mes problèmes, mais de tâcher de les résoudre. Il m'affirme qu'il m'aidera à combattre les obstacles qui se dressent sur mon chemin d'écolier et je le suis avec confiance jusqu'à ma classe.

Tremblant et encore plein du pressentiment amer que mes ennuis n'en seront que reportés à plus tard, je suis devenu une cible tentante pour les vingt paires d'yeux qui m'accueillent calmement tandis que je regagne ma place. Mon coeur bat avec une telle violence que j'entends à peine l'admonestation de M. le Directeur à l'intention de mes camarades. Mais l'avertissement est d'une grande sévérité et assorti de mesures disciplinaires propres à effrayer les crâneurs. À ma grande stupéfaction, il emmène Charles Gignac avec lui après sa mise en garde collective. Je peux vraiment compter sur lui. J'exulte d'une vive fierté, d'une joie intense, car je suis finalement récompensé d'avoir refusé le combat stupide qu'on me proposait. À la récréation de l'après-midi, je constate que Charles se tient debout dans la grande salle, isolé dans un coin, sans doute invité à réfléchir aux conséquences de ses actes.

Malgré plusieurs fugues, provoquées par l'obstination bilieuse de Gignac à me mater et à venger l'affront que je lui ai causé, je réussis à boucler la sixième avec succès. Parfois des camarades prennent ma défense contre Charles, mais je n'accepte pas davantage cette solution: je ne veux pas plus qu'on se batte pour moi que me battre moi-même. Les règles du jeu me scandalisent et je préfère le martyre de l'isolement à l'abandon de la seule attitude qui corresponde à mon respect de la vie et de l'intégrité des êtres.

À la maison, cette année-là, rien ne va plus. Maman explose continuellement devant les charges que la famille lui impose et les tiraillements de nos rapports quotidiens. En plus de mes problèmes scolaires, il y a Martin qui s'est mis à boire et profite de sa situation de soutien de famille pour nous écraser, Marie et moi. Je pourrais me liguer avec elle contre l'autorité abusive de Martin, mais elle me repousse comme partenaire, préférant me faire porter la charge de ses larcins (elle dérobe de la monnaie dans le sac à main de maman), comme au temps du village, et feindre d'avoir été battue ou pincée par moi. Elle joue la comédie des larmes pour esquiver les réprimandes qu'elle mérite et maman, par aveuglement ou par choix, la protège contre son méchant petit frère, sans jamais sévir contre Martin, le seul responsable au fond de ce théâtre.

À cette époque le drame familial me semble concentré entre maman, Martin, Marie et moi, tant les trois autres se tiennent à l'écart des minuscules et exaspérants événements qui ponctuent mes journées monotones et sans relief.

Comme à l'époque du village, Damien se manifeste par son goût de la farce, de la blague, pas toujours drôles d'ailleurs. Je me souviens de la fois qu'il avait attaché Marie sur son lit et qu'il lui chatouillait la plante des pieds pour la faire rire! Aujourd'hui, il a étendu le registre de ses plaisanteries au sexe et multiplie les allusions comiques à ce sujet. Toutefois il montre de moins en moins de tolérance à être lui-même l'objet de nos plaisanteries. Mais il se conduit en garçon autrement paisible, pas agressif pour deux sous, habile de ses mains et qui n'a pas tellement d'affinités avec Martin et Roger. Au village, il avait ses propres amis, jouait de la batterie avec l'un d'eux, détestait l'école. Il n'a pas tellement changé.

Monique non plus d'ailleurs. Elle affiche le même dédain vis-à-vis de la famille et de la maison, le même snobisme, la même nonchalance. Elle prend de plus en plus de distance avec nous. Capable de ne pas nous reconnaître quand elle nous rencontre sur la rue, elle ne demande justement que notre indifférence, c'est-à-dire que nous ne la mêlions pas à nos misères, que nous reconnaissions qu'elle est d'une essence supérieure.

Elle aime les enfants, mais pas ses pitoyables frères et soeurs qui lui rappellent candidement des origines moins respectables qu'elle le souhaiterait. Je la juge méchante car je ne comprends pas ses humeurs maussades, sa pudibonderie, sa paresse, son indiscipline. Elle se fait payer le moindre service à la maison, soit en argent, soit en permissions de sortie. Par certains aspects elle imite pourtant maman: elle fume, sacre, bouscule. Elle nous méprise, Marie et moi, probablement parce que nous lui mettons sous le nez la honte qu'elle éprouve de la famille dans le milieu qu'elle fréquente. Elle semble ne souhaiter qu'une chose: quitter au plus tôt le monde médiocre où la nécessité la maintient. De plus elle jalouse, elle aussi, les succès de Marie.

Et Roger? Le tranquille, le silencieux Roger? Je crois que j'aimerais bien me confier à lui. Il n'a pas tellement évolué depuis le village. Toujours aussi timide et bon. Souvent il s'enferme dans sa chambre avec sa guitare, ou il étudie. Au village, il était poli avec les parents, obéissant, affamé et avide de compétition sportive. Je le trouvais intelligent: n'avait-il pas fignolé un parachute qu'il déployait pour freiner sa bicyclette lancée à haute vitesse? Il est patient et se fait respecter sans abuser de la force. Il me sert de modèle par sa compréhension, son sens de la justice, sa générosité. Autant j'aimerais lui démontrer mon admiration, autant j'envie la simplicité et la loyauté avec lesquelles il taille son chemin et prend sa place au soleil.

Par malheur, je ne sais pas mieux exprimer mes bons sentiments que mes refus. Lui non plus n'exprime pas par des mots ses pensées et sa tendresse. Il se contente d'accorder son attention à l'existence sans pénétrer dans le territoire interdit de chacune des nôtres. Le grand cocon qui nous isole les uns des autres l'emprisonne, et une brume déformante m'empêche de le distinguer nettement de mon entourage quand j'aurais besoin d'amitié et de conseils.

Voilà: la première année dans la terre promise est achevée; j'ai eu douze ans en janvier dernier et les vacances s'annoncent à travers un certain vertige. Je suis complètement perdu dans un été sans commencement ni fin, confiné à des trottoirs et des rues peuplées d'enfants étrangers. Je n'ai pas encore d'habitudes et d'activités rassurantes. Au village, avec la mer, la forêt, les touristes, je n'avais pas de temps à perdre et, surtout, la solitude ne me pesait point. Une puissante harmonie se dégageait de l'été et me réconciliait avec la vie exubérante, à travers les formes animales et végétales qu'elle revêtait pendant cette saison.

Mais dans cette putain de ville endormie, que faire pour meubler des journées longues comme le bras? On n'invente pas des habitudes, des souvenirs et des regrets: ils sont là, emmagasinés par l'enfance, impérieux et intuables. Je me promène dans les rues, à l'affût de je ne sais trop quoi, occupé uniquement à faire pousser mes cheveux pour ressembler aux autres garçons, à prononcer quelques sacres afin de les apprivoiser. Bientôt je me surprends à ramasser les mégots de cigarettes dans le but d'avoir de quoi fumer. Maman ne me donne jamais d'argent de poche, donc je fumerai des mégots.

Mais ces efforts pour «faire comme les autres» ne me rapprochent pas forcément des autres jeunes. Je n'aime pas rester seul à m'ennuyer, mais je n'ose pas non plus me mêler trop étroitement aux groupes qui se sont formés et dont je crains le rejet. Mes tentatives avortées se terminent fréquemment en engueulades et crises de larmes qui me ramènent à la maison quand ce n'est pas maman qui m'oblige à rentrer.

Un sentiment d'ennui énorme et malsain me submerge.

De temps en temps, je me promène dans les centres d'achats, attiré par la diversité des étalages et l'intense circulation humaine. Le temps y passe plus vite et j'éprouve une sensation de liberté qui n'existe pas dans la rue, du moins pour moi. J'ignore en ce moment que dans ce lieu impersonnel ma vie va prendre un virage irrésistible. Je déambule sans penser à rien, attentif au déploiement de gadgets dont la télévision assure la publicité. J'en profite aussi pour fumer, caprice qui m'est interdit à la maison.

Tout arrive à cause d'une cigarette. Ce jour-là, en l'allumant, je me suis brûlé les cheveux. Le dégât est évident et je panique à l'idée de rentrer à la maison dans cet état. À la fois pour réfléchir et cacher mes larmes, je me réfugie dans les toilettes du centre d'achats, braillant comme une Madeleine mal repentie, transi d'inquiétude et de détresse. Je finis par attirer l'attention d'un monsieur d'âge mûr, bien vêtu et l'air compatissant qui s'enquiert de ma peine, et à qui mes cheveux brûlés et surtout la peur morbide d'être battu par ma mère inspirent un bon mouvement. Il va m'emmener chez lui et sa femme va laver mes cheveux et faire disparaître la trace de l'aventure.

Confiant en cet homme compréhensif, je l'accompagne à sa voiture et il me conduit à sa demeure.

Madame n'est plus là? Oh! elle ne tardera sûrement pas à rentrer de ses courses. Pourquoi ne pas laver mes cheveux moi-même, dans l'évier de la cuisine? Je m'exécute, sans même penser que j'aurais pu le faire au centre d'achats.

Une fois mes cheveux secs, je me retourne vers l'homme, content de moi, prêt à partir. Mais il ne me laisse pas partir. Au contraire, il m'ordonne brièvement de me déshabiller. Devant mes questions, il grossit la voix, m'enjoint de me la fermer tandis qu'il se débarrasse à son tour de ses vêtements. Il sourit, le salaud, tandis que mon corps nu est pris de spasmes et de tremblements; je transpire abondamment devant lui dont l'énorme sexe bande comme celui d'une bête. Les cris qui montent de mon ventre meurent dans ma gorge, je suis incapable d'émettre un seul son, de faire un geste pour éloigner le monstre dont les caresses me déchirent la peau, dont l'étreinte me met le coeur dans la gorge. Ah! que je voudrais vomir et le souiller de mes déchets comme il salit mon corps et mon esprit de son infâme «tendresse».

Une effrayante confusion s'empare de mon être secoué à la fois par l'épouvante et les sensations que sa bouche et ses mains font surgir dans mon être submergé par des vagues de frissons et de remords; par le traitement infligé à mon sexe par la masturbation et la jouissance de l'homme. Mais l'exercice n'est pas fini. Une fois qu'il a réussi à me faire éjaculer et à consommer mon sperme, il me demande de lui rendre la pareille. Je m'exécute avec l'énergie et la haine du désespoir, ne pensant qu'à me débarrasser au plus vite de la répugnante besogne. Hélas, au moment d'avaler l'horrible substance crémeuse qui se dégage de son sexe, j'ai eu un haut-le-coeur et rejeté le tout sur le plancher.

En m'empoignant rudement la nuque, il m'oblige à recommencer et à manger le sperme dont l'odeur me rend malade. Enfin je peux me rhabiller, empocher ses remerciements, cinq dollars, l'invitation à revenir ainsi que des menaces adéquates en cas de délation. Je lui promettrais n'importe quoi pour qu'il me laisse filer.

Aussitôt libéré, je me rue à l'extérieur, terrorisé, flageolant comme un quidam ivre, transi de pensées si folles, si paranoïaques que je crois que toute personne aperçue ne pense qu'à se jeter sur moi, à me terrasser et à me vider de ma vie secrète. Je suis secoué de violents haut-le-coeur, je me mets à courir comme un possédé dès que j'aperçois un humain, même si je me rends compte que je suis perdu, dans un coin que je ne peux reconnaître sans l'aide des autres.

La vue d'une petite rivière qui se faufile entre les buissons et les champs me réconforte un peu. Je reprends mon souffle à son côté, assis sur une roche dont le contact m'apaise. Je n'en bougerai pas pendant des heures, d'abord parce que je ne sais pas où aller, mais aussi à cause de l'extrême faiblesse de mon corps: on dirait que j'ai vomi pendant des heures et des heures sans parvenir à éliminer le poison qui le torture. Je sais que je dois rentrer à la maison — le but reste clair dans mon esprit confus — mais je redoute d'aborder l'un de mes ennemis déguisés en sauveteurs. Et il le faudra bien pour me retrouver!

Dire le gouffre de ce désespoir, est-ce possible? Je viens de recueillir l'ultime preuve qu'aucun bipède ne me veut du bien, même s'il se présente avec les meilleures intentions du monde. Mais je dois rentrer. Je quitte la rivière à regret et reprends ma route. Le jour a baissé. Croisement de directions. Où aller? Comment choisir le bon trajet? Une vieille dame traverse la rue et je lui demande où se trouve V... Au lieu de répondre sans détour, elle s'inquiète de savoir si je suis égaré. Prêt à déguerpir, au bord de l'hystérie, je répète ma question. Je n'ai qu'à continuer tout droit pendant vingt minutes environ. Je ne me le fais pas dire deux fois. Je bondis hors de sa portée, car elle insiste pour m'offrir son aide. Je ne l'ai même pas remerciée. Quel sauvage! Elle ne peut pas savoir? *Non, elle sait certainement* qu'elle a le droit et le pouvoir de me blesser, de me tromper, de me montrer la hideur de l'âme humaine. Même moi, je l'ai appris. L'abjecte vérité.

En arrivant à V..., j'entre chez un dépanneur acheter de la gomme à mâcher — oh! pourrai-je au moins éliminer le goût répugnant du sexe répandu dans ma bouche? J'achète aussi des «pétards» et des allumettes. Pourquoi? En apercevant les risibles explosifs, l'illumination m'est venue brusquement: détruire le monde, faire sauter l'écœurante planète, effacer les traces de la saloperie humaine, leur en faire baver, à ces faux vivants! Si j'avais des bombes atomiques entre les mains, moi, messieurs les présidents, je n'hésiterais pas une seconde: je ferais sauter le globe. En attendant, je me gargarise de l'ignoble désir, je fais exploser mon inoffensive dynamite en guise de répétition. Rage et dégoût de vivre...

Je suis coupable certainement: il n'y a que les coupables qui soient punis, non? Les innocents sont épargnés, et ce n'est que justice. Donc je suis coupable; maman ne s'est-elle pas évertuée à me le démontrer depuis mon enfance en me battant, punissant, rabrouant sans cesse? Je n'avais pas compris, je suis un simple d'esprit, quoi, un niais, une manière de victime à l'usage des tyrans. J'ai bien mérité de n'avoir que des ennemis. J'ai mérité la honte et le remords des faibles dont on abuse par leur faute. Je ne devrai compter que sur mes seuls moyens. Si on me tend une main, je la mordrai. Si on veut m'embrasser, je me défendrai à coups de couteau. Et qu'est-ce qui me retient de me jeter devant ces voitures qui passent en sifflant sur l'asphalte? Vivre? Pourquoi vivrais-je un jour, un an de plus? La vie a tué papa, il a été rayé de la famille comme un mécréant. Et moi?

Vivre. Je dois vivre quand même, moi. Je continue à vivre malgré les affreux bonshommes qui voudraient s'offrir mon être à rabais. Malgré moi et malgré eux. Seul, s'il le faut. Qu'elle saute, la ville maudite! Qu'il se balade en fumées, le paradis perdu!

Je ne sais pas comment je suis revenu chez moi mais je suis rentré. Il fait nuit. Je me suis enfermé dans ma chambre pour y terminer ma rumination morose, pour réfléchir à un possible monde de rêve et aussi à la réalité de mes douze ans, à la fin de mon innocence... Je me métamorphose brutalement, en quelques jours, en un garçon que je ne reconnais pas, que personne ne reconnaîtra.

La séparation entre moi et *Les Autres* s'est faite d'une façon si étanche que je ne sens même plus la nécessité de répondre aux insultes des élèves que la rentrée ramène dans mon entourage quotidien. Je ne veux ni partager ma haine féroce, ni corrompre mon agressivité au contact de la leur. Je les envoie se faire foutre, ceux qui ont mon âge. Je multiplie les fugues à l'école pour embêter les professeurs et alerter maman qui se tord les mains de colère et m'enferme dans ma chambre. On dirait que j'ai pris la relève de Gignac, on me retrouve en retenue dans un coin de la grande salle quand M. le Directeur est forcé de sévir.

En dépit de ma mauvaise conduite, de l'exemple désastreux que j'offre à l'école, les autres garçons continuent de me prendre pour cible de leurs quolibets: je suis une tapette puisque je ne tape pas. De plus, je n'étudie pas, je n'écoute rien ni personne. Résultat: la queue de la classe, des notes désastreuses et mon premier échec scolaire.

Sans doute pour régler des problèmes personnels, maman a commencé à coucher avec des hommes qu'elle amène à la maison et nous impose. Je déteste ses amis et m'en écarte le plus possible. S'ils croient remplacer papa, ils se mettent un doigt dans l'oeil. Je me montre grossier et méprisant envers eux et ne pardonne pas à ma mère de s'avilir ainsi, sous nos yeux. Cette initiative ne la rend pas meilleure envers nous, elle hurle après l'un et l'autre à la journée longue, nous accable de constants rappels du passé et nous accuse de manquer de gratitude. Elle prétend s'être sacrifiée afin de nous tirer de notre misère. J'aimerais bien savoir quel nom elle donne au foutu bordel où elle nous a entassés.

Martin emmène ses amis à la maison. Souvent il arrive complètement saoul, fait un boucan du diable avec sa musique et ses rugissements contre les plus jeunes. Maman n'a plus aucune autorité sur lui, si elle en a déjà eu. Nous menons l'enfer d'un bout à l'autre de la semaine et je tiens ma place dorénavant dans le guignol familial. Je commence à montrer les dents, mais sans m'insérer dans le pattern, à l'écart plutôt. Peut-être mes frères et mes soeurs se tiennent-ils à distance les uns des autres, eux aussi, par mesure de précaution; mais je suis trop loin de chacun pour effectuer des comparaisons entre des comportements que je perçois si vaguement. Chacun s'enferme dans sa coquille protectrice, apparemment indifférent aux souffrances de l'autre. Damien abandonne ses études pour devenir manutentionnaire chez *Provigo*; on ne le voit presque plus à la maison. Monique non plus, car après ses cours elle s'échappe avec son nouveau groupe d'amies. Roger prend bien un petit coup avec Martin de temps en temps, mais il reste fidèle à ses études et à sa guitare. Quant à Marie, elle ne change pas, ni dans ce qu'elle a de bon ni dans ce qu'elle a de mauvais.

Je suis le mouton noir de la famille, dans ce sens que je suis le seul à quémander l'attention affectueuse des autres membres de la maisonnée, le seul à me charger de la honte de nos agissements, à mériter continuellement des punitions et des rebuffades, le seul à n'avoir aucun ami à l'extérieur. Les filles ne veulent pas me voir la face dans leur entourage et mes frères refusent de s'encombrer d'un cadet hypersensible et mauvais joueur.

Que faire de moi, de ce coeur insatiable?

Pendant l'été, maman a rencontré un ami, Randy Masson. Elle l'a ramassé dans un bar, comme ses prédécesseurs, mais Randy ne ressemble pas aux autres. Il est bon, sensible, gentil et d'une générosité qui me conquiert finalement. Il habite avec nous depuis quelque temps et sa présence m'aide beaucoup. Il m'entraîne de temps en temps dans ses tournées de commis-voyageur. J'observe son art de vendeur et j'admire son style, sa façon de contacter les gens et de les convaincre.

Quand il emmène maman dans ses randonnées, la vie est moins drôle à la maison. Ils partent en camping dans la province et aux États-Unis, et la pagaille s'installe à la maison. Maman nous juge assez débrouillards pour nous passer d'une servante. Elle a envie de profiter un peu de la vie et mes jérémiades ne la feront pas changer d'avis. Mon caractère s'aigrit car je me sens abandonné cruellement. Je suis devenu insupportable en ajoutant les mauvaises habitudes des pré-adolescents à celles que j'avais déjà: répliquer grossièrement, blasphémer, retourner les reproches mérités en accusations contre ceux qui me les font, n'agir qu'à ma guise. Puisque maman estime que je suis assez vieux pour me passer d'elle quand elle en a envie, je suis assez vieux pour ignorer ses ordres ou ses conseils quand elle se met dans mes jambes et que moi, je n'en ai pas envie.

Les relations familiales me donnent par ailleurs beaucoup à observer. Ainsi Randy et elle m'ont proposé en juillet une balade à Baie-Saint-Paul afin de visiter la parenté de maman. Je crois qu'elle avait très hâte de se pavaner devant les membres de sa famille en femme qui a réussi à conjurer le mauvais sort. N'a-t-elle pas mieux mené l'opération que ses soeurs aux prises avec des problèmes d'alcool, de rivalité et de frustration? Moi qui ne connaissais un peu que ma tante Ginette, je me rends compte que maman a vécu, elle aussi, dans un milieu agressif et difficile, et qu'elle n'a pas envie de baisser pavillon après l'échec de son mariage.

Mais je ne sais pas pourquoi elle m'a traîné à ce restaurant où sa soeur Mado est serveuse de bar. Je n'ai pas l'âge de fréquenter les débits d'alcool et ma mère m'installe à une table du restaurant tandis qu'elle et Randy prolongent leur soirée au bar. En plus d'y être tragiquement seul et livré à mes idées noires, je peux observer les activités du bar par la porte ouverte. Le coeur me lève devant les friandises que ma tante Mado se croit obligée de m'offrir pour meubler le vide d'une interminable attente. Dans le bar ils sont nombreux, serrés les uns contre les autres dans l'ombre et leur gourmandise me dégoûte autant que leur rassemblement fait ressortir mon incurable solitude.

Presque sans m'en rendre compte, j'ai commencé à piquer, des cassettes, des cigarettes surtout. J'en ai assez des mégots. Une fois, j'ai défoncé la caisse d'une machine à boules. J'ai l'impression d'entreprendre avec les autres jeunes mon apprentissage d'un talent fort utile. Dans quelques jours j'affronterai la rentrée scolaire et ma nouvelle occupation m'aide à oublier la date fatidique.

Une fois, un inspecteur m'a pris en flagrant délit, alors que je tentais de dissimuler des cigarettes sous mon veston. Arrestation, appel à ma mère poliment invitée à venir me chercher. Clémence de l'inspecteur parce qu'il s'agit d'une «première fois». Retour à la maison, colère et menaces maternelles dont je me moque éperdument et à haute voix. Injures, reproches, évocations du dévouement passé n'y changent rien. Je ne rendrai plus de comptes à personne. Maman ne m'inspire dorénavant ni confiance ni affection. À force d'être rejeté, j'ai cessé d'espérer l'accueil d'un être compatissant. Ma mère est devenue extrêmement agressive et ses paroles me déchirent, mais sans douleur désormais, je suis insensibilisé. Elle parle pour rien. J'ai un dos de canard sous la pluie. Depuis le départ de Randy je m'aperçois qu'elle sort beaucoup et qu'elle a pris l'habitude de consommer de l'alcool suffisamment pour se réchauffer et noyer ses aigreurs. Elle rentre tard, plus gaie et détendue que je ne l'ai jamais vue; mais cette conversion s'évapore avec les effets de l'alcool et les lendemains de la veille n'en sont que plus pénibles. Préoccupé par ma propre dérive, je serais bien en peine de suivre celle de quelqu'un d'autre, fût-ce ma mère. Les ponts sont coupés en cet été sordide. Je me replie sur les suffocants fantasmes qui me hantent: des peurs intolérables, des cauchemars à la chaîne, des réveils en détresse. Pendant la journée, je pose des gestes dangereux: je menace mes soeurs par exemple, en leur lançant des couteaux à la tête. Ma mère est le témoin horrifié de ces gestes et mes soeurs commencent à avoir peur de moi. Hypnotisé par la colère et la rancoeur, je défie Martin qui ne parvient plus à me maîtriser. Je souhaite la mort et mes pensées errantes s'accrochent à cette seule perspective. Mais la mort se fait attendre, comme la terre promise.

Retour aux études encore une fois. Mon comportement à l'école est l'écho ponctuel de celui de la maison. Je me moque des professeurs, employant avec eux un langage vulgaire, refusant leurs interventions répressives. Je n'ai plus le contrôle de mes sentiments ni de mes actions. Je poursuis mes ravages après les cours en lançant des cailloux dans les fenêtres de l'école, en égratignant les voitures stationnées dans la rue. Repoussé par les élèves, je libère le flot de haine sauvage que j'avais enfermé en moi et dont l'explosion les éclabousse.

Je n'ai pas éliminé, loin de là, les fantasmes sexuels qui ont transformé l'été précédent en un enfer d'épouvante. Incapable de contrôler mon imagination, je suis assailli très souvent par des rêves sexuels nocturnes et, le jour, par un fantasme obsessif dont je ne peux me libérer que par la masturbation et l'éjaculation. Lorsque je ne peux m'exécuter, je deviens d'une violence et d'une impulsivité irrésistibles. Et, bien sûr, la situation se complique de honte et de culpabilité et je me crois malade et fou, car je ne comprends rien à ces manifestations. Je sombrerai finalement dans un gouffre de scrupules qui

72

m'étouffent au point que je n'ose porter un maillot de bain et aller à la plage. Je suis même gêné de changer de vêtements devant mes frères et ne me déshabille plus devant eux.

Ce tourment me rend profondément misérable et entraîne en moi un état difficilement descriptible: haine, peur, excitabilité excessive, se mêlent à mille formes de dégoût et de désarroi. On me punit à qui mieux mieux sans me dire de quels crimes je suis coupable, et je me venge sur les objets à ma portée. Aucune réprimande ne me touche. Aucune menace ne m'arrête. Je frappe en aveugle, je crie en forcené qui n'a plus rien à espérer.

Tout à coup, madame Dolbeau, écœurée de mon numéro, me saisit par le cou et me soulève en m'ordonnant de sortir de la classe. En parlant elle ne relâche pas sa poigne et m'escorte fermement vers la sortie. Je proteste par des insultes du genre *grosse vache* ou *grosse chienne*, paroles qui ont pour effet d'augmenter sa colère. Parce qu'elle a les rieurs de son côté, je ne peux pas tolérer sa victoire: je pivote brusquement et lui flanque une gifle au visage. Elle est grande et forte, mais elle en reste figée un moment avant de m'entraîner au dehors où elle m'abandonne pour aller chercher le Directeur. À son arrivée, il m'aperçoit assis dans le passage, en larmes et conscient d'avoir mal agi. Mais je ne regrette que le geste, parce qu'il a dépassé la frontière que ma conscience me fixe elle-même. Je n'accepte pas encore de déchoir de mes principes.

Je ne sais pas quelle décision m'attend dans le bureau de M. le Directeur et je le suis docilement en supposant que je serai mis au coin dans la grande salle. Il m'annonce mon renvoi que j'accueille avec une désinvolture apparente. Je retourne en classe chercher mes effets personnels, obligé de crâner et d'affronter le silence des élèves qui m'observent. Au fond de moi, ma conscience craque et se déchire, mais pas question de céder à l'énorme pression ni de montrer la détresse qui m'envahit. Je bouge calmement, cherchant une ultime façon de choquer et de provoquer, car je refuse de me laisser faire la loi et par un clan et par l'autre.

Je persifle:

— Soyez sages, les petits garçons, écoutez bien votre professeur.

Madame s'impatiente. Charles Gignac propose son aide pour activer ma sortie. Madame refuse. Et j'enchaîne:

— C'est ça, Gignac, écoute madame.

Et je sors en savourant mon minable triomphe, l'oeil sarcastique et la lippe moqueuse. Mais la tactique ne dure pas longtemps. Aussitôt sorti, je pleure à la pensée de la déception de maman et de ce comportement terrifiant qui me mène par le bout du nez. Ma haine accumulée rejaillit sur moi, car je suis seul responsable de mes erreurs. Une chose est certaine, je ne dois pas rentrer en pleurant. Je dois affronter la tempête en brave. Je connais la menace qui me pend au bout du nez: je serai placé en institution. Cette arme constitue la seule défense dont maman dispose encore. Je l'accuse de vouloir se débarrasser de moi, de ne pas m'aimer, de ne m'avoir jamais aimé. Et elle se défend en contre-attaquant: elle ne croit pas non plus que je l'aime.

Pendant une semaine, elle multiplie les démarches afin de me trouver une place en institution. Moi, je traîne les rues en ruminant des projets de changement, de bonheur et d'amour familial, car je me rends compte que je tiens à chacun de mes frères et soeurs, que je ne veux pas en être séparé. Je marche au hasard des lieux où le calme et la solitude favorisent ma réflexion. Je n'ai jamais été aussi misérable, aussi douloureusement conscient de faire fausse route. Parfois, lorsque l'environnement me le permet, je me soulage par des cris qui me sortent du coeur avec une force terrible, ou par des prières suppliantes afin que je puisse reprendre le bon chemin et rendre à ma famille la paix et la joie.

À la fin de la semaine, j'ai suffisamment réfléchi

pour demander à réintégrer l'école et promettre de devenir un bon élève. À force de supplications, maman accepte d'appeler la direction qui me donne une dernière chance. En cas de récidive, la décision du renvoi restera sans appel. J'accepte le défi avec une sincère gratitude et la conviction que je peux reprendre le chemin du succès et de l'amour: je désire sincèrement aller dans cette direction.

Pendant quelques semaines, je suis mes cours sans histoire. Le mois se déroule normalement. Puis le cycle négatif recommence: vulgarité, bisbille, provocation. Le sommet est atteint lorsque mon professeur de mathématiques, excédé, m'agrippe par les cheveux. Son geste a l'effet d'un choc. Instantanément électrifié, je saisis ma chaise et la lui lance à la tête. Ainsi qu'on me l'avait annoncé, je suis renvoyé. Nous sommes en avril, j'ai donc échoué encore une fois et ne terminerai pas ma septième. En septembre prochain, je deviendrai pensionnaire à Lac-Sergent, et cette perspective m'affole: non seulement je serai séparé des miens mais je me verrai assujetti à une discipline de chaque instant, à une surveillance répugnante de mes actes. L'été qui me sépare de cette échéance se ressent du climat de peur où je développe des comportements de plus en plus hostiles et incontrôlés. En tout cas, il n'est pas du genre à faire revenir maman sur sa décision.

La Chevrolet *Malibu* 70 rouge de ma tante Ginette est stationnée à la porte. Fin août, époque de la rentrée pour les étudiants. J'ai nettement l'impression que je suis le seul qui ne retourne pas à l'école, puisque je prends la direction de Lac-Sergent en compagnie de maman et de sa soeur. Elles vont me confier aux bons soins des Frères durant une année entière dans l'espoir de corriger ma conduite et d'assouplir mon caractère. Assis seul sur la banquette arrière, je me livre à une pénible réflexion sur l'injustice qui me frappe. En effet, à ma demande d'attention et d'amour, on répond par la séparation et l'éloignement de mon unique source d'affection.

En imagination je revois notre première fuite, la confirmation de notre rejet par le village, l'abandon de papa dont je n'ai plus entendu parler qu'avec haine, à travers des mots fielleux et mesquins. Ces images barbares me hantent tandis que les deux femmes, en avant, parlent de moi comme si je n'existais pas. Ma tante tient à rassurer maman qui exprime des doutes quant à la solution draconienne choisie pour me mater. J'étouffe, la peur m'étrangle, mais je ne dirai pas un mot. Lesquels choisir d'ailleurs? Ne suis-je pas celui qu'on n'écoute pas? Le monde s'écroule encore une fois et la gravité de la catastrophe ne m'échappe pas. Si on m'abandonne dans cette école inconnue, aux mains des gendarmes en soutane, j'aurai le front marqué du sceau infamant de ceux que la société rejette. «Ça ne peut pas lui faire de tort», affirme ma tante Ginette. Qu'est-ce qu'elle en sait, elle? A-t-elle passé par semblable épreuve, elle aussi?

Derrière mon silence, on ne devinera pas l'horrible déchirure de mon être, on n'entend pas mes cris de souffrance ni l'écho de leur rumeur poignante. Les comportements incontrôlables que j'ai depuis quelques mois m'épouvantent et personne ne comprend que j'en suis la victime et non l'auteur. Jadis le mal couvait en moi, exerçant des ravages souterrains, sans inquiéter les autres; désormais je ne peux plus empêcher l'explosion de cette lave qui brûle et blesse aveuglément les êtres qu'elle touche. Je ne peux pas retenir la marée qu'un ouragan fou pousse avec fracas contre des quais qui s'effritent. Le mur d'indestructible tendresse que j'ai, enfant rêveur, construit dans mon enfance, s'est effondré sous le choc. Je flotte, éperdue et informe épave, dans le vide blanc de la fin de mon enfance.

Je sais une chose: je n'ai pas demandé de vivre dans

une prison où je ne connais personne; je ne crois pas au succès de la cure miracle d'où je sortirai, dans un an, blanc comme neige et neuf comme un premier communiant. Je hais ma mère pour l'espoir qu'elle exprime, je la déteste pour la vie qu'elle m'a donnée, sans lumière et sans joie. Et pourtant je l'aime désespérément, je m'accroche à la petite flamme de la fidélité que sa présence allume en moi. Maman, maman, je ne veux pas vivre ici, ramène-moi au chaud de la maison, prends-moi dans tes bras, empêche-moi de tomber, de crier, de lancer des couteaux, de te briser le coeur. Maman, je t'en prie, laisse-moi voir ton coeur et m'y blottir enfin.

Je n'ai pas envisagé de quitter la voiture qui s'est engagée sur la petite route d'accès au pensionnat. Tandis que mes yeux, mon odorat, mes sens s'ouvrent d'eux-mêmes, sous l'effet d'un charme soudain, la Chevrolet ralentit sans que je m'en aperçoive. Il se passe quelque chose en moi d'instantané, de vivifiant, dont je ne connais pas la cause, dont je n'identifie pas encore l'origine. Mon être vibre, respire, chante sous l'effet de je ne sais quelle drogue aux douceurs merveilleuses...

Puis je comprends, je commence à recueillir et à dépêtrer mes sensations, à réellement voir, entendre, sentir des ondes familières, quoique affadies par la distance... Je suis au coeur d'un paysage tellement différent de la ville que je peux me croire transporté par magie dans mon village. La forêt bruit d'arbres aux proportions fabuleuses; des appels d'oiseaux s'y croisent; un lac mystérieux s'étend à travers les bois. Et quels effluves! L'eau, l'air, la terre sentent si bon. Pendant un long moment j'évacue mon tourment, mes préoccupations risibles de mauvais écolier. J'emmagasine des parfums, des tremblements de feuilles, des musiques. Je bombe le torse, comme autrefois pour affronter la mer ou la vaste forêt aux profondes traîtrises. Je retrouve intacts mes secrets et mes songes naïfs, l'état de grâce où la nature savait me garder. Une force inconnue irrigue mon esprit. Au son de la voix de maman, je saute hors de la voiture, hypnotisé par l'environnement, ayant oublié jusqu'au but de cette randonnée. Ô bienfaisantes retrouvailles... ô trompeuses illusions...

Mais non, je ne suivrai pas maman derrière les portes de l'impressionnante bâtisse. Merci bien. Mon exaltation physique tombe, et la petite mule qui me sert de jambes refuse d'avancer. Je soupçonne cet édifice de cacher sournoisement une bande de garçons condamnés comme moi à vivre à l'écart de leur famille, de leurs amis, de leur enfance.

Maman revient quelques minutes plus tard avec le frère directeur en soutane, un homme qui m'inspire de la méfiance justement parce qu'il porte un uniforme. À travers lui affleurent des mots dont je connais la cruauté: ordre, discipline, châtiment, correction, et surtout aveugle et méprisante autorité. Ma présence dans son établissement lui donne le droit de choisir et de diriger mes actions, mes paroles, mes pensées elles-mêmes si je ne parviens pas à les lui dérober. Oh! non, je ne veux pas de cette imitation servile, de cette sujétion grotesque à des principes dont j'ai déjà flairé la fourberie. Encore une fois, maman argumente, plaide en faveur d'une soumission qui m'humilie, qui me condamne alors que mes frères, eux, restent en liberté même s'ils font les quatre cents coups. Pourquoi les tolère-t-elle et moi, pas?

Elle n'aurait pas dû insister. Je lui jette des saletés à la figure, je la repousse lorsqu'elle veut m'embrasser. Pour meubler notre scène d'adieux, j'entasse entre nous des menaces, des reproches, le défi suprême de la vengeance. Qu'elle pleure, la garce! Qu'elle se brise le coeur, la salope. À mon tour de l'envoyer au diable, à la mort et à l'enfer. Mes hurlements sont noyés dans un cafouillis de larmes et de moteur qui démarre, tant pis. Qu'elle crève. Qu'elle crève donc. N'importe quand. Je ne désire plus la revoir.

Elle est partie. Le frère directeur entoure paternellement mes épaules de son bras. Réaction brute immédiate: je me libère de son étreinte par le geste et par la parole. Elle m'abandonne mais *ils* ne me posséderont pas. Je vais faire en sorte qu'*ils* comprennent au plus vite

78

que leurs efforts sont vains. Évidemment, je ne suis pas le premier à me présenter ici, et le frère a plus d'un tour — et d'une surprise — dans son sac. Innocemment, avec l'air de croire que je suis ici pour le rêve uniquement, il me propose une visite de l'écurie. Un jeune pensionnaire me fera faire le tour du propriétaire. Parce que je suis terriblement curieux, j'accepte. Comment a-t-il deviné que j'adore les animaux, que je ne résisterai pas à l'envie de faire la connaissance des montures mises à la disposition des pensionnaires?

Luc Briand a été désigné pour me servir de guide à travers les locaux et les horaires de l'institution. Il est en quelque sorte mon parrain et doit me permettre de dégager une image positive de la vie au pensionnat. Il m'emmène d'abord au dortoir où je dépose mes effets de toilette. Énormément déçu de constater que je ne dispose pas d'une chambre rien que pour moi, je communique ma déception à Luc qui me fait aussitôt comprendre que je devrai m'adapter à la chambrée. Je ne m'installe pas à l'hôtel. Et comment vivrai-je, en communauté, mes fantasmes et mes mauvais rêves? Le problème ne le regarde pas, je ne lui en parle pas.

L'étage des classes, le deuxième, me donne froid dans le dos, je passe au trot dans les couloirs, la mémoire embarrassée de détestables souvenirs. Mais il a suffi de cette porte ouverte au fond du couloir pour me plonger dans une extase émerveillée, car la chapelle où je pénètre est belle et profonde à souhait. Refuge rêvé, oasis de silence et de prière, elle me promet soudain le calme dont j'aurai besoin pour refaire quotidiennement mes forces. Luc est impatient et me tire par la manche. Il n'aime pas beaucoup les églises et se demande bien quelle importance pareil lieu peut avoir pour moi. Mais déjà mes énergies intérieures ont été revitalisées par cet arrêt en présence de Dieu, par l'assurance de sa proximité.

Luc est grand, costaud, sérieux et gentil. Je marche à côté de lui avec une espèce de gratitude car il s'occupe de moi avec une générosité dont je n'ai pas souvent eu l'occasion de profiter avec mon entourage. Il réussit à me faire oublier le triste motif de ma présence et à me distraire des idées noires qui me trottent derrière la tête. J'espère parvenir à ne pas briser, ni même écourter ce moment de franc et fraternel voisinage.

Au premier sont regroupés les bureaux de la direction et du personnel. Les mezzanines offrent des tas de surprises: un coin des pensionnaires pour les jeux de société, la conversation et le farniente; un comptoir à friandises destiné aux parents visiteurs du dimanche qui ont envie de gâter leur enfant; une immense fenêtre avec une superbe vue sur le lac; une salle de cinéma de cent sièges. Devant chaque découverte, mes yeux s'agrandissent, les jeunes qui vivent ici me semblent drôlement gâtés. Jamais je n'ai vu autant d'espace et de jeux: dehors la piste de ski, des sentiers d'équitation, un terrain de football, un autre pour le base-ball, une patinoire. Dedans, il y a le gymnase, une scène pour le théâtre, des tables de ping-pong et de billard, des allées de quilles... Un tel luxe dépasse d'un seul coup les installations que j'ai connues depuis ma naissance, et de loin. Il me semble que les journées doivent être trop courtes pour effectuer ces apprentissages. Au milieu de l'effervescence que provoque en moi pareil déploiement de jeux, le doute persiste toutefois. Des détails parmi cette avalanche d'objets excitants laissent une petite trace perfide à fleur de sensibilité. L'attirail n'est-il pas assorti d'une incroyable quantité de règlements et de mesures qui ne me plaisent pas beaucoup? Et je devine des difficultés que je n'analyse pas, car la présence de Luc m'enivre un peu. Ce frère aîné dont j'ai rêvé, rieur, blagueur, intelligent, compréhensif, me gave de compagnie, d'amitié, de chaleur humaine, au point qu'il m'empêche de m'appesantir sur les sujets d'inquiétude qu'il soulève au passage, sans y faire attention.

Je n'ai jamais fait d'équitation, mais j'ai droit à ma première promenade à cheval. Luc affirme que Princesse ne se formalisera pas de ma maladresse de débutant. Elle a l'habitude et beaucoup de patience. J'observe Luc qui selle les bêtes, leur parle à l'oreille, leur donne des petites tapes affectueuses sur les fesses et la

croupe. Une espèce de jalousie traverse mes pensées:
pourquoi ne nous traite-t-on pas avec la même tendresse? Luc m'explique le besoin que les bêtes ont de
telle douceur et je n'ai pas de difficulté à les comprendre. Je peux devenir l'ami de Princesse de cette façon-
là. Je peux aimer la haute jument noire, âgée et paisible.
Sous mes jambes, je sens sa grande force rassurante, la
parfaite harmonie d'un être sans malice mais puissant.
Quelle sensation! La demi-heure de promenade achève
de me réconcilier avec la vie, la vraie, celle que mon
intuition n'a cessé d'échafauder malgré mon indigence,
celle qui pourrait bien commencer aujourd'hui si...

Au retour nous gagnons la mezzanine où les pensionnaires sont réunis. Aussitôt, on me bombarde de
questions, sans doute anodines, mais qui ont le don de
m'irriter: d'où est-ce que je viens? Qu'est-ce que j'ai fait
pour qu'on m'envoie ici?... Je n'ai pas le goût de raconter ma vie et refuse de parler de famille, de mauvais
coups, d'échecs scolaires, de renvoi. Mon passé ne
regarde que moi. Je suis un garçon dont la famille s'est
débarrassée, un point, c'est tout. Heureusement — le
climat se serait peut-être gâté tout de suite — un coup
de sifflet annonce le repas. On dégringole l'escalier
pour prendre place dans le gymnase, en six rangs rigoureusement alignés. Le silence est de rigueur. Le moniteur me présente aux autres pensionnaires, m'installe
en tête de la troisième file. Le frère Benoît vient réciter
la prière du soir et bénir le repas. On est servis une rangée à la fois au réfectoire tandis que les autres attendent
leur tour en silence dans le gymnase.

Malgré l'excellente nourriture, je déteste immédiatement l'ambiance du réfectoire: beaucoup de bruit, de
verbiage et de cancans. Je suis étourdi par l'excitation
qui règne, par les services pourtant élémentaires qu'on
y échange: passer le sel, le sucre, le pain. Je flaire les
groupes déjà organisés: les durs et leur suite réunis

autour d'une table, les *délicats* serrés sous l'aile des moniteurs, les indifférents encadrant mollement ces deux groupes. Je m'assois seul dans un coin où quelques pensionnaires me rejoignent, curieux de mieux me connaître. Je ne leur laisse pas beaucoup d'espoir de me tirer les vers du nez et me renfrogne sur mon assiette. N'est-ce pas le meilleur moyen de les décourager?

Après le repas, une demi-heure de pause. À six heures et demie, les équipes se forment pour une pratique de sport obligatoire, jusqu'à huit heures. J'exècre les sports en équipe qui constituent l'occasion de ressentir d'insupportables frustrations et d'expérimenter le rejet des joueurs. Je m'y sens maladroit, lent, distrait, sans talent et sans combativité. J'aborde le moniteur avec l'intention ferme d'échapper à cette heure et demie de supplice. Facile de prétexter la fatigue de la première journée même si je ne ressens aucune fatigue. Ce soir, Luc me tiendra donc compagnie et je me rengorge devant ma victoire facile. J'assisterai aux ébats des joueurs de base-ball, de football et de soccer successivement en confessant à Luc mon dédain des sports en groupes. Je ne sais pas comment je m'y prendrai pour éviter chaque soir la corvée, mais je ne prévois pas obéir à ce règlement sans qu'il y ait de la casse.

Pas une seule minute dans la journée je n'ai éprouvé la hâte de me retrouver au dortoir ou de sombrer dans le sommeil. Et pour cause. Je crois que je crains encore plus que l'école — et ce n'est pas peu dire — ces chambres à coucher pleines de garçons qui se déshabillent sans pudeur, traversent les dortoirs en sous-vêtements ou ceinturés d'une petite serviette, se taquinent dans les douches en échangeant des remarques grossières. Je me sens mourir là-dedans de gêne et de dégoût. Paralysé par la honte de ma nudité, celle qui m'interdisait de me dévêtir devant mes frères, je ne réponds rien aux garçons qui entourent mon lit pour une causette et ils se résignent à me laisser seul. Luc m'a remis des serviettes propres, mais je ne bouge pas d'un poil avant l'extinction de la lumière. Le moniteur fait le tour du dortoir afin de calmer les espiègles, s'éloigne pour sa ronde dans les deux autres dortoirs puis revient et m'aperçoit, immobile comme un hibou tombé de sa branche. Il s'inquiète de mon état puis, rassuré par ma réponse, me souhaite une bonne nuit. Aussitôt que sa silhouette a disparu du dortoir, escamotée par la porte, je me déshabille et me glisse sous les couvertures aussi rapidement que possible. Personne ne doit soupçonner les aventures que j'ai vécues, ni surtout observer mes érections spontanées, incontrôlables si j'aperçois, en photo ou dans la réalité, des corps nus. Lorsque je me déshabille moi-même, le fantasme est irrésistible et entraîne d'intolérables effets: je suis convaincu d'être anormal, et coupable de l'être. Je ne peux même pas rechercher le sommeil, car alors mes cogitations se transforment en cauchemars, en des réveils brutaux qui ne manqueront pas d'alerter mes compagnons de chambrée. Puis-je me permettre d'attirer les risées de personnes que je dois côtoyer chaque jour, vingt-quatre heures par jour?

Après une journée aussi mouvementée émotionnellement, l'insomnie me guette. J'en repasse les étapes depuis la séparation de ma famille, avec son cortège de frustrations, de sentiments contradictoires, de paroles amères — jusqu'aux moments de paisible connivence avec Luc. Je voudrais faire le bilan exact de mes craintes et de mes élans, des promesses et des pièges, mais je ne parviens pas à me concentrer totalement, à démêler l'espoir du désespoir, le bien du mal, le jour de la nuit. Demain se fige dans le vide où je somnole, corps mou d'un pierrot pendu aux cent fils du hasard. De temps à autre une grande main le secoue sans bonté et le fait trembler d'épouvante.

Je ne ferme pas l'oeil de la nuit, car je suis obsédé par la peur des cauchemars. Je fixe le lumignon jaune de la sortie d'urgence, j'écoute le silence ponctué par les ronflements des pensionnaires. De temps en temps je cours à la salle de toilette et m'asperge le visage d'eau froide dans l'espoir de chasser les mauvaises pensées qui m'assaillent. Mon corps veut se rompre sous l'assaut d'impulsions sexuelles que je tente de réprimer. Je ne parviens qu'à exaspérer leur puissance. Mon coeur souffre également car je compare mon sort à celui de Martin et ne peux comprendre de quel crime je suis coupable. Je retiens uniquement que je suis un monstre et que mon sexe lui-même m'accuse. J'envie les dormeurs et les ronfleurs, moi qui nourris mon insomnie de raisonnements constamment à refaire.

Le surveillant s'est aperçu que je ne dormais pas parce que je suis resté assis dans mon lit. Il m'offre quelques paroles d'encouragement, me borde gentiment et me souhaite bonne nuit après m'avoir demandé mon nom. Je le regarde disparaître dans le dortoir voisin. Il reviendra toutes les deux heures, prendra un moment pour me réconforter, mais ne pourra empêcher que je pleurniche et veille jusqu'au lever.

Lorsque le réveil est annoncé par la voix d'un moniteur tonitruant, je suis déjà habillé et assiste au spectacle du lever collectif. Le moniteur s'époumonne, circulant entre les trois dortoirs, au milieu des pensionnaires aux réactions diverses: les uns grognent leur mauvaise humeur; certains se hâtent en silence et discrètement, d'autres s'engueulent ou multiplient les taquineries comme à l'heure du coucher. Avant de quitter les dortoirs, l'ordre doit y être impeccable: les lits bien faits, les vêtements rangés, les tiroirs et la salle de toilette irréprochables. Les retardataires font enrager les gourmands qui ne pensent qu'à se mettre quelque chose sous la dent. Quelques menaces fusent dans les rangs à l'adresse des tortues, jusqu'à ce que la dernière ait rejoint le groupe tandis que s'agite la file des impatients. Une fois le moniteur satisfait de l'état des dortoirs, nous descendons au réfectoire pour le petit déjeuner.

Les classes commencent le 2 septembre. Les dernières journées d'août sont occupées au gré de chacun à des activités de loisirs : excursions en forêt, baignade et natation, courses au trésor dans les bois, etc. Je meuble mes propres loisirs par l'équitation, la trampoline et le jeu de mississipi. Cette première semaine d'intégration m'apparaît facile parce que je manipule aisément les moniteurs afin d'éviter les activités obligatoires qui me déplaisent. En agissant ainsi, je suscite de la jalousie et je le sais. Mon aspect timide et peureux correspond à une susceptibilité exacerbée qui me fait éviter les sujets de conversation tournant autour de mon intimité et de ma famille. Par contre je peux jaser inlassablement à propos des animaux ou des phénomènes naturels. Si un moniteur, un éducateur ou un pensionnaire me contrarie, je dispose d'un vocabulaire fort épicé pour le remettre à sa place.

Mais les nuits sans sommeil font leur effet. J'ai commencé à ressentir des étourdissements au milieu de la semaine, tels que j'en supportais lorsque j'étais plus jeune, mais plus dévastateurs qu'autrefois. La preuve : je me suis effondré ce matin. Le moniteur accourt alors que je suis entouré par des camarades aussi curieux qu'inquiets. Petit interrogatoire devant lequel je me bute, encore une fois, car je suis persuadé d'être malade. Je flageole sur mes jambes de guenille, et on m'accompagne à l'infirmerie. Le moniteur raconte à garde Rollande que j'ai perdu conscience et l'épouvante me gagne : ne va-t-on pas me traiter de la même manière que mon pauvre papa ?

Garde Rollande n'a pas plus de trente ans, elle est jolie, gentille et douce. Avec sa chevelure blonde et son uniforme blanc, elle me rappelle mon infirmière de Sainte-Justine, Rosalie. Sa présence me rassérène. Auprès d'elle je redeviens un enfant, mais seulement dans mon corps qui s'abandonne. Ma tête, elle, continue à remuer d'affreuses pensées : j'ai hérité de la maladie de papa, de l'inavouable maladie dont on parlait à mots couverts à cause de la honte dont elle nous couvrait. Je n'ai pas d'autres choix que d'attribuer au manque de sommeil la faiblesse de mon corps et je hausse graduellement le ton devant les insinuations bienveillantes de garde Rollande. Si elle refuse de croire que j'aime réfléchir dans le silence nocturne, je serai obligé de me défendre. Voilà qu'elle suppose que j'ai peur de m'endormir et me presse de lui confier mon inquiétude, afin de m'en délivrer. Épouvanté par sa perspicacité — je crois qu'elle lit en moi comme dans un livre ouvert — par l'implacable sollicitude qui me dépouille de ma vie secrète, je fonds en sanglots. Je pleure autant de rage que d'impuissance. Elle m'encourage à me vider le coeur, à partager ma peine, sans élever la voix, sans me menacer de représailles.

Mais je ne parlerai pas, ni à celle-là ni aux autres. Le danger est trop grand que je sois condamné comme papa à subir des traitements et un isolement qui me tueront. Je prendrai seulement un peu de repos, évitant les activités trop exigeantes. Je devrais être satisfait. Pourtant, réfugié dans la mezzanine, j'envie les garçons qui se livrent à leurs jeux favoris dans le gymnase. Je me sens loin d'eux et attiré par eux, incapable d'affronter la seule solution offerte, c'est-à-dire les aveux. Par ignorance ou par bêtise enfantine, je suis forcé de me réfugier dans un monde imaginaire où nul obstacle ne me sépare du bonheur. Je me promène seul autour du pensionnat, rêveur et inquiet du moment où je devrai réintégrer le groupe. Garde Rollande sait que je ne dors pas la nuit, elle devine mes difficultés et tentera de m'apprivoiser à des solutions. Lorsque je réfléchis, je sais que j'ai tort de refuser l'aide et l'affection que l'on m'offre. Mais au moment de retrouver les autres, la peur a de nouveau scellé mon âme et ma gorge.

La deuxième semaine est celle de la rentrée des classes, avec ses règles strictes, ses horaires et sa discipline. On nous a remis des petits cartons en guise de salaire et représentant nos points de mérite, utilisables pour payer certaines activités de loisir. Seul un zéro de conduite n'arrive pas à défrayer son cinéma et autres menus plaisirs.

Je ne tarde pas à me faire remarquer. Je somnole pendant les cours, quitte impulsivement la classe sans donner d'explications, refuse d'y rentrer, rabroue les professeurs qui tentent de me raisonner, évite la participation aux activités de groupes. Pendant la nuit, il m'arrive fréquemment de quitter le dortoir et de me promener dans la mezzanine. Seul Luc parvient parfois à me persuader d'agir d'une façon plus normale. Il ne pourra toutefois pas m'éviter la convocation du frère directeur à son bureau. Tant de plaintes se sont accumulées à mon dossier qu'il se voit obligé d'intervenir.

J'essaie de donner le change et de jouer le dur, l'irréductible que rien ne domptera, mais le frère Landry n'est pas dupe. Alors que je crois lui en avoir mis plein la vue avec mes frasques et mes élans d'agressivité, il affirme que je suis doux comme un agneau et que j'ai besoin d'aide afin de vivre selon ma vraie nature. Qu'est-ce que je ressens debout devant cet homme intelligent et rempli de bienveillance, sinon la plus absolue méfiance? Je sors en trombe de son bureau de peur de trébucher dans le piège de sa perspicacité, en larmes et désarmé. Il me suit en m'appelant, me ramène finalement dans son bureau sous les yeux interrogateurs des pensionnaires. Comment me défendre de ces gens qui semblent capables de percer les apparences et d'entendre sans précaution ni pudeur le secret le plus écoeurant? Pourquoi n'ai-je pas réussi à cacher ma peur, ma sournoise et mortelle peur? Le frère Landry à son tour me parle d'elle en me suppliant de l'avouer, me promettant ainsi la fin de mon tourment et le début d'une existence agréable. Il ne comprend pas que lui m'effraie maintenant, lui qui possède le pouvoir de m'écraser et de me livrer à la méchanceté et à l'antipathie des autres. N'a-t-on pas abusé mon père à cause de sa soumission et de sa bonne nature? Ne dois-je pas montrer dents et griffes afin d'obtenir le respect de ma personne?

Le frère directeur m'a congédié en m'indiquant

que sa porte me restera ouverte. Il m'a aussi indiqué qu'il ne pourrait tolérer indéfiniment mon anarchie et les comportements qu'elle entraîne. Je me le tiens pour dit, même si je déclare désinvoltement aux camarades qui m'entourent aussitôt que le frère désirait m'entretenir de généralités sans rapport avec ma conduite. Ils ne me croient pas et me mettent en garde à leur tour. Au lieu d'écouter leurs conseils amicaux, je me rebiffe et repousse leurs efforts, leurs invitations à me joindre à telle ou telle équipe. Un orgueil désespéré m'inspire ce refus violent d'appartenir à qui que ce soit. Je ferai ce que je veux, quand je le veux. *Ils* ne m'auront pas. *Ils* ne m'enfermeront pas.

Aux arguments les plus logiques j'oppose le plus rigide choix: je ne veux rien obtenir par la voie des concessions, des accommodements, rien. Peu à peu, au cours de cette semaine stratégique, beaucoup de pensionnaires se liguent contre moi, mes caprices, mes sautes d'humeur et mes grossièretés. On commence à me narguer, à me menacer de représailles, à me donner des crocs-en-jambe et, au cours d'exercices de hockey de salle, à me plaquer généreusement et légalement dans le mur. Chaque fois que je participe au jeu, je m'arrange pour rester le plus à l'écart possible de l'action, car j'ai la trouille devant ces garçons vigoureux et mal intentionnés à mon égard. Ma poltronnerie apparente m'attirera des punitions, des insultes, des quolibets, des sales tours. Comme durant les années de l'école Blanchard, une meute espiègle et moqueuse me prend pour cible. On casse des oeufs dans mon lit, on me fait prendre des douches d'eau froide. Mes cris et mes menaces provoquent des risées puisqu'on sait fort bien que je suis trop pleutre pour frapper. Comment ma colère aurait-elle la moindre crédibilité, moi qui me suis laissé secouer par les cheveux lors d'un match de hockey? Ma réputation est celle d'un poltron et même les plus jeunes fanfaronnent devant moi. Non seulement je n'ai pas réussi à m'imposer par la force, mais on semble deviner à quel point je suis vulnérable et susceptible de perdre la face, même devant la faiblesse.

Troisième semaine: après réflexion, je dois essayer une autre solution, car mes nerfs ne tiendront pas une semaine de plus à ce régime-là. Je repère Patrice, un garçon en difficulté, à qui je fais l'article, comme Randy autrefois pour convaincre un client, et le persuader de prendre la fuite avec moi. Je lui explique que nous trouverons du travail à Québec et pourrons nous offrir une vie agréable et libre loin des contraintes de l'institution et de nos familles. Même si je regrette amèrement de quitter Luc, les chevaux, la grande nature, je ne me laisse pas séduire par mon coeur. Nous prévoyons donc ensemble de prendre le large vers la fin de l'après-midi, quand l'attention des pensionnaires est axée sur les tiraillements de leur estomac.

Patrice a un an de moins que moi, il est plus court et plus gros que moi, il souffre d'obésité. Nous marchons d'un bon pas, le long du chemin parcouru en août dans la voiture de ma tante Ginette. Je ne cesse d'entretenir Patrice de mes projets pendant ces heures. Quelques milles plus loin, dans l'obscurité naissante, Patrice commence à s'inquiéter de l'aventure et à regretter le risque que nous avons pris. Je l'encourage avec véhémence, je ne suis pas intéressé à rebrousser chemin et suis secrètement épouvanté par la perspective d'un retour. Et nous continuons bravement, en jacassant comme des pies, moi retrouvant ma verve et mille anecdotes de mon enfance en Gaspésie, évoquant mes initiatives auprès des touristes et les beautés naturelles de mon village. Prudemment je glisse sur les problèmes que ma famille y a connus, sur le sort de papa...

Notre conversation est interrompue chaque fois qu'une voiture apparaît dans notre champ de vision, car nous devons nous dissimuler dans le fossé et attendre qu'elle file hors de notre vue. À la hauteur de l'Ancienne-Lorette cependant, nous sommes repérés par une auto-patrouille et questionnés par les agents. D'où venons-nous? Où allons-nous? Adresse exacte. Patrice s'énerve et je ne vaux guère mieux. Puis à mon vif déplaisir, mon compagnon cède à la pression et à la peur: il veut retourner au pensionnat, avoue notre fuite aux agents. Épouvanté par une telle conclusion de notre aventure — car je n'ai aucune envie de rentrer au bercail — je me concentre sur mon corps afin de rassembler mes énergies, puis déploie mes jambes pour un sprint désespéré en direction des champs, où la nuit me permettra de me dissimuler en attendant le départ des policiers. Patrice me crie de revenir, mais je détale de plus belle, me croyant invisible dans l'obscurité.

J'ai trébuché, hélas. L'agent me rattrape et me tient solidement par le col de mon veston, me ramène à l'auto tandis que je l'invective et jure que je recommencerai. N'empêche que l'évasion est à recommencer, justement. Pour l'instant on nous ramène au pensionnat. Assis sur la banquette arrière, j'ai la trouille car, devant nous, se tiennent deux agents munis d'un énorme révolver et d'un poste radio, exactement comme pour des malfaiteurs. Suis-je un criminel, moi? Je voudrais leur crier que je suis seulement un garçon qui veut vivre et ne rien devoir à personne. Le frère Landry a été averti par la patrouille de notre capture et j'imagine en frissonnant de quelle manière on nous recevra.

Dix heures trente. Le frère Landry nous accueille lui-même, signe les papiers produits par l'agent et le remercie. Son discours de réception est laconique; il nous envoie nous coucher après avoir exigé la promesse que je ne tenterai pas de m'enfuir durant la nuit. Tandis que nous regagnons nos couchettes, je multiplie les reproches envers Patrice et manifeste calmement ma déception. Mais je suis plus que déçu, je suis effondré. À peine ai-je atteint mon lit que plusieurs camarades m'entourent pour me féliciter, tandis que des dormeurs dérangés réclament le silence. Un moniteur survient et rétablit le calme. Il était temps. Ma tête veut exploser, mes nerfs aussi. Étendu sur mon lit, je subis la ruée de pensées si contradictoires et fiévreuses que j'en arrive à la conclusion que je dois apprendre à jouer le jeu correctement si je ne veux pas empoisonner mon séjour dans cette institution. En somme, mon désespoir est total.

Je me rappelle les paroles du Directeur de l'école

Blanchard qui affirmait qu'il faut faire face aux problèmes si on souhaite les surmonter. Je me souviens
aussi des avertissements de certains camarades à propos
des lois du pour et du contre: si je ne suis pas avec eux,
ils considéreront que je suis contre eux. Pourquoi ai-je
tellement peur de répondre à leurs avances, de prendre
ma place parmi eux? Quelle est cette menace indis-
tincte qui se profile derrière leurs paroles et leurs invitations? Me veulent-ils autant de mal que je le crois? Peu-
vent-ils me vouloir du bien?

Luc est déçu. Il me le dit avec lassitude, avoue qu'il a
envie de me laisser tomber. Il ne comprend pas que je
ne sache apprécier les privilèges d'une institution aussi
remarquable. Ne puis-je pas trouver ici des plaisirs
autrement inaccessibles? Je sens que je l'ai blessé dans
son amitié pour moi, humilié aussi dans le respect qu'il
manifeste envers le pensionnat. La résolution que j'ai
prise cette nuit me galvanise: oui, je dois changer. Je ne
veux pas perdre cet ami formidable. Je le lui dis avec une
sincérité absolue. En ce moment je prends un véritable
engagement, mais j'aurai le coeur gros de larmes lorsque je retrouverai la solitude du dortoir. En même
temps, j'ai peur de ma promesse, une peur viscérale,
lancinante.

Le frère Landry me sermonne à son tour: une autre
initiative du genre et je suis perdu. Pour la première fois,
j'entends parler du centre de détention pour délinquants juvéniles. Puis il détaille ma punition: le *coin*
pendant les récréations, les périodes de loisirs et d'activités, deux jours durant. Enfin il me renvoie à ma classe
après m'avoir rappelé qu'il m'a ouvert sa porte et qu'il
est toujours disposé à m'aider.

Dire combien profonde m'apparaît ma décision
dépasse les mots. Je veux passionnément, de toutes mes
forces devenir l'écolier sage et discipliné que Luc mérite
d'avoir pour ami. Je sais qu'il me faudra afficher certain

stoïcisme devant les taquineries des provocateurs, m'impliquer dans les sports d'équipes qui m'horripilent et encaisser les plaquages. Pendant plusieurs semaines, je refoule les reproches, je renonce à mes habituelles petites revanches. Quoique encore méfiant, je m'implique davantage en recrutant des partenaires pour les jeux de société, en prenant des initiatives qui suscitent l'étonnement chez les pensionnaires habitués à d'autres comportements de ma part.

Cependant mes insomnies et mes cauchemars persistent. Il m'arrive de m'endormir en classe ou dans les mezzanines, d'être distrait ou étourdi, parce que je suis physiquement épuisé, parce que mes problèmes personnels sont loin d'être résolus. Chaque jour davantage je m'interroge sur ma résistance: ne vais-je pas céder à cette éprouvante lutte et sombrer dans le monde de silence et de démission où se morfond mon pauvre papa?

Ah! les effroyables, les lamentables dimanches. Ces jours de visite m'éprouvent particulièrement. Je passe une grande partie de l'après-midi le front collé à la vitre de la grande fenêtre des mezzanines, à guetter des visiteurs qui ne viennent pas pour moi. Maman m'écrit qu'elle a été empêchée de venir, semaine après semaine, et je passe le temps des visites à reluquer les parents qui entourent mes camarades, qui les embrassent et leur paient des friandises. Je souffre terriblement de l'abandon où je suis. Aussi après quelque temps à considérer le spectacle, je m'en détourne et demande la permission de me rendre à l'écurie. Aux chevaux je peux exprimer ma peine et montrer ma blessure sans être ridiculisé. Alors je pleure à chaudes larmes de n'avoir ni père ni mère, ni frères ni soeurs qui se souviennent de moi le dimanche. Parmi les chevaux, je suis un être aimant et pensant que des ondes mystérieuses relient à leurs antennes. Je selle l'un d'eux, Princesse de préférence, et m'offre une promenade solitaire. Le contact de la bête me réchauffe et me rassure. Dans son galop elle m'emporte, me libérant des tourments et de préoccupations soudain magiquement légers et solubles dans l'air. Quelle merveilleuse jouissance, quelle extraordinaire évasion. Lorsque Princesse est fatiguée, je quitte la selle et marche à côté d'elle, fier de sa compagnie et de notre amitié, plein de gratitude envers les éducateurs qui me permettent de me promener avec elle et d'être responsable de son bien-être et de ma sécurité. Je n'ai pas de père ni de mère, mais Princesse les remplace et je la remercie de sa présence fidèle, de sa compassion de bête.

Lorsque je rentre au pensionnat que plusieurs parents ont déjà quitté, je suis encore conscient d'être un étranger dans la maison, mais raffermi dans mon projet d'y vivre le plus harmonieusement possible. Je me joins aux camarades dont les parents sont partis, désireux de partager leurs friandises mais évitant par fierté de les quémander. Je ne suis pas le seul à ne pas recevoir de visiteurs: une quinzaine de pensionnaires sont privés de leur famille et se traînent en attendant que les invités libèrent les lieux qu'ils ont envahis. Ceux-ci ont droit aux jeux du sous-sol, aux activités des mezzanines, aux promenades dans le parc et les bois. J'observe scandalisé le trafic des enfants qui échangent des quantités de friandises contre les services des défavorisés. Ce troc m'écoeure et je refuse de vendre mes services à de tels maîtres. Je constate aussi que la période des visites énerve les pensionnaires et que les moniteurs ont fort à faire pour calmer l'excitation en fin d'après-midi et rétablir le rythme de la communauté.

La première visite de maman survient après la sixième semaine de séjour. Au lieu de me rassurer, sa présence m'écrase. Je n'éprouve aucun élan vers elle, je ne l'embrasse pas, je balbutie un petit bonjour qui épuise d'un seul coup mes ressources affectives. Je n'ai qu'un désir: qu'elle m'offre les friandises dont je suis privé chaque semaine et s'en aille aussitôt. Je remarque ses yeux cernés, ses cheveux décoiffés, son air las, et j'en

93

ressens un surplus de honte et de rancoeur. Que lui importe que j'aille bien ou mal? Sa vue soulève en moi un flot de chagrin haineux, je souhaite froidement sa mort afin de n'avoir plus à supporter qu'elle soit ma mère. En une demi-heure, elle réussit à me rappeler combien il me sera impossible de lui pardonner ses trahisons envers papa et envers moi, combien ses conseils me répugnent. Au fond de moi, je la couvre d'injures tandis qu'elle m'embrasse sur la joue. Je sais que mon attitude la blesse, mais je sais qu'elle sera vite réconfortée de me savoir en sécurité et loin d'elle. Pourquoi mes pensées se déchaînent-elles ainsi contre ma mère alors qu'en son absence je peux l'évoquer avec tant de dévotion et d'espoir? Elle m'a rejeté, voilà son tort, et je la rejette à mon tour. Lorsque je la vois, je redeviens impuissant à refréner les sentiments violents qu'elle m'inspire et qui m'effraient. Je pourrais la tuer, sans doute, dans un moment de panique, et comment accepter pareille certitude sans en même temps sombrer dans le plus aride désespoir?

Deux mois ont passé. Je suis devenu la petite brebis innocente et inoffensive que j'ai promis de demeurer. Mais mon moral, comme mon physique, se maintient dans un état critique. Des nuits démentielles, pleines de cauchemars suceurs d'énergie, me laissent chaque matin un peu plus délabré que la veille. Pendant la journée j'emploie mes réserves de volonté à m'empêcher d'exploser, afin que mon image passive reflète l'engagement pris face à mon ami Luc. Luc représente l'idéal qui me hante: il est grand, athlétique et, à quinze ans, démontre la maturité d'un gars de dix-huit ans. On le respecte pour sa force, son autorité, son magnétisme, son charisme. Il sait raconter, rêver, encourager. Il m'a dit que son père est trappeur et que, pendant l'été, il l'accompagne en forêt. Au printemps, le trappeur soigne son arthrite par des bains glacés dans la rivière.

Ce trait de courage m'impressionne. J'envie Luc autant que je l'aime, car sa philosophie ne l'empêche pas de fonctionner à plein régime dans n'importe quel système. Il affirme calmement sa liberté sans écarter les responsabilités. Sans aimer la bagarre, il ne la craint pas. Il m'exhorte d'ailleurs à me défendre lorsqu'on m'attaque, à me dépêtrer quand je suis mal pris. Une fois qu'on a éprouvé qu'on n'a pas peur, qu'on est fort et qu'on ne cédera pas sa place, affirme-t-il, le problème des rapports humains est réglé.

Le langage de Luc m'effraie car il me tire du côté de l'effort inverse à ma nature, et que je comprends qu'il me faudra établir cette preuve à mon tour sinon, a-t-il ajouté, je passerai un dur hiver. Oui, je sais que la menace de la bagarre est là, très vive, tandis que la crainte de l'abandon de Luc fait bouger l'autre plateau de la balance. Comment dénouer mon épouvantable dilemme? Je commence à percevoir un tremblement intérieur, annonciateur de la crise, et ne sais de quel côté me tourner pour trouver réponse à ma détresse. La voie est bloquée devant, et je n'ose tourner la tête dans mon dos pour en découvrir une autre.

Il faut croire qu'il existe une Providence pour les bêlants de mon espèce. Ma réponse s'appellera Jean-Pierre, et il ne le sait pas encore. Je l'ai remarqué, moi aussi, à cause de ses manières efféminées, de sa démarche, de son langage, de sa coiffure, de son habillement. Il est le seul qui se déshabille et se masturbe publiquement au dortoir avec une impudeur choquante. Ses propos sont concentrés sur le sexe et il affecte des comportements bizarres: par exemple il saute sur son lit ou court de lit en lit, distribue des taloches et des pichenettes, tire les cheveux et cogne à l'occasion là où les coups font le plus mal. Il est l'un des plus âgés et des plus grands parmi les pensionnaires, mais il se spécialise dans la persécution des plus jeunes, et exerce un contrôle sur ceux dont il craint les représailles. Enfant d'une famille très riche, il se sert de sa fortune auprès d'eux, leur fournissant friandises et vêtements dans le but d'acheter leur protection — ou, simplement, leur neutralité.

Laissé seul avec des plus jeunes, il a d'étonnantes pratiques: leur prendre le sexe, serrant l'organe jusqu'à la douleur en les menaçant, la face congestionnée par la colère. Il a essayé de m'acheter, j'ai résisté. Il m'a fait serrer dans les coins par ses protégés. Lui-même me frappe à l'occasion dans les testicules assez fort pour me faire perdre les sens. Il me rappelle avec horreur le viol dont j'ai été victime il y a un an, et incarne à mes yeux cette espèce de violeurs qui s'acharnent sur les enfants. J'ignore pourquoi les moniteurs le laissent faire: est-ce parce qu'il vient d'une famille aisée et respectable? Est-ce à cause de son excellent bulletin scolaire? Est-ce à cause de ses façons soumises et respectueuses envers ses supérieurs? Va-t-on sacrifier pareil élément qui rehausse l'image du pensionnat pour quelques braillards de seconde zone? La question se pose, mais à voix basse.

Pendant un mois, j'endure les coups, les gifles, les touchers, les propos arrogants. Il me semble revivre les abus de Martin à la maison et, de plus en plus, les affres du viol, jusqu'au jour où.

Ce jour-là, je jouais aux cartes avec des copains dans la mezzanine. Après un regard sur les groupes, Jean-Pierre nous choisit comme cible pour une séance de son ordinaire: injures, coups et provocations. Cette fois je n'ai pas envie de me laisser enquiquiner. Je proteste donc, attitude qui provoque la rigolade autour de moi: on n'aime pas Jean-Pierre mais on sait que je suis un trouillard et que je ne mets jamais mes menaces à exécution. Je répète mon avertissement, sentant en moi, avec la montée irrépressible de l'urine dans mon pantalon, un tremblement inhabituel provoqué par la rage, oui, une rage absolument incontrôlable, qui m'arrache littéralement de ma chaise (que je balance derrière moi) et me propulse contre le grand garçon qui tombe sous le choc de ma poussée. Pris d'une hystérie subite, je le frappe à coups de pied partout sur le corps, il saigne, veut se relever, je frappe durement, refusant d'obtempérer à l'ordre du moniteur, me libérant de sa

96

poigne, je cogne à coups de poing sur son visage, criant que je veux le tuer, que je veux l'arrêter de martyriser les plus jeunes que lui, et pleurant et pleurant, et hurlant, et frappant...

Un moniteur réussit à me maîtriser en retenant mes deux bras, mais je cherche à m'en libérer en lui martelant les jambes, continuant de crier que je veux achever mon tortionnaire et vivre en paix, et vivre... Enfin maté, j'éclate en sanglots et commence à réaliser l'acte que j'ai posé. La honte m'étreint, je viens de commettre une de ces actions que je hais. Le moniteur me reconduit au coin dans le gymnase; Jean-Pierre en occupera un autre, à quelque distance. Bientôt la réflexion, au lieu de prolonger mon amertume, imprime à mon âme une incroyable légèreté, si grande que j'ai la sensation d'être débarrassé du poids de mon passé et de flotter dans un espace nu et chaud où je peux enfin prendre mes aises. Une joie indicible remplit ma poitrine, me soulève de terre, m'emporte dans un extravagant périple autour de la planète. De temps en temps, des pensionnaires s'approchent et me lancent des bouts de phrase approbateurs tandis que les moniteurs les menacent du coin s'ils continuent à troubler ma réflexion. Que pourraient-ils ajouter à l'euphorie qui transforme mon âme en un lieu de pures délices? L'après-midi me semble court tant je suis pris dans ce tourbillon de contentement, de jubilation et de stupéfaction.

Au souper, autre étonnement: je n'en crois ni mes yeux ni mes oreilles. On m'entoure, on m'encense, on me complimente, je n'en finis plus de vibrer à cette fraternelle démonstration de solidarité. Est-ce que je ne vais pas m'éveiller de mon rêve et retrouver mes cauchemars familiers et mon décor de prisonnier? Luc vient à moi, souriant et fier comme jamais, déloge gentiment mon voisin de table pour accaparer sa place à mon côté, me donne sur l'épaule un coup de poing admiratif, me dépeigne à pleins doigts, m'appelle champion devant nos camarades approbateurs. Alors je sais que je ne rêve pas. Je suffoque de plaisir et de gêne, rouge de confusion et de fierté, hésitant entre l'une et l'autre, mais transporté par une ivresse indescriptible. Luc me désigne comme son garde du corps et le souper baigne dans une atmosphère incroyable. À quelque distance, rabroué par Luc, Jean-Pierre se renfrogne sur ses projets de revanche et je réussis à oublier son existence. Plus tard la fête se prolongera au dortoir où plusieurs pensionnaires m'apportent des friandises, me démontrant leur approbation par des compliments et des commentaires flatteurs.

Je ne parviendrai probablement pas à démêler cet écheveau de sensations et d'interrogations mais, pour la première fois depuis mon arrivée ici, je vais dormir sans histoires, d'une traite jusqu'au matin.

L'automne est arrivé. Grand branle-bas saisonnier; il faut nous préparer à affronter l'hiver, donc nettoyer la plage, entreposer le tremplin et les bouées, rouler les cordes qui ceinturent notre enclos de natation, nettoyer la piste de ski, dresser les palissades de la patinoire. Un va-et-vient de tâches et de corvées, en plus de ranger chaque samedi la grande salle et le sous-sol, nettoyer les escaliers, les mezzanines, le cinéma, récurer l'écurie, recueillir les ordures et les apporter au dépotoir.

Au cours du troisième mois, les pensionnaires se plaignent de la confusion qui règne le samedi matin, d'aucuns se disputant les mêmes tâches. À l'aide de la boîte à suggestions, quelqu'un a proposé que chacun choisisse la tâche qui lui plaît et passe en jugement devant le groupe qui décidera si on peut ou non la lui confier. La majorité tranchera. On pourra être refusé faute d'aptitudes ou à cause de sa paresse, ou par manque du sens des responsabilités. Évidemment les durs sont acceptés parce que leurs désirs sont des ordres mais, dans l'ensemble, on peut obtenir un travail à son goût.

Instinctivement j'ai choisi l'entretien des écuries, mais la plupart des pensionnaires s'y opposent, affirment que je ne le mérite pas. Quelques-uns de mes supporteurs soulignent cependant le zèle matinal qui fait que je sors par n'importe quel temps, avant le déjeuner, afin de distribuer du foin et de l'avoine aux chevaux. Les moniteurs les appuient car ils connaissent mes sentiments envers les animaux et la qualité des soins que je peux leur donner. Je me retrouve donc responsable de l'entretien de l'écurie. Le matin, je quitte le dortoir avant les autres et vais nourrir les chevaux. Le samedi, nous sommes trois pour le récurage du bâtiment et l'étrillage des bêtes. J'aime ma tâche et connais bien les cinq bêtes que je dois soigner, de même que je me suis attaché à Cognac, le saint-bernard de l'institution, attaché à proximité du pensionnat. Je me souviens de la punition que j'ai attrapée, un mois après mon arrivée, pour avoir détaché l'animal dans un accès de pitié mêlée de révolte. Cognac est aussi doux qu'un agneau, il ne ferait pas de mal à une mouche, pourquoi alors le garde-t-on attaché à sa niche comme un chien méchant? Dans ma petite tête de prisonnier en mal d'évasion, je refuse qu'une bête aussi belle et bienveillante ne puisse profiter des espaces qui nous entourent et de la liberté d'y courir. Cognac me fait mal au coeur avec sa patience, et j'ai une telle envie de lui offrir la vie de chien qu'il mérite que je coupe sa corde et l'encourage en pleurant à profiter de sa liberté pour conquérir une existence plus exaltante. Le frère Louis m'envoie au coin, avec douceur, comme s'il avait deviné mon intention, et Cognac est revenu à la niche, bien entendu, mais mon amitié pour lui n'a pas diminué.

Mes copains de l'écurie ne m'inspirent pas de pitié, eux, car ils ne sont pas attachés. Ils possèdent une maison et un enclos, mais aussi le droit de se promener avec nous dans les sentiers de la forêt. Cachou est un poulain de l'été, le fils de ma Princesse; il n'avait que trois semaines à mon arrivée et je le trouve adorable. Cochise est une monture énorme, douce, paresseuse, entêtée comme une mule, que je ne peux monter à cause de l'épaisseur de son dos par rapport à mes jambes. Elle est tachetée, multicolore, et s'arrête parfois en pleine promenade, au beau milieu du chemin, comme si elle avait un problème urgent à résoudre. Elle ne se remet en marche que lorsqu'elle l'a résolu, d'ailleurs.

Canuck, au contraire, a une robe grise unie; il est doux, obéissant, très rapide. On l'aime autant que Princesse, mais il ne possède pas l'allure noble et racée qui a mérité son nom à ma favorite. Plus petit, plus rapide et plus agressif se montre Mustang qui, lui aussi, porte bien son nom. Il est si dangereux que seuls quelques braves choisissent de le monter. Il lui arrive de prendre le mors aux dents et de désarçonner son cavalier. Il m'a envoyé une seule fois atterrir dans le tas de fumier; je ne l'ai plus jamais remonté, mais je prends grand soin de sa robe blanche à larges taches rousses.

Le plus apprécié, parce qu'il est aussi patient que débonnaire, s'appelle Sac-à-puces, sans doute à cause des milliers de petites taches noires qui parsèment son pelage blanc. Il est terriblement affectueux et sa lenteur en fait une monture sécuritaire, même pour des débutants effarouchés. Je crois que je suis parvenu à un degré d'intimité remarquable avec les animaux et que leur présence me réconforte plus que la plus chère présence humaine. Avec eux, pas de conflit, pas de défi, pas d'attente douloureuse, et on se comprend sans parler.

Avec les humains, camarades, moniteurs ou éducateurs, il faut sans cesse relever de nouveaux défis, donner de nouvelles preuves de sa bonne foi, subir des pressions et des menaces. Parce que je me suis battu une fois, plusieurs pensionnaires voudraient se mesurer à moi et démontrer leur supériorité. Le défi ne m'intéresse pas car si je perds le combat on recommencera à me harceler. Or je ne veux que la paix. N'ai-je pas assez de fantasmes et de regrets sans ajouter des affrontements aux poings avec les fanfarons de l'institution?

Grâce aux éducateurs, je vis sans cesse à la frontière de la révolte. Le climat qu'ils développent par leurs ordres et la répression de nos manquements à leur autorité, rappelle étrangement le climat familial que je ne pouvais plus supporter. L'attitude de soumission m'est si peu naturelle que je dois sans cesse me surveiller. Les

moniteurs jappent leurs ordres, lésinent sur les permissions, exigent l'obéissance sans discussion et ne se
gênent pas pour écraser les tentatives de rébellion. Je ne
les aime pas, ils me remettent constamment sous le nez
mon destin d'esclave: si je pouvais en débarrasser la surface de la terre, je n'hésiterais pas. Même le bruit des
clés, suspendues à la ceinture de leur uniforme, m'inspire une répulsion haineuse. À cause de leur surveillance et de leurs interventions dans le déroulement de
mes journées, ils accaparent presque en totalité ma *paie*
de la semaine, si bien que je me vois privé de cinéma
pratiquement chaque samedi. Ils poussent la méchanceté jusqu'à me narguer pendant que je niaise dans la
mezzanine, alors que mes copains s'amusent ou se régalent d'un bon film. Je me montre grossier avec eux,
quitte à exciter leur esprit de revanche, quand ils insi-
nuent que je n'ai qu'à me soumettre si je veux être
récompensé. Pas plus que ma mère ils n'obtiendront
mon respect et ma confiance; au lieu de rechercher
mon bonheur, ils souhaitent que je renonce à ma
dignité d'être faible mais fier.

Il y a pourtant des personnes que j'aime bien dans
l'institution, dont le frère Omer, pédagogue, occasion-
nellement professeur; le moniteur Plamondon, dont la
petite taille et la bonté me rassurent; le frère Jean,
homme à tout faire du pensionnat, dont la force physique et la bienveillance naturelle forment un si sympathique mélange. Je les apprécie, mais demeure incapable de leur confier mes secrets. Je ne raconte mes rêves
et mes peines qu'à Princesse qui m'écoute sans sourciller, sans me presser de questions, sans formuler les
indiscernables menaces que contiennent les discours
humains. Mes trois mois de pensionnat m'ont permis de
faire un plus juste partage des hommes, de séparer les
pires des meilleurs, mais je continue à me méfier d'eux,
dans la mesure où j'ai besoin de leur affection et de
l'amitié des meilleurs: n'ai-je pas constamment été puni
de mes excès de confiance ou d'avoir cédé à l'attirance
des autres sur moi? Dans le meilleur des cas, on ne peut
qu'attendre l'erreur, la seconde de distraction, pour

sévir, m'écraser, châtier ma prétention à être accepté et aimé. Rien ne m'enlèvera cette idée de la tête.

Dans ces conditions, mes fantasmes ont beau jeu. Je continue à vivre péniblement et négativement l'éveil de mon sexe. D'épouvantables cauchemars me poursuivent dans mon sommeil et il m'arrive de me réfugier à l'extérieur, dans le bois où je peux crier et pleurer à mon aise, persuader les arbres et les animaux silencieux que je suis le monstre, le fou dont on parle à mots couverts et qu'on affublera d'une camisole de force dès qu'on l'attrapera. Il fait froid mais je suis couvert de sueur, ma tête éclate en mille pointes qui me déchirent le crâne. Je voudrais l'arracher de mes épaules, être délivré de l'affreuse maladie, mais je reste impuissant devant la mort aussi totalement que devant les assauts de ma sexualité.

Il m'est arrivé de produire un branle-bas lors d'une escapade nocturne. Constatant mon absence du dortoir, le surveillant avise les autorités du pensionnat et commence une battue en règle pour me retrouver. Je me faufile silencieusement, réussis à lui échapper et à regagner ma couchette à son insu. Revenu au dortoir, le surveillant m'aperçoit, fait cesser les recherches, mais veut savoir où je suis allé en pleine nuit. Je confesse mon haut-le-coeur et le besoin de respirer de l'air frais. On ne me punit pas, mais je dois offrir des excuses aux pensionnaires pour la peur qu'ils ont éprouvée en constatant mon absence.

Mes mauvais rêves ne sont même pas la pire épreuve. Je suis victime d'étourdissements de plus en plus fréquents, surtout après une partie de hockey de salle ou pendant les exercices de conditionnement au sol. Ma tête douloureuse m'entraîne dans un gouffre sans fond d'où il m'est de plus en plus difficile de remonter. Chaque fois que je dois me faire violence, que j'ai peur ou que je me défends, j'en suis fortement ébranlé. L'accident est plus ou moins grave. Ainsi le jour, peu avant les Fêtes, où j'ai dégringolé de la trampoline, je n'ai pu éviter le rassemblement des élèves autour de moi, la balade chez l'infirmière, ni la visite chez le Dr Valois, à Saint-Raymond. Le médecin me déclare en excellente santé physique, mais terriblement anxieux et tendu, me recommande le repos et l'abandon momentané des sports et exercices physiques violents.

Me voilà débarrassé des sports que je déteste, mais hélas aussi du ski, de l'équitation et de la trampoline que j'adore. Pendant cette halte, je sens qu'on s'efforce de découvrir le mystérieux obstacle qui m'empêche de profiter de la vie, qui me pousse à la méfiance envers ceux qui pourraient et tentent de m'aider. Je détecte cette bonne volonté, mais ma crainte des confidences est trop vive pour que je m'abandonne à une armée de consolateurs. Toutefois je suis devenu moins farouche: j'évite les excès de langage, manifeste de la bonne humeur et un dynamisme plus conforme à leur attente. Je m'avoue un certain plaisir à vivre dans cette institution, à me rallier aux élèves les plus harmonieux, à partager leurs conversations et leurs activités, à vaincre ma détestable impulsivité. Je m'entends rire et parler de choses et d'autres sans sortir de mes gonds.

En dépit d'une visible amélioration de mon comportement social, je ne peux pas dire que mes problèmes ont cessé. Je demeure insupportable avec les moniteurs, par exemple, et ils ne me portent pas dans leur coeur. Certaines de mes habitudes désolent mes professeurs: je m'endors pendant les cours, je fais répéter interminablement les mêmes explications, je quitte la classe sur une impulsion etc. Même si ces conduites ont pris un caractère moins agressif, elles me causent encore beaucoup d'ennuis.

La première neige à Lac-Sergent me plonge dans le ravissement. Tant de blancheur et de beauté me transportent littéralement en Gaspésie, dans mon village transfiguré par l'hiver. Le sol, les arbres resplendissent de cette lumière et moi, les yeux ronds d'émerveillement, je contemple le spectacle magique. Mon coeur déborde de reconnaissance et de joie. Les pensionnaires courent dans la neige, lancent des balles de neige avec un entrain endiablé, évoquent les Fêtes qui approchent, on dirait, encore plus vite.

Bientôt on ne parlera plus dans les mezzanines, que des parties de Noël, d'alcool et de cadeaux, d'un côté. De l'autre, il y a ceux qui ne sont pas pressés de retrouver leur famille et n'ont guère de raisons de s'en réjouir, et ceux qui ont choisi de ne pas quitter le pensionnat pendant cette quinzaine. Parmi ceux-ci, la plupart sont orphelins ou totalement abandonnés.

Les semaines précédant Noël ont un caractère singulier à cause du relâchement de la discipline et de la rigueur des cours. Les moniteurs et même les professeurs s'humanisent enfin, comme s'ils participaient au même titre que les enfants à l'attente d'un messie commun dont la venue va changer la routine du monde. Séduit par cette atmosphère et, par ailleurs, épouvanté de retourner parmi les miens, je sollicite la faveur de demeurer à l'institution pendant le congé des Fêtes. D'après le règlement, je dois obtenir la permission de maman. Je lui téléphone aussitôt et obtiens son consentement et la promesse de sa visite pour le 17 décembre.

Monique et Marie accompagnent maman, ainsi qu'un individu que je ne connais pas et choisis d'ignorer. Je suis content de les voir, surtout ma cadette Marie qui se tient timidement à côté de maman. Elle a grandi et des petits seins se dessinent sous son corsage. Je la trouve encore plus belle qu'avant, plus triste aussi. Ma jalousie envers elle n'est pas guérie et sa présence actualise de méchants petits souvenirs. À la voir si calme et réservée, on la prendrait pour un ange. Monique m'apprend que Martin fait partie des Forces armées et n'habite plus à la maison, tandis que Roger, en rupture d'école, travaille, apprenti-pâtissier et plongeur dans une boulangerie. Je les envie comme s'ils avaient découvert la clé de la liberté et de la réussite.

104

Monique parle beaucoup, enthousiasmée par les avantages et les installations dont je profite ici. Même si elle continue de critiquer maman d'une manière acerbe, je ne peux m'empêcher de revivre les soirées que j'ai passées avec elle, sous les étoiles, à écouter les histoires passionnantes qu'elle me racontait, à rêver sous les arbres en suivant les trajets des étoiles filantes. Alors elle m'apaisait et je m'extasiais sur les mystères et la splendeur de la nature, et je sentais sa force quasi maternelle et la richesse de son imagination. Capable de tenir tête à maman, d'accomplir sa volonté sans tenir compte de nous, elle m'inspire autant de répulsion que d'envie. Je l'écoute pour me convaincre que je l'aime, que j'aime maman, mes frères, ma famille, mais que jamais je ne pourrai exprimer ce sentiment qui me pèse.

J'évite le plus possible de regarder ou d'écouter maman; car ses minables efforts pour s'intéresser à moi ou m'intéresser à elle ne font que décupler la haine que j'éprouve envers elle, la honte de ses actions, de son comportement, l'ivresse qui me saisit à la pensée de lui rendre le mal pour le mal. Et pourtant je deviens fou de ne pouvoir la prendre dans mes bras et l'emporter dans une vie renouvelée, infiniment différente de la misérable existence où elle s'enfonce, elle et ses innombrables chevaliers, elle et la famille qu'elle nous a faite... Ah! maman, maman, comment t'expliquer mon reniement apparent et te faire entendre mon appel muet? Comprendras-tu si je te les dis en poésie?

Mon regard s'élance
pour découvrir en toi la source
de ma délivrance.
Calme et patiente
tu es là,
tes yeux brillent de joie.
Mes racines
caressent la peau fragile
qui enrobe ton corps,
et je sais
que dans les temps futurs
tu me feras goûter

105

la fraîcheur
de chaque nouvelle journée,
l'espoir de vivre
qui m'ouvrira
le monde fabuleux
qui fait chanter nos yeux.

Entre l'ombre et la lumière,
entre l'arbre et la rivière,
tu me feras admirer
les merveilles de la vie
l'univers qui se dérobe
*à deux pas de moi.**

Bien entendu, la visite s'est terminée sans que je sois tombé dans les bras de maman, sans que je lui aie murmuré un poème à l'oreille. Mais elle a pu constater l'amélioration de mon comportement, de mon langage, de mes manières. Moi, je me rends compte que leur univers n'est pas le mien, que leur maison n'est pas ma maison, que nous ne parviendrons jamais à cohabiter en paix. Ils m'ont acheté des chocolats et des bonbons; Marie a réussi à en obtenir, elle aussi. Fort adroitement, le petit serpent s'est faufilé. Leur départ m'apaise et me déchire encore une fois et j'aurai besoin de plusieurs jours pour m'en remettre...

Le 23 décembre: les partants bouclent leurs valises dans un incroyable chahut. Le dortoir est en délire car les premiers départs ont lieu tôt demain matin. Chants, rires, éclats de joie d'un côté; visages longs et méditatifs de l'autre. Moi, je me sens calme, satisfait de mon choix, indifférent aux regrets aussi bien qu'aux projets des uns et des autres.

Le lendemain, journée de grande agitation. L'atmosphère me pèse soudain, j'envie ceux qui partent dans un grand brouhaha d'adieux, de souhaits, de valises et de promesses futiles. Fatigué par ce déploiement

---

* Les poèmes de Yannick ont été retouchés. S.P.

auquel je suis étranger, j'obtiens la permission de sortir et m'évade avec Princesse pour une merveilleuse promenade. Je réfléchis à ce qu'aurait pu être Noël dans ma famille, après ces dix-sept semaines de séparation. Non, il vaut mieux pour ma santé que je reste à distance, avec une poignée de pensionnaires sans famille, ou presque, qui me tiendront compagnie.

J'ai eu raison car nous jouissons, nous aussi, de vacances complètes, sans cours, sans horaires, sans contraintes d'aucune sorte. Une ambiance fraternelle, affectueuse et détendue se développe entre mes dix-neuf camarades et moi. Ce rapprochement inattendu semble propice à la révision de jugements d'abord erronés: des garçons que je détestais ou craignais me sont devenus sympathiques. Je me découvre des qualités de leader, on compte sur moi pour organiser des activités et je m'en donne à coeur joie. Dans ce climat détendu, nos rapports s'harmonisent aisément. Nous faisons de longues promenades derrière le pensionnat, caquetant et riant aux larmes, racontant des histoires et jouant dans la neige. Débarrassés de nos habituels bourreaux, nous redevenons des gamins que la vie amuse et émerveille, capables de gentillesse, de ferveur et d'espièglerie.

Les journées s'écoulent trop vite. Je fais beaucoup de ski et profite largement de la compagnie de mes camarades pour jouer au ping-pong et au mississipi. À Noël, nous assistons à la messe de minuit et le lendemain, j'assiste à ma première projection cinématographique. Je voudrais me rappeler chaque détail de cette extraordinaire période, mais ne réussis qu'à en revivre l'exacte sensation de bonheur, de bien-être infini, de confort spirituel et mental.

Le retour des «vacanciers» met fin à l'euphorie. Ils mettent le pensionnat en ébullition pendant quelques jours. L'étalage des cadeaux et des friandises, la reprise des habitudes et l'application des règlements ne vont pas sans conflits qui se calment graduellement. À part Luc, la rentrée ne ramène aucun être qui me soit indispensable. Mais mon intégration au milieu est pratiquement réussie: je m'insère tant bien que mal dans le tourbillon scolaire où je commence à m'imposer. Même si j'ai raté le championnat de ski, j'ai fait de moi un gagnant. D'abord, je remporte le tournoi de mississipi. Puis une autre occasion de me signaler intervient.

En janvier, le frère Adam, professeur de français, demande à ses étudiants d'effectuer une recherche sur un sujet de leur choix. Lorsque je vivais dans mon village de la Gaspésie, j'avais une chatte grise qui s'appelait Mistigri, et dont mon père avait noyé la portée en enfermant les chatons dans un sac de jute lesté d'une pierre. Je ne sais pourquoi la bonne figure placide de Mistigri m'assaille en ce moment, comme à l'époque où cet acte ignominieux a été posé contre elle, mais je décide sur-le-champ de mener une recherche sur les chats. Vengeance ou réparation, peut-être expierai-je ainsi la mort de Mistigri tuée en même temps que Tobie, avant notre départ pour Québec.

Je prépare mon travail d'une façon très méthodique: premièrement, retirer de la bibliothèque les cinq ouvrages consacrés à ces animaux. Je passe ensuite mes heures de loisir au dortoir à étudier leur histoire et leur généalogie. Je me passionne pour ce chat dieu venu d'Égypte où l'on exécutait ses ennemis, pour son évolution extraordinaire, ses talents, sa mystérieuse présence auprès des humains.

Mon application et ma curiosité me poussent à fignoler le travail qui se mérite un premier prix. Le frère Adam a signalé l'extraordinaire qualité de la recherche, tant sur le plan de l'illustration que sur celui de l'exposé. Une flambée d'orgueil m'embrase devant mon premier succès académique notoire, tandis que la gêne me coupe les jambes à la hauteur des genoux. Mais quel contentement!

Janvier devait m'apporter une autre expérience et me rappeler la fragilité de mes progrès. Le frère Léandre, aussi capitaine de l'Armée canadienne, occupe je ne sais quelles fonctions parmi nous, sauf qu'il remplace parfois des professeurs malades ou absents. Il possède un bureau au sous-sol de l'institution où il se consacre à ses travaux personnels. Donc, ce jour-là, il me convoque à son bureau car il a une communication à me faire.

J'y descends et il m'accueille avec un bon sourire, très paternel. Encore un autre qui essaie de me soutirer quelque aveu ou confidence? En effet, le frère Léandre me parle de ma famille, de mes sentiments contradictoires qu'il comprend, dit-il, pour avoir vécu les mêmes problèmes que moi. Il sait comment m'aider, affirme-t-il en me caressant les cheveux, car j'ai surtout besoin d'attention et d'affection. Ses propos me bercent et me réconfortent et je commence à croire que je ne serai pas obligé de raconter mon secret pour obtenir la tendresse dont j'ai tant besoin. Frère Léandre parle sans arrêt, avec lenteur, passe sa main dans mon dos, d'une manière insistante, en m'offrant cette amitié que je recherche et qui comblera mon coeur. Sa caresse se prolonge bientôt jusqu'aux fesses, puis il me saisit dans ses bras et me serre fortement contre lui. Je sens le frottement de son sexe contre le mien; j'entends l'offrande d'amour qui m'atteint dans un murmure, mais comme un cri.

Pris de panique (car le visage de mon violeur s'interpose brutalement), je me dégage avec brusquerie, aperçois le coupe-papier de cuivre sur le bureau, m'en empare vivement et le lui mets sous le nez en criant que je suis prêt à le lui rentrer dans le ventre s'il continue.

Il me renvoie sans insister, sans me menacer, mais il est clair que je ne me buterai jamais à lui sans ruminer ma revanche. L'incident, je le vois distinctement, n'est pas clos. Frère Léandre profite des circonstances à sa portée pour me faire passer de vilains quarts d'heure et exercer son droit de châtiment contre le rebelle. En tant que professeur de mathématiques, il invite carrément le leader de la classe à m'estamper la brosse à tableau en pleine figure, devant une classe morte de rire parce que la craie forme un grotesque maquillage sur mes sourcils et mes joues.

Instantanément je retrouve des réflexes qui dormaient pour sortir du cours, foncer aveuglément à l'extérieur en mijotant une évasion évidemment impossible. Dans mon empressement, j'avais oublié l'hiver, la distance à couvrir pour rentrer en ville. Je grelotte et claque des dents et me résigne, piteusement, à réintégrer l'école. Punition: le coin toute la journée. Cependant je me remets de l'aventure plus rapidement que des précédentes et essaie de contrôler mes impulsions. Frère Léandre doit être finalement vengé, il me laisse tranquille et je peux me consacrer à ma vie d'écolier et de pensionnaire avec plus d'intérêt.

Je donne moi aussi mes deux heures par jour, depuis le milieu de février, à la confection de la maquette géante qui réunira les éléments du site de l'institution, y compris le lac, les édifices, la rivière et ses cascades d'eau, l'écurie, la forêt, la cabane à sucre, enfin tout. Une fois complétée — à Pâques nous la ferons admirer à nos visiteurs — elle occupera la longueur de la salle de quilles, et trois allées de largeur.

Nous nous préparons également pour les olympiades de fin d'année où les jeux et sports, d'équipe ou individuels, sont assortis de compétitions et de prix à gagner. Je m'inscris en ski alpin et en équitation et, bien sûr, à mon cher mississipi. Toujours à cette époque, nous traversons la période des sucres et participons à la cueillette de la sève, à la fabrication du sirop et du sucre. Nous dévorons de la tire et surveillons l'arrivée du printemps. Frère Jean nous guide et nous informe, et cette joyeuse période me plonge dans une effervescence comme je ne croyais plus pouvoir en vivre.

La troisième visite de maman à Pâques confirme le choc que je craignais: il m'est impossible de parler avec elle, aussi bien dire impossible de vivre avec elle. L'échéance qui se rapproche m'alarme. Non seulement j'ai peur de cette femme, mais je sais qu'elle est la source intarissable de mes difficultés. Elle porte en elle le germe de la maladie et de la mort, de tous les maux et toutes les morts. Si j'avais le choix, je ne quitterais pas l'endroit où je suis en train d'apprendre à vivre. Je ne suis pas prêt à retourner parmi les miens, dans une maison cage où j'aurais voulu ne jamais remettre les pieds.

Aujourd'hui nous enlevons les bandes de la patinoire. Demain et les autres jours, nous ramassons les feuilles mortes, ratissons les terrains avec beaucoup d'attention car frère Jean ne tolère pas qu'on abîme le décor ou menace l'environnement naturel par négligence. Les ordres sont minutieux et intelligents. À l'heure des jeux, Cognac applaudit nos exploits au baseball. Nous passons énormément de temps à l'extérieur où se concentrent les activités de la fin du printemps et nos rapports s'en trouvent modifiés. Je sais que j'ai peur de quitter cet endroit, le meilleur où j'aie eu à vivre, que j'ai besoin de son ambiance pour reconstituer mon être intérieur, et parce que j'y suis protégé de moi-même et des autres. L'équilibre des travaux et des loisirs qui existe ici n'est pas le mien, mais celui d'un énorme organisme dont je me nourris comme les quatre-vingt-dix autres pensionnaires. À la maison je connaîtrai le même affamement et la trouble insécurité qui m'ont toujours torturé. Les réflexes, les craintes si péniblement effacés remontent à mon imagination, comme la vase du fond d'un lac brouille l'eau la plus claire. Rien qu'à la pensée de m'éloigner de la forêt, de Princesse, de Luc, des occupations nombreuses et animées que cette existence me procure, je broie du noir, retrouve mes doutes et mes obsessions.

En juin, alors que les baignades sont devenues possibles, je découvre que je raffole de l'eau et constate que mes scrupules à porter un maillot se sont atténués. Les jeux des baigneurs sont aussi nombreux qu'il y a de jambes et de bras excités par le retour de l'été. Je pratique le ski nautique grâce au yacht du frère Henri qui ne permet à personne de le conduire à sa place, et j'aime particulièrement guider Princesse le long de la plage, la mener courir dans l'eau qu'elle fait gicler avec un plaisir et une puissance qui m'exaltent.

Il faudra me séparer de cet Éden hélas. Et comment ne pas imaginer le pire quand il faut quitter le meilleur? Je vis cet arrachement depuis plusieurs semaines sans pouvoir me rassurer. Le contraste est trop grand, trop déprimant entre mon existence comblée et le désordre où je serai immergé en rentrant dans ma famille. La fin de juin me surprend en pleine méditation et l'avenir m'apparaît tragiquement hypothéqué. La plupart de mes camarades retrouvent leur famille, d'autres une cellule d'accueil; une dizaine passeront l'été au pensionnat. Mais, pour tous, la séparation est cruelle car les amitiés improvisées dans l'intimité de la communauté ne résisteront probablement pas à l'épreuve de l'éloignement. Plusieurs échangent des adresses et promettent d'écrire. Je ne donnerai pas mon adresse à Luc. Mon désespoir est trop total pour que je conserve la plus petite illusion. Luc va partir, pour de bon d'ailleurs, et je ne connais aucun moyen de changer de destin. J'espère que mon regard qui le fixe, lourd et complice, lui communique à la fois ma joie de l'avoir connu, ma fierté d'avoir été son ami, ma souffrance de le perdre au seuil de l'inconnu. Je ne veux pas pleurer devant lui qui m'a enseigné à me défendre, qui me le répète encore avant de me quitter. Je sais qu'il souffre lui aussi, qu'il a chéri cette institution où il a passé trois années cruciales de sa jeune vie. Désormais il travaillera avec son père. Il faut nous quitter bravement, en espérant que l'avenir nous réunira à nouveau, sans paroles futiles, comme des hommes que nous ne sommes pas encore. Je lui serre la main, il broie la mienne. Voilà, c'est fini. Je tourne le dos à la sortie où s'entassent voitures, parents et bagages dans un indescriptible remue-ménage.

Je pars moi-même dans une semaine, à ma demande, si je me souviens bien, et il me reste à vivre ici une ultime expérience: le bal des «attardés».

Qu'est-ce que ce bal? Une soirée dansante où nous aurons la visite d'une quinzaine de jeunes filles de Saint-Raymond. Je ne sais s'il est possible d'imaginer, de l'extérieur, l'excitation intime vécue par quinze garçons de quatorze ou quinze ans à l'idée d'une soirée dansante mixte organisée juste pour eux. Impossible, la veille, de dormir. Et quel boulot que de mettre au point l'entreprise de séduction!

Nous avons aménagé un local au sous-sol, suffisamment grand pour trente personnes, disposé des tables et des chaises en nombre convenable, placé une nappe et une bougie sur chaque table, comptant sur l'effet romantique de cette formule d'éclairage. Le plafond est bigarré de ballons de baudruche et de banderoles de papier crêpé multicolores. Les murs disparaissent derrière des posters disparates. Le système de son, les chips et les boissons gazeuses constituent l'essentiel de la réception. Je ne suis pas moins impatient que les autres, mais ma grande timidité m'empêche de faire des projets trop extravagants, comme de garder la plus belle pour moi et l'amener au septième ciel.

Nous nous sommes regroupés dehors, à l'entrée, pour accueillir nos invitées, dans nos plus beaux habits et le coeur agité d'une colonie de papillons. Elles sont arrivées à vingt heures, dans un autobus d'écoliers et nous les avons conduites dans notre salon improvisé. Les choses, dans ces circonstances, je le sais maintenant, se passent comme elles le peuvent et personne n'affiche la bravoure qu'il prétend posséder. Les conversations traînent, menées par les moins timides. On échange des noms en souriant et en attendant candidement le grand déclic. Quant à moi particulièrement, je n'en mène pas large car les filles me paraissent extrêmement belles et susceptibles de m'envoyer promener lorsque je les aborderai avec mes invitations. Elles sourient gentiment, mais Dieu sait le dédain que cachent ces sourires; ne se moquent-elles pas de moi?

Une fois installés, nous déchaînons la musique et quelques impatients se lèvent afin d'entraîner leur partenaire sur la piste de danse. Je reste assis avec ma compagne aux yeux clairs et cheveux blonds, fort intéressante. Figé par la timidité, je suis incapable de lui proposer une danse et redoute l'idée même de quitter ma chaise. Au bout d'une heure de causette, elle se risque elle-même à m'inviter. Panique instantanée: je

113

bafouille une excuse et me retire en retenant en moi la tempête qui s'y déchaîne subitement. Je me réfugie au dortoir, sous les couvertures, honteux de la détresse qui me chiffonne le coeur.

Ma fuite n'est pas passée inaperçue: monsieur Plamondon, mon moniteur favori, me rejoint aussitôt et s'assit au bord de mon lit. Sa voix inquiète traverse le barrage de larmes où je me suis arrêté, suffocant et déconcerté. Je finis par cracher mon poison: je suis tout simplement incapable de discerner si je fais pitié ou si je plais à Lucie. N'est-ce pas affligeant? Avec une plus grande bonté que je ne croyais humain de posséder, monsieur Plamondon s'arrange pour me remonter le moral en me faisant de moi-même un si merveilleux portrait que je sors de sous mes couvertures pour le dévisager. Il ne détourne pas son bon regard et accepte de garder le secret de notre entretien pourvu que je retourne au sous-sol et me conduise comme le gentil garçon que Lucie et lui croient que je suis.

Je me sèche les yeux, me lave la figure à la salle de toilette et redescends au local, puis je me rends à la table où Lucie converse avec une copine. Là, bien planté sur mes deux jambes qui ne tremblent plus, je l'invite à danser, proposition qu'elle accepte sans hésitation, avec le plus charmant sourire. Une fois parti, plus moyen de m'arrêter. À l'ébahissement de mes camarades, une danse n'attend pas l'autre et j'apprécie très ouvertement ma jolie partenaire. Je me permets même de l'embrasser avant que les autres aient osé m'en donner l'exemple.

Complètement débarrassé de mes haïssables complexes, je profite du dernier slow de la soirée, *Color my World*, interprété par le groupe Chicago, pour couver ma petite fée, la serrer dans mes bras, l'embrasser gentiment. Je me demande encore si j'ai vraiment vécu ou rêvé cette séquence. Fut-elle extase ou coma? Frappé par la foudre, je me laisse envahir par le fluide qui me relie à Lucie, la joie extrême d'un contact humain fait de douceur et de profond contentement. Chose certaine, les mots pour révéler à Lucie l'étendue de ma joie me

114

viennent avec facilité, tant mon coeur déborde de la tendresse refoulée qui s'est accumulée sans objet précis depuis ma petite enfance. Est-ce que Lucie comprend cette frénésie naïve? Peut-être. Pourtant, au moment d'échanger adresse et téléphone, je recule encore, ignorant les avatars que mon destin me réserve. Ou plutôt redoutant de trop bien les flairer. Je sais que je ne veux pas partager cette horreur-là avec ma petite fée d'un soir de rêve.

Les félicitations de monsieur Plamondon me vont droit au coeur et comment ne pas lui être reconnaissant de m'avoir forcé à vivre la plus suave, la plus inattendue des joies de mon existence? Je sens encore une gratitude intense en évoquant sa bienveillante figure, même si je n'ai jamais revu Lucie que dans mon souvenir, où ses cheveux blonds et ses yeux clairs tournent et tournent, inlassablement...

Chapitre 3

Québec

Pour la plupart des pensionnaires, rentrer à la maison après plusieurs mois d'absence représente le plus beau moment de l'année. Moi, je quitte Lac-Sergent le coeur gros et inquiet de la réception que ma famille me réserve, mais en d'excellentes dispositions. Ma propre conversion me laisse croire à je ne sais quelle métamorphose de la famille, où la bonne volonté devrait réaliser des miracles. Le choc des retrouvailles me pince le coeur: la maison me paraît sombre et morne! Maman a recouvert de tissu orange notre vieux canapé de cuir gaspésien, mais sans égayer le salon. À la vue du filet de pêche fixé au mur, rempli de coquillages et de pièces de bois sculptées par le sel et la marée, mes yeux se mouillent de nostalgie. Je supporte mal la comparaison entre les images de la Gaspésie qui me hantent et le vide étroit, et les murs de la maison de mon foyer actuel.

Sur le plan humain, amère déception. L'accueil est distant. J'ai l'impression de déranger l'étrange harmonie de ceux qui sont restés ensemble, leurs habitudes, leurs aises. Les moindres gestes m'éprouvent, je suis beaucoup plus sensible que je l'étais aux bonnes manières, aux excès de langage, aux démonstrations affectueuses ou le contraire. Maman a de gênantes habitudes corporelles (elle rote et fait des gaz), jure et crie presque sans arrêt. Mais elle me fait surtout souffrir par ses attaques mesquines et passionnées contre papa. Elle accable son souvenir avec tant de violence que j'essaie vainement de l'excuser. Elle se retourne contre moi pour cracher son venin et m'associe à l'ignoble accusation portée contre lui: j'ai hérité de sa maladie, je suis donc condamné au mépris et à l'abjection universelle.

Au bout d'à peine quelques journées, je sais déjà ce qui m'éprouve parmi les miens: une solitude effrayante, un rejet total de ma personne et de mes attentes. Je voudrais m'endormir pour de bon chaque soir et que le lendemain n'existe pas. Je me souhaite la mort sans savoir par quel chemin l'atteindre, un accident sans savoir de quelle manière le provoquer. Dans ma détresse, j'essaie de me rapprocher de Monique qui me repousse, moi et mes problèmes, moi et mon encombrant besoin de refaire la famille. Elle trouve mon entêtement à conquérir ses bonnes grâces si agaçant qu'elle finit par me prédire le même sort que papa. Ma première semaine de vacances n'est pas encore terminée que mes bonnes résolutions s'échiffent déjà. Personne ne partagera quoi que ce soit avec moi: ni ses distractions, ni ses plaisirs, ni ses amis. On ne me permet ni de consoler ni de comprendre. Ma gentillesse inspire à mes frères et soeurs des sentiments haïssables. On m'exploite pour de menus services et commissions, et Marie persiste à me rendre responsable de ses continuels larcins.

L'absence de Martin ne me rend pas les autres plus secourables. Roger s'enferme avec sa guitare ou erre dans la ville en rêvant de quitter la maison le plus tôt possible. Je m'aperçois qu'il est moins poli et patient avec maman et qu'il a peu d'amis. Damien, lui, a réalisé son plus grand rêve: acheter une batterie dont il peut jouer dans le sous-sol de l'épicerie où il a loué trois murs et quelques pieds carrés de sol cimenté. Au retour de son travail, il se réfugie dans son coin et pratique la batterie. Il a un copain avec qui il écoute des disques et discute musique, et une petite amie. À la maison, quand il ne se livre pas à ses sempiternelles farces, il s'engueule plus que sérieusement avec maman. Il travaille et paie pension, il aimerait bien obtenir qu'elle prépare son lunch et s'occupe un peu de lui. Maman n'y songe guère. Elle préfère empocher l'argent et, elle ne cesse de le répéter, se gâter un peu elle-même.

Écoeuré de ma solitude et de mon désoeuvrement, parmi mes frères et soeurs constamment occupés, je me rends chez monsieur Nantel, notre propriétaire, dans le but d'offrir mes services à l'épicerie. Obligeamment, il me confie le lavage du plancher et le ménage de la cave. Je gagne juste de quoi m'offrir quelques gâteries et compenser l'austère régime de la maison, mais je suis fier de mes nouvelles responsabilités. Une semaine plus tard, monsieur Nantel me confie le rangement de son bureau — un débarras serait plus exact — et je me réjouis de la confiance qu'il m'accorde. Il y a plein d'objets que je pourrais facilement voler sur son pupitre, mais je m'en garderai bien: je tiens à mon travail comme à la prunelle de mes yeux.

Je dois à ce travail une découverte moins heureuse. Tout à l'heure, j'ai dû déplacer le pupitre pour laver l'emplacement où il repose, et un tiroir du meuble s'est entrouvert sous la poussée. Je me suis penché pour le refermer et, d'un coup d'oeil soudain attentif, j'ai constaté qu'il était bourré de photos de femmes nues. La curiosité l'a emporté sur la crainte d'être surpris et j'ai regardé l'une après l'autre les photos obtenues avec un appareil polaroid. Je n'aurais pas dû, non parce que les femmes sont nues, mais parce qu'elles ont introduit divers objets dans leur vagin ou leur anus; quelques-unes consomment le sperme sur le ventre de leur compagnon. D'autres photos montrent des couples allongés, pratiquant la fellation et différentes postures obscènes. La vulgarité des clichés, ces images horribles de l'amour provoquent chez moi un haut-le-coeur et je cours à la toilette vomir mon dernier repas.

Je suis assez grand maintenant pour établir des liens entre ces images et la mystérieuse réalité de l'amour. Maman a de violentes, brèves et changeantes fréquentations, sur lesquelles je commence à me poser des questions. Quel rôle ces hommes, parfois gentils et compréhensifs, jouent-ils dans sa vie? Elle ne semble pas les aimer si j'en juge par les cris et les reproches dont elle les abreuve. Elle leur extorque de l'argent, j'en suis certain, et les renvoie dès qu'ils tentent de lui résister. Elle manifeste envers eux le même mépris qu'envers nous et ne fait un effort d'amabilité que s'il est essentiel à une conquête. Comme elle ne tolère ni de mes frères ni de personne le moindre reproche, j'ai mis du temps à saisir la nature de ses rapports avec les hommes. Par malheur, les écoeurantes photos qui me hantent constituent une bien pire réponse à mon interrogation.

Troisième semaine de vacances: maman s'informe de mes intentions pour l'automne. Études ou travail? Travail. Je n'aime pas l'école et j'y perds mon temps. Elle me fixe un échéancier précis; je dois trouver du travail d'ici 15 jours. Ma pension sera de quarante dollars/semaine. Si je reste sans travail ou si je le perds, elle me retournera au pensionnat. Menaces et sanctions accompagnent son discours détestable. Oui, en ce moment, je la trouve totalement, désespérément haïssable. J'ai bien remarqué, depuis mon retour, sa paresse, sa négligence, son abandon des responsabilités domestiques. Elle ne fait plus ni la lessive, ni le ménage ni les repas. Elle part en excursion avec ses amis, ne laissant aucun argent à la maison, confiant à notre débrouillardise le train de maison et les dépenses courantes. Je sais qu'elle ne plaisante pas en me faisant ses conditions et je pars à la chasse à l'emploi.

Quatre jours plus tard, me voici officiellement devenu éplucheur de pommes de terre et peleur de légumes dans un restaurant huppé du chemin Saint-

Louis. Je travaille dans la cave, isolé du personnel des cuisines, sans contact humain, avec mes larmes en guise de distraction et de compagnie. La perspective d'un avenir éternellement semblable à cet été de mes quinze ans m'épouvante. Non seulement ma famille me renie, mais j'éprouve en moi-même le mépris dont on m'entoure. À mon tour, je rejette brutalement ma mère dont je souhaite la mort, au bout d'un supplice annonciateur de l'enfer auquel je la voue. N'est-elle pas responsable de ma déchéance et du dégoût que je traîne du matin au soir?

Fin juillet, maman a rencontré Gilbert Caron, contremaître en construction, domicilié à Montréal. Il a onze ans de moins qu'elle et la visite durant les week-ends. Il fume des *Old Port*, mesure cinq pieds, sept pouces, pratique l'haltérophilie et raffole de la page 7 du *Journal de Québec* qui affiche chaque matin une fille en petite tenue. Il a acheté *Photo-Police* pour le courrier du sexe et *Playboy* pour ce que vous savez. Ses préférences vont aux clubs où les danseuses travaillent topless et ainsi de suite. On le taquine en lui disant qu'il pourrait être notre frère et l'allusion le fait rigoler.

Gilbert a un coeur d'enfant, capable de vous décrocher la lune, il est joueur et prodigue de son argent. Il souligne son arrivée dans la rue par un long crissement de pneus, arrive les mains pleines, un cadeau pour maman qu'il adore — car il les aime, dit-il, mûres et expérimentées. Même s'il montre une préférence pour Marie, il est correct avec tout le monde. Il ne devient agressif que si on le critique ou lui parle impoliment. Il m'a corrigé rudement une fois que je l'envoyais au diable, appuyé par maman qui ne demanderait pas mieux que de m'arracher la tête si elle le pouvait. Il n'a pas accepté non plus que j'envoie ch... maman devant lui. Il m'a frappé en pleine figure et menacé de plus effrayantes représailles si je recommençais. J'avais la

120

bouche en sang et, comme chaque fois que je saigne, j'ai vu rouge, crié, hurlé les insanités et les insultes de mon vocabulaire. Puis j'ai bondi vers la porte et suis sorti.

Errant dans la ville sans fin, enragé, frustré, incapable de produire les larmes qui m'auraient soulagé, je rumine la mort vengeresse qui m'arracherait aux griffes de ces vautours. Chaque voiture qui passe me donne envie de me jeter devant elle. J'imagine de me lancer du haut de la falaise à Sainte-Foy. N'importe quoi plutôt que de supporter mon existence insuffisante et laide, si laide... Que le Seigneur ait pitié de moi! En dépit de ma révolte, je me retrouve à mon travail à deux heures, prisonnier jusqu'à six heures des pommes de terre et des choux, hypnotisé par d'affreuses pensées. Je rentre à la maison après l'ouvrage, redoutant la revanche de maman. Elle m'envoie à ma chambre avec une bordée d'injures. Pour m'y occuper, je mets un disque sur la table tournante. Intervention de maman et de Gilbert qui m'obligent à arrêter la musique: non seulement je n'ai pas le droit de manger, mais je n'ai pas non plus celui de me distraire de l'isolement. Je me résigne au silence car, à eux deux, ils sont capables de me réduire en bouillie, aussi bien moralement que physiquement.

À la fin de juillet, Martin est soudain de retour et on l'accueille en véritable vedette, bras ouverts et prunelles brillantes. Le héros est assailli de questions et le cercle de famille se tasse contre lui. On écoute religieusement ses récits, ses aventures, ses descriptions de la vie militaire, les innombrables anecdotes qu'il en a rapportées. À peine est-il entré qu'il commande une caisse de vingt-quatre à l'épicerie, et boit sans arrêt en racontant des histoires farfelues et les tours qu'il a joués à ses camarades. Il a apporté des tas de cadeaux et je le harcèle pour qu'il me laisse manipuler les farces et attrapes qu'il a achetées. À chaque tentative, il me repousse méchamment et, encore une fois, il ne m'a rien apporté. Il y a des présents pour Maman, Monique et Marie, mais pour moi, zéro. Je le retrouve, lui aussi, au point où nous nous sommes laissés, et lui retrouve son cobaye favori, l'avorton qui n'entend pas à rire et sur qui il essaie ses plus vilains tours. Je ne suis bon qu'à transporter sa bière et des friandises auxquelles je n'ai pas le droit de goûter parce que j'ai été payé pour la course. Mais moi, je ne fais pas ses commissions pour le trente-sous qu'il me donne, mais parce que j'ai peur de lui. Je sais que si je refuse d'obéir, il me frappera sans pitié. Envers lui, j'éprouve les mêmes sentiments qu'envers maman, l'envie de tuer et une détresse où me plongent sa malveillance et son égoïsme. Pourquoi se montre-t-il gentil envers les autres et brutal envers moi? D'où vient son mépris et sa couardise envers moi? Pourquoi suis-je obligé de le haïr, alors que j'aurais tant besoin de lui pour éclairer mon chemin?

Je n'aime pas qu'il rentre tard chaque soir, saoul comme une barrique, tapageur et autoritaire. Je ne suis pas le seul à trouver sa présence insupportable, car Damien écoeuré de l'ambiance turbulente de la maison fait ses bagages en août pour aller vivre en appartement. Il a vendu sa batterie et claque la porte. Monique, pour sa part, vit davantage chez ses amis qu'à la maison. Roger s'est rallié à Martin avec qui il part en vadrouille, s'enivre, fait la bombe. Ils ont commencé à recevoir leurs compagnons de beuverie à la maison où ils mènent un chahut infernal. Ensemble ils boivent, fument des joints dont l'odeur empeste, poussent le son de leur appareil à un degré assourdissant, vomissent et rigolent, se moquant totalement des protestations de maman. Des amis de Monique se joignent bientôt à eux et ce beau monde, autant les filles que les garçons, boit, jure, fume le pot en se fichant de l'heure et des imbéciles qui ne sont pas de leur avis.

Marie s'est rangée du côté de maman qu'elle console de son mieux par des petits cadeaux et des poèmes, mais il est évident qu'une vive rivalité avec Monique l'éloigne du groupe des fêtards. Elle ne se rapproche pas de moi cependant, peut-être parce que je me tiens à distance de maman que je continue de haïr autant que j'exècre les autres...

Début août: Gilbert offre de m'apprendre à conduire. Pas question de refuser. D'abord il sait se faire pardonner quand il a agi avec brutalité; puis j'ai très envie de prendre le volant de son auto. Il m'explique l'usage des différents leviers, le frein, le démarreur, les phares de signalisation. Puis nous partons en promenade dans V... Je m'efforce de ne pas faire d'erreurs et Gilbert semble satisfait. Si je veux devenir un excellent conducteur, affirme-t-il, je dois apprendre à accélérer et à contrôler la vitesse. J'accélère donc. Mais mon effort ne suffit pas à la démonstration de Gilbert qui pose son pied sur le mien et écrase au plancher la pédale des gaz. L'épouvante me gagne, je crie au suicide tandis que Gilbert éclate de rire et se moque de mes peurs.

J'ai eu ma leçon. Je freine aussitôt que je le peux, stoppe le véhicule et remets le volant à son propriétaire. Aussitôt installé, il entreprend de me démontrer ses talents de cascadeur, file à 70 à l'heure dans les zones de 30, manoeuvre le volant avec ses pieds, se lance directement à la rencontre d'une autre voiture qu'il évite de justesse, à la dernière seconde. Comme cours de conduite, l'épreuve est plus que suffisante, merci. Je préfère marcher à pied encore un bout de temps.

J'ai gardé deux semaines mon emploi d'éplucheur de pommes de terre, prélevant chaque semaine quarante dollars pour ma pension sur mes soixante dollars de salaire — puis je l'ai quitté pour en chercher un autre.

123

Dans la même journée, j'en déniche un: vendeur itinérant. Ma responsabilité consiste à accompagner un groupe de jeunes de mon âge, sous la surveillance d'un moniteur, en autobus, pour une tournée de la Côte Nord. Nous vendons du shampooing, des calendriers, des crayons, des bibelots, au profit d'un organisme charitable voué à la réhabilitation des jeunes délinquants. Nous sommes munis d'une carte de l'association qui nous autorise à faire du porte à porte. Nous prélevons sur nos profits le prix de nos repas et nos frais d'hébergement dans les motels où nous nous entassons pour en réduire le coût. À peine notre mince marge de profit nous permet-elle de défrayer le strict nécessaire.

La tournée a duré une semaine. Un soir je me suis battu avec un des garçons, au motel de Sault-au-Mouton. Pour agrémenter la soirée, nous avions acheté de la bière, un peu de rhum et de vodka. On s'est vite réchauffés et on a eu le goût de s'amuser. J'étais ivre pour la première fois de ma vie, gai, très émoustillé par une plaisante euphorie. Nous sommes allés derrière le motel, nous avons fait face au fleuve, faute de pouvoir descendre les trente marches qui mènent à la grève. Le moniteur de notre groupe vient nous avertir de ne pas oublier que le travail nous attend demain, puis il se retire dans sa cabine. Nous, nous reprenons nos jeux et nos chants, quelques-uns s'amusent à casser des bouteilles, d'autres commencent à devenir bruyants et à s'exciter.

Tout à coup, le grand René a saisi Marcel, menaçant à grands cris de le pousser dans le vide, s'il ne lui faisait pas ses excuses. Une incontrôlable rage s'empare de moi et je me jette au-devant d'eux, arrache Marcel à la poigne de l'autre, décoche un coup de poing à René qui se rue sur moi. Le combat se déroule à travers les glapissements des autres garçons, si bien que le moniteur, alerté, s'interpose et nous renvoie à nos lits. J'aurais certainement reçu une fameuse râclée, car René est beaucoup plus costaud que moi. Au lieu de cela, nous nous ferons des excuses demain matin et reprendrons le boulot.

Évidemment je n'ai pas réussi à accumuler des réserves: mes gains servent à payer le gîte et le couvert et je rentre à Québec les mains vides. Au retour, j'apprends que mon «employeur» est recherché par la police, accusé de fraude et détournement de mineurs. Le plus difficile est de raconter ma mésaventure à maman qui ne manque pas de me rappeler quel idiot et sans-dessein je suis, à quel point je suis malade et niais. De sa diatribe menaçante, je ne retiens que le soupçon qu'elle exprime pour la première fois: sans doute, insinue-t-elle, le salaud d'employeur m'a-t-il tripoté et l'ai-je laissé faire?

Immobile à quelques pieds de maman, je ne peux rien contre l'effrayante, la pestilentielle marée qui me submerge et réveille mon envie de la tuer. Je sais que je dois poser un acte libérateur et une formidable lutte secoue mon corps figé, apparemment inerte. Ma conscience crie: je ne peux pas tuer ma mère. Et j'attends éperdument que la mort accomplisse elle-même son ouvrage. Rien ne se produit. Maman m'observe avec une méfiance hautaine de victime. Alors ma haine éclate, en sanglots irrépressibles dont j'ai honte, car ils me feront accuser d'hypocrisie et de lâcheté. Oh! Seigneur, maman, maman! Comment ne voit-elle pas l'abîme où elle me pousse?

Mis en demeure de trouver dare-dare un nouvel emploi, je me suis débrouillé en trois jours. À la *Quebec Poultry* je passerai la nuit à crocheter et électrocuter des poulets pour ensuite les plumer plus facilement. Je travaille de onze heures du soir à sept heures du matin. Je mets un masque qui me protège des exhalaisons des volailles quand elles se relâchent, place les deux à trois cents poulets de chaque opération sur les crochets et mets le contact. L'établissement n'est qu'à dix minutes de marche de la maison et j'entends être ponctuel, fiable, constant à l'ouvrage. Mais j'ai une telle horreur de la chambre électrique et du martyre infligé aux innocentes bêtes que j'abandonne au bout de quelques jours. Le contremaître, compréhensif, m'affecte à l'autre bout de la chaîne de production, au vidage des volailles.

Mon problème de travail résolu, je ne suis pas pour autant au bout de mes peines, car travail de nuit suppose sommeil et repos de jour. Impossible de dormir commodément dans une chambre dont les filles empruntent le passage pour aller chez nos voisins d'appartement, que les voisins empruntent également pour entrer chez nous. Sans compter mes frères qui, parce que ma chambre est aussi la leur, me dérangent sans que je puisse m'en plaindre sensément. L'un me réveille pour que je fasse ses commissions; un autre pratique la guitare, au hasard de ses horaires et de ses caprices. Maman refuse d'intervenir et me montre la porte au cas où je ne serais pas satisfait. N'empêche que le manque de sommeil m'épuise et ma résistance autant physique que morale se désagrège. Je n'ai plus la force de lutter, cette famille est en train de me tuer à petit feu, alors que je voudrais mourir d'un seul coup, en finir brutalement, ne plus avoir à songer aux atroces lendemains.

Martin a décidé de s'occuper de moi, comme il s'est occupé de Monique. Depuis son retour il perçoit l'assurance-chômage, boit du matin au soir, consomme d'étranges petites pilules qui lui font voir des merveilles dont il parle avec extase. Maman s'inquiète mais elle sait depuis longtemps qu'elle ne peut rien contre ses fêtes imaginaires et rien contre ses démons.

J'ai dit qu'il a décidé de s'occuper de moi, ce qui signifie depuis toujours que je n'ai pas le choix. Le buvard de l.s.d. qu'il me tend m'effraie et m'attire, mais Martin promet de ne pas me quitter pendant l'expérience et de m'aider si l'adaptation me cause des problèmes. Donc j'avale, à la fois effarouché et impatient.

Quinze, vingt, trente, trente-cinq minutes passent. À mon grand désappointement, rien ne se produit. Pas le plus petit changement au contenu de mon cerveau.

Martin m'a donné une adresse où me procurer le l.s.d. Je me rends à la brasserie indiquée, rue Saint-Jean. J'ai la frousse et achète mon papier en vitesse, le consomme sur-le-champ, pressé de rentrer à la maison où je serai en sécurité. Je fais le trajet en autobus, presque rassuré. Soudain, un courant électrique traverse mon corps et je commence à me désintégrer, fibre par fibre. Des mannequins grimaçants prennent place sur les banquettes voisines. Un robot sophistiqué manoeuvre le volant de l'autobus. À l'extérieur les voitures roulent sans passager ni conducteur. Affolé, je descends de l'autobus, quatre ou cinq arrêts avant le mien, menacé par les édifices branlants qui s'effondrent dans la rue, s'étirent et se tortillent par-dessus ma tête. Des tas de squelettes pendent aux fenêtres. Je ne sais plus où poser les pieds car les trottoirs grouillent de hideux serpents qui s'agrippent à mes vêtements, leurs yeux en feu me dévorent et leur lance me terrifie. Il faut que je leur échappe, que je rejoigne Martin. Des ordures obscènes traînent dans la rue, sous les balcons...

Maman est absente heureusement; elle sort avec Gilbert le samedi soir. Monique et Marie regardent la télé au salon. Martin répond à mes pleurs et mes supplications en me disant que je dois supporter mon «voyage», me recommande de rester calme car la peur provoque mes visions. Je dois me concentrer sur des pensées agréables. Et il me conduit à notre chambre, met une musique susceptible d'augmenter ces instants de plaisir...

Le train file à vive allure. À l'intérieur, les portes et les fenêtres sont verrouillées. Je suis seul dans un compartiment sombre et malpropre. Je cogne dans la porte à me défaire les jointures et je hurle; une falaise se dresse devant la locomotive. Je tombe. Des centaines de petites créatures munies de seringues sucent mon sang, malgré mes cris et mon acharnement à les frapper. Mes gestes restent suspendus au-dessus d'elles et mon corps rapidement diminue, se désagrège, je n'ai plus même de peau sur les os. À ce moment, *Elle* choisit d'entrer en trombe avec la camisole de force, prête à m'envoyer à l'hôpital. Mes forces se déchaînent contre *Elle*, je ne veux pas qu'on m'enferme à l'asile, lâchez-moi, vous n'avez pas le droit.

Dans un moment de rémission où le jaillissement des images me laisse quelque répit, je supplie Martin de m'emmener à l'hôpital parce que mes nerfs vont craquer et que la panique s'est emparée de moi. Monique intervient également mais se fait vertement rabrouer par mon gardien. Ainsi, pendant un temps interminablement long, je suis secoué, déchiré, torturé par d'affreuses visions et le grondement de mon corps en éruption.

À la fin du mois d'août le conflit entre Martin et maman parvient au point d'éclatement. Martin décide d'aller vivre à Montréal. Un de moins. J'éprouve cette perte viscéralement, mais aussi avec un vif soulagement. Car même si je lui tenais tête et montrais avec lui un comportement détestable, sa présence équilibrait celle de maman. Son départ provoque chez nous quatre qui restons (Roger, Monique, Marie et moi) des réactions notables.

Je prends spontanément sa place de chef et d'agent de provocation, tandis que Roger parle d'aller travailler à Montréal avec Gilbert sur les chantiers de construction. L'atmosphère se détériore de plus en plus et maman continue de nous harceler même si Roger et moi payons une pension et conservons nos emplois. Elle n'a qu'un seul but, un seul obsédant désir: vider la maison, retrouver sa liberté et oublier les vingt dernières années de sa vie.

Peu à peu, son souhait se réalise. Martin et Damien ne reviendront pas. Damien, malgré l'intolérable ennui qu'il supporte en appartement, m'a juré qu'il ne remettrait les pieds à la maison que lorsque maman serait morte. Et maintenant, en ce début de septembre, Roger quitte V... pour Montréal. Je demeure subitement le seul maître à bord et je n'entends pas faciliter les choses à maman ni pour mes soeurs.

Ma pension a grimpé à cinquante dollars et j'en gagne quatre-vingts. Mon salaire ne suffit pas à défrayer mes sorties: cinéma, discothèque, machine à boules engouffrent des sommes d'argent à un rythme soutenu. Bientôt, je suis obligé de consacrer mes loisirs au vol à l'étalage dans les centres d'achats. J'ai le goût de fumer, habitude que j'avais abandonnée à Lac-Sergent, et je pique des cigarettes, puis des disques, des outils et des bibelots aisément revendables. Ces gains illicites m'aident à compléter mon régime, car je ne mange plus jamais à la maison mais dans les restaurants. Je m'adonne régulièrement à la dope dont la privation me rend agressif. À la maison particulièrement, je ne supporte pas mes soeurs: j'ai frappé Marie qui persiste à chiper de l'argent et à me faire accuser.

Quand on ne me provoque pas, je ne suis à la maison que pour dormir ou en «voyage». La nuit, pour rester éveillé, je consomme du «chimique». Le jour, à part mes heures de sommeil, je ne reste pas à la maison; je me livre au vol dans les établissements commerciaux pendant les heures d'ouverture. Durant le week-end, je suis «gelé» totalement et il m'arrive de découcher, c'est-à-dire que je me réfugie dans les parcs publics où je m'endors. Au régime débridé que j'observe, je perds la maîtrise de mes actes et, au travail, accumule plus d'accidents que les autres employés. Mais je n'ai ni le temps ni la lucidité nécessaire de m'interroger sur la drôle de vie qui me mène, cahin caha, d'une aurore à l'autre. De minuscules événements m'entraînent d'un lieu à l'autre, de crises de nerfs en insomnies, à demi ou complètement inconscient. Je ne tiens à la réalité que par le fil des mensonges que je multiplie afin de justifier ma conduite ou mes erreurs au travail. Sans trop m'en apercevoir je me suis embarqué dans un processus destructeur et suicidaire où mes problèmes, en se multipliant à l'infini, s'annulent.

Ce matin — un beau jeudi de la mi-septembre — j'ai envie d'aller voir Martin à Montréal. Je m'installe sur la route 20, pouce en l'air, rassuré par une dose de mescaline, cette drogue réconfortante qui ne provoque pas d'hallucinations. Mon bon Samaritain me parle de son travail et du métier qu'il fait, m'interroge avec gentillesse. À son intention, je m'invente une existence dynamique, des projets fascinants qui l'impressionnent de la bonne façon. Quand il me laisse dans la ville, à une station de métro, je suis très satisfait de ma performance. Je l'ai bien eu, comme maman quand elle enguirlande un possible ennemi et le transforme en chevalier de la veuve et des orphelins.

Ma victoire toutefois ne suffit pas: aussitôt seul à ce coin de rue terriblement bruyant et traversé par la circulation ultra-rapide, je me sens horriblement démuni, transi de peur et de stupéfaction. Je ne sais plus quel exploit je suis venu réaliser dans cet enfer. Je pense au bout d'un moment à téléphoner à mes frères. Pas de réponse chez Martin, ni chez Roger ni chez Gilbert. Que faire? La ville est immense. Marcher. Oui, mettre un pied devant l'autre et avancer, pour qu'on cesse de me regarder avec suspicion, pour que personne ne m'aborde et me pose d'embarrassantes questions. Je marche donc, avec arrêts dans les arcades, pause au restaurant, séance de cinéma. Après le film, je téléphone encore: personne n'est arrivé. Je n'en peux plus de marcher, la ville m'énerve, les visages que je croise sont durs et les regards, froids. Les humains me font peur, ils marchent si vite qu'il peut être dangereux de les ralentir. Moi je me traîne les pieds, j'ai besoin de repos et de réconfort, et la nuit ne m'offre que l'ombrage d'un petit parc. J'ai besoin de «dope», il est onze heures et je n'ai rien avalé depuis le matin. Je me laisse glisser au pied d'un arbre, grand blessé dont le combat s'achève, abruti par la solitude et un désarroi enfantins. Je pleure alors qu'il n'y a personne pour me consoler; je parle bien que nul ne m'écoute, sauf peut-être quelque divinité silencieusement bienveillante, lointainement attentive. Et quoi lui dire sinon que je n'ai qu'un désir: vivre, découvrir un sens à cette vie et aux êtres que je côtoie. Autour de moi, l'univers offre guerre, haine, méchanceté, abjection, violence froide et irréductible. Mes rêves puérils de paix et de liberté s'écroulent avec les châteaux de cartes...

Je téléphone encore une fois chez mes frères: pas de réponse. Je suis si las que je reviens dormir dans le petit parc. La nuit est plutôt fraîche et, à quelques reprises je me remets à marcher et à chercher des endroits où avaler du café brûlant. Plusieurs fois durant la nuit, je déambule ainsi, la tête excitée par des cogitations sans issue, ne m'arrêtant que pour serrer un bol de café chaud entre mes mains. Mes initiatives ne m'ont jamais mené nulle part et le même désespoir rampant qui m'envahit à chaque moment de lucidité forcée me gratte le coeur. À six heures, je prends mon déjeuner dans un casse-croûte. À huit heures, j'avale deux capsules de mescaline et en circulant au hasard de la ville, en me désennuyant dans les arcades de jeu, je découvre les splendeurs du Mont-Royal, le fulgurant panorama qu'il offre des hauteurs de son belvédère. Mon imagination apaisée par la mescaline me brode une personnalité délirante et généreuse, un autre moi tellement moins haïssable...

À l'heure du souper, j'appelle chez Martin. Enfin, il me répond. À peine informé de ma présence, il s'inquiète de l'angoisse de maman, à l'autre bout du monde et m'ordonne de retourner à Québec par le premier autobus puisque je suis au terminus de la rue Berri. Il y a un hic, je n'ai plus d'argent, je commence à avoir faim et j'ai besoin de souffler un peu. Obligé de m'accueillir, puisque Roger est lui-même en route pour Québec, Martin m'avertit que je devrai repartir demain sans faute.

Martin habite coin Duluth-Saint-Hubert, à quinze minutes du terminus, et je me rends chez lui à reculons. Je devine le genre de réception qui m'attend. Je n'ai pas pu imaginer toutefois la chambre misérable et désordonnée où il vit. Des vêtements à la traîne partout, la vaisselle sale de plusieurs jours dans l'évier et, en plus, l'odeur insupportable de l'insecticide employé dans la maison. Dans sa chambre, Martin fait brûler de l'encens dans le but de la neutraliser. La chambre est minuscule, meublée d'un divan-lit format réduit, d'une armoire et d'une étroite garde-robe. La cuisinette comprend un réchaud à deux ronds, un réfrigérateur et une table pour deux. La chambre est tapissée de papier d'aluminium et de posters fluorescents, éclairée par une lampe stroboscopique et des ampoules multicolores.

Évidemment je ne suis pas le bienvenu, il n'y a pas de place pour moi ici. Aussi ai-je exagéré mes compliments sur l'aménagement de la chambre pour me concilier l'humeur ombrageuse de mon hôte involontaire. Mon effort ne l'empêche pas de m'accabler de reproches ni de téléphoner longuement à V... et de prévenir maman de mon arrivée. Je veux qu'il lui annonce ma décision de rester à Montréal, d'y trouver un job et d'y commencer une nouvelle vie. Martin répète le message que je lui dicte et enregistre les commentaires de maman sans me communiquer ses intentions et ses impressions. Entre temps je me suis installé devant la télé où Martin me rejoint et nous écoutons Alice Cooper et Black Sabbath; j'ai échangé ma mescaline contre du l.s.d. et je me détends du mieux que je le peux.

Complètement gelé et saoul, Martin s'est écroulé sur le lit et ronfle, tandis que je file mon cocon d'insomnie devant la télé inintéressante, couché à même le plancher et sans couverture. Au matin, je retrouve mon frère plus sobre mais distant et désagréable, tel qu'en mon souvenir il restera désormais et toujours. Le déjeuner de pain grillé et de beurre d'arachides n'a pas de saveur et il m'est impossible d'entretenir Martin de mes projets immédiats. Il est bourru et je l'embête considérablement, car je suis celui de ses frères qu'il ne peut ni supporter ni plaindre.

Vers midi, on sonne à la porte et Martin se dirige vers la sortie, pendant que j'attends dans la cuisinette. À la vue des visiteurs, le coeur me monte dans la gorge: aussi incroyable que la chose soit, maman et Gilbert

132

sont apparus dans le décor et s'unissent à Martin pour m'agonir d'injures et de reproches. Apeuré je cogite à haute vapeur afin de me trouver une excuse acceptable. Les larmes aux yeux, je raconte que je m'ennuyais terriblement de mes frères et que j'avais besoin de les revoir, que je ne songeais pas vraiment à m'installer dans une ville aussi affolante. Maman ne marche pas du tout et elle ne s'est pas payé la randonnée pour se faire rire au nez par un gringalet de mon espèce. Heureusement Gilbert suggère qu'on me donne une autre chance et le débat se prolonge, entre eux trois, pendant de longues minutes. J'écoute en silence, comme papa autrefois, le procès qu'on me fait, complètement abruti par cette imprévisible intervention. Je sais que je ne pourrai pas leur échapper, ni maintenant, dans cette chambre minable déguisée en lieu saint de la damnation, ni durant le trajet de retour agrémenté par les jappements furieux de ma chienne de mère, ni à la maison où elle exigera le règlement instantané de mon problème d'emploi.

J'apprends à mentir pour survivre, et avec la plus grande conviction. Mon employeur m'offre ses vives condoléances et me plaint sincèrement d'avoir perdu si brutalement mon pauvre papa — et me maintient dans mes fonctions. Maman ne pourra m'accuser d'avoir menti lorsque je lui ai affirmé, à Montréal, avoir obtenu un congé de mon patron.

Les pièces du puzzle sont à nouveau rassemblées et je pourrais fonctionner presque paisiblement si maman n'avait juré d'avoir ma peau. Septembre achève mais la menace du pensionnat plane toujours sur ma tête. Maman veut visiblement m'éloigner d'elle et de mes soeurs, et les trois femmes complotent derrière mon dos. Je peux difficilement m'arrêter de réfléchir; poser un jugement s'avère un tour de force dans mon état actuel de délabrement physique et mental.

Mon programme de vie est épuisant. Le jour, dope et vol dans les grands magasins. Je défonce les machines à boules. Lorsque je rentre enfin, je suis tellement stone que la musique n'est jamais assez forte à mon goût. Engueulades, gros mots, voies de fait sur mes soeurs, jeûne continu. La nuit, je travaille à la *Quebec Poultry*, comme un automate et à l'aide de drogues qui font ce qu'elles peuvent pour m'éclaircir les idées.

En ce moment je me déteste tellement que je crois haïr la vie. Mais une de mes haines est certaine: les êtres dits humains, ces bipèdes sans coeur et sans entrailles qui m'ont rejeté et que je rejette à mon tour dessus leurs tas d'ordures. La masturbation m'aide à affronter des fantasmes sexuels sur lesquels je n'ai aucun contrôle. Un tourbillon de corps lascifs et dégoûtants, d'actes grossiers pareils aux photos du bureau de monsieur Nantel assaille mon imagination. Je vois des hommes et des femmes enfoncer des objets dans leur anus et je frémis à la pensée que cette pratique douloureuse représente une forme de relations sexuelles. Pourrai-je jamais supporter pareil supplice et devenir normal? Fébrilement, je veux m'exercer à forcer mon rectum à l'aide d'objets ressemblant à ceux des photos. J'ai envie de vomir et mon anus est douloureux, mais qu'est-ce que je ne ferais pas pour échapper à la maladie? Ma hantise de la maladie frise l'aliénation mentale: en même temps que je commets ces actes que je crois normaux, j'en éprouve une répugnance si vive que des remords pleins de venin m'envahissent. La drogue, l'agressivité envers ma famille, une épuisante sexualité qui tourne en rond, ne feront pas taire ma conscience et je n'ai d'autre recours que d'augmenter mes rations de pilules. Or le produit de mes vols et les trente dollars hebdomadaires que je garde sur mon salaire ne suffisent plus à ma consommation quotidienne. J'ai besoin d'argent, d'infiniment plus d'argent que je n'en gagne ou m'en procure en volant à l'étalage.

Début octobre. Les arbres rouges et dorés, par plaques, l'air frais et sec de l'automne. Je me promène tranquillement sur la terrasse Dufferin, à proximité du Château Frontenac. J'aime la vue sur le fleuve et la sérénité du soir qui tombe. Je n'ai envie de rien comme chaque fois que je reprends contact avec les éléments naturels. Cette douceur ne pouvait pas durer, bien sûr...

Un homme m'aborde avec les préliminaires d'usage pour lier conversation avec un inconnu. Il me déplaît. Il parle sur le bout de la langue, avec des mines sensuelles, flirtant ouvertement. J'ai envie de le revirer, lui et sa sale petite gueule et le billet de vingt dollars qu'il offre pour cinq minutes de travail. Je sors mon plus impressionnant vocabulaire pour l'envoyer au diable et il me plante là sans demander d'explications supplémentaires.

Il est parti mais je n'en suis pas pour autant débarrassé, car son invitation et les circonstances qui l'entourent me trottent dans la tête. Piétinant et me promenant, je fais une espèce de bilan réflexif. D'abord, à quels signes l'homme m'a-t-il repéré parmi des dizaines de personnes qui déambulent apparemment sans arrière-pensée ni projet palpable? Et puis, ne m'offrait-il pas un peu de l'affection qui me manque tellement et une chance de combattre mes pires fantasmes? Et l'argent? La somme offerte n'est-elle pas énorme par rapport au service rendu?

Tandis que je me débats avec ce nouveau défi, des offres nouvelles me sont faites par des individus que je repousse avec colère; je marche et marche en opérant des calculs de plus en plus affriolants; pourquoi en effet ne pas essayer de résoudre deux ou trois de mes plus angoissants problèmes, c'est-à-dire les rapports sexuels, l'argent rapidement gagné, ma quête d'amour? Je rumine la chose durant trois heures sans arriver à une conclusion décisive. Mais je suis prêt pour un essai car la somme des avantages dépasse largement les avatars possibles d'un tel marché.

Je sais que mon corps en éprouve de la répulsion et je m'efforce de l'apprivoiser. Je ne serai plus jamais violé, jamais. Je suis capable de me défendre des petits vieux qui quêtent mes services pour quinze ou vingt dollars. Et si je ne peux supporter l'expérience, je n'aurai qu'à l'arrêter aussitôt. La fièvre me fait frissonner, ma chair encore innocente se révulse. L'homme m'offre quinze dollars, j'en exige vingt et il accepte. Sa voiture est garée près du Château et il conduit prudemment, jusqu'aux Plaines d'Abraham où il stationne dans un coin discret. Je garde silence. Seul mon coeur fait un chahut épouvantable, mon crâne veut éclater sous la pression de ma décision. Au-delà de l'épreuve, l'argent impose sa force unie et victorieuse. Si je ne vais pas jusqu'au bout, je ne pourrai acheter ma dope — et j'en ai terriblement besoin.

Devrai-je toujours lutter entre l'horreur mentale et la satisfaction physique que je ressens dès qu'il s'agit de sexe? Le vieil homme qui me caresse, m'embrasse, m'excite par ses attouchements, me fait à sa manière autant de bien que de mal. Le plaisir qui me gagne est bien réel et ma conscience se révolte contre lui. À ce moment précis, je crois que les sensations agréables que j'éprouve sont contre nature, je crois qu'elles sont dues à la «maladie» dont je suis le dépositaire, par voie d'hérédité et de fatalité. Mon compagnon me conduit au sommet de la jouissance et à l'éjaculation, mon corps se calme merveilleusement et je voudrais, ah! comme je voudrais que ce comportement soit bon et sain.

Soudain rappelé à la mesquine réalité, je me libère de l'homme et rajuste mes vêtements. Dépité, il se rebiffe: il m'a payé pour son plaisir, pas pour le mien. Alors je joue la dernière carte: je m'exécuterai s'il me donne vingt dollars de plus. Il accepte et j'exige l'argent avant l'opération, tellement j'ai peur qu'il s'aperçoive de mon inexpérience et tente d'obtenir un rabais. Ma réaction au sperme est immédiate, j'ouvre la portière en vitesse pour le cracher et vomir. En guise d'excuse, j'explique que je débute dans le métier. Au lieu de me rabrouer, il me complimente et me prédit une fructueuse carrière car je suis doué, semble-t-il.

Moi je voudrais que la première fois soit aussi la

dernière. J'ai le même réflexe que lors de mon viol; acheter de la gomme à mâcher dans une tabagie sur mon chemin. Les regards des gens que je croise me paraissent accusateurs, leur attitude, répréhensible. Je veux aussi acheter de l'eau de Cologne afin de chasser l'odeur de l'homme et réintégrer mon lit sans éveiller l'attention. Bien des précautions pour rien, maman et Gilbert ne sont pas encore de retour de leur virée du samedi soir...

Mes journées défilent de plus en plus échevelées, entre la maison (pour dormir un peu) et la prostitution, des doses de plus en plus fortes de drogue, le vol dans les magasins et mon travail de nuit. J'utilise une drogue différente pour chaque opération: la cocaïne au travail, le l.s.d. et la mescaline durant la chasse au sexe, sans oublier l'alcool qui dilue mes derniers sursauts de conscience. Cependant au boulot je donne un rendement de plus en plus discutable, multiplie les erreurs et mon employeur menace de me renvoyer. Qu'y puis-je? Quel organisme humain résisterait à pareil régime? Surtout que je me dégoûte moi-même et refuse d'accepter la réalité de ma condition. Drogue pour agir contre ma conscience, drogue pour dormir ou me réveiller, drogue pour dompter mon agressivité, drogue pour m'entourer d'un simulacre de tendresse.

L'épuisement me guette, mais je ne puis renoncer à la seule solution qui s'offre à moi. Au coin de la rue où je guette le client, il fait sombre et froid à la mi-octobre, mes jambes tiennent par miracle, si on peut appeler ainsi le mélange de mescaline, de l.s.d. et d'alcool que j'ai ingurgité pour me réchauffer. Je sais que ce soir je ne pourrai entrer à la maison, car maman constaterait mon état de déchéance et m'enfermerait chez les Frères. Je n'ai rien contre eux, mais je ne peux plus envisager sereinement la privation de drogue et de liberté. Mon corps n'est plus qu'un réservoir brûlé par ces rudes substances. Mais si je ne rentre pas à la maison, il me faut trouver d'urgence un coin où dormir... Je ne veux pas coucher chez un de mes clients, malgré la tentation de la chaleur et même si je n'ai pas un rond dans mes poches. Le froid est vif et je marche, l'oeil aux aguets. L'entrée béante du parc de stationnement souterrain de l'Hôtel de ville m'attire. Une pancarte indique l'emplacement des toilettes à certain étage. J'y monte, conscient d'avoir déniché un endroit où me garder à l'abri et au chaud. Le local est étroit et il empeste l'urine, mais il me convient dans cette nuit de misère et de solitude extrême. Je verrouille la porte et m'allonge sur le sol, satisfait de n'être pas dérangé de la nuit. En fait, j'y reviendrai plusieurs fois durant le mois, racontant le lendemain que j'ai couché chez une fille. Que de mensonges je raconterai pour expliquer que je ne sorte jamais avec ma compagne nocturne! Mon récit tient de la plus prétentieuse fantaisie mais, à la guerre comme à la guerre...

Le vieux m'aborde en m'offrant cinquante dollars et je le regarde, ahuri, quasi décongelé à l'idée de refaire mes fonds plus rapidement que prévu. Il paie cher parce que son caprice est plus difficile à satisfaire que ceux de la clientèle moyenne. Il pratique la sodomie et m'explique de quoi il s'agit. Choqué, je veux l'envoyer au diable car je suis dégoûté par ce type de relations. Finaud, il ajoute quinze dollars à son offre initiale, et je m'empresse de le suivre, incapable d'ignorer l'aubaine d'une telle somme au moment de renouveler ma provision de cocaïne. Il occupe une chambre au Hilton et, même stone, je suis intimidé par ce nouvel environnement — mais surtout pressé de ramasser la manne.

Une fois sa besogne achevée, le vieux me laisse partir et je n'éprouve aucun malaise particulier, sinon le goût de vomir qui accompagne chacun de mes grotesques accouplements. Un alliage fulgurant de coca et de

138

mescaline me protège de la sensation physique. Mais à mesure que l'effet de la drogue diminue, je réalise que je peux à peine marcher sans provoquer d'intolérables douleurs au niveau de l'anus et du bas du corps. Un mal aussi cuisant contre soixante-cinq pauvres piastres! Au matin, les sensations douloureuses ont tellement augmenté — elles irradient dans mon être une souffrance qui me rend presque fou — que je me précipite à l'hôpital. Le médecin m'examine, me donne une piqûre qui me gèle les fesses et procède aux soins qui s'imposent. Pendant le traitement il plaisante, multiplie les farces sans doute pour me distraire de l'intervention, mais je ne goûte pas la plaisanterie. Je suis à demi mort de honte et de dégoût et je supporte mal qu'il sache si bien de quelle façon l'accident est arrivé.

On ne m'y reprendra jamais, pas même pour une livre de coca. À la maison, je me tais sur ma visite à l'hôpital afin d'éviter les questions dangereuses. Je ne recommencerai plus et m'attarde à mesurer les conséquences désastreuses de mes ignobles aventures. Il faut que je trouve un moyen de changer de vie avant qu'il ne soit trop tard.

Le dernier week-end d'octobre est entamé et je demande à maman la permission d'aller passer quelques jours au chalet d'un de mes copains, à Tadoussac. Évidemment je n'ai ni copain, ni chalet nulle part au monde. Je cherche un prétexte pour m'évader momentanément de la ville, prendre du recul vis-à-vis de mes problèmes, m'informer de solutions possibles ailleurs, sans témoin ni surveillant. J'ai si souvent embarqué maman dans mes mensonges que je trouve l'accent de la vérité pour la persuader de me laisser partir.

J'emporte un peu de linge dans un sac de voyage, annonce que nous partirons tôt demain après mon travail et donc, que je ne rentrerai pas dormir à la maison. Maman me laisse aller, résignée sinon convaincue. Je me rends directement au terminus Voyageur, examine longuement le tableau des horaires et des destinations. Pas question de retourner à Montréal, mes frères me trahiraient sans le moindre scrupule. Mon choix se porte sur Sept-Îles. Avec quatre-vingts dollars en poche, le coût de l'aller-retour me fait sursauter: soixante billets. Mais quelle importance? L'important dépend du départ, un saut dans l'inconnu et dans l'espoir. Dix heures de trajet suffiront à distancier peut-être mes occupations des dernières semaines et à planifier une existence plus profitable et satisfaisante.

Le miracle aurait été possible si j'avais été seul passager de l'autocar. Mais il est rempli de voyageurs qui m'effraient. Je scrute les visages l'un après l'autre, inquiet de reconnaître quelqu'un susceptible de me trahir auprès de maman. Le comportement et l'allure des gens m'apparaissent étranges et pleins de menaces. À cause de mes nerfs exacerbés, je supporte difficilement le moindre contact, physique ou verbal. Un vieil homme veut prendre la place libre à côté de moi: je le chasse en l'injuriant comme un client importun. À l'autre qui vient me demander du feu, je réponds agressivement qu'on ne fume pas quand on n'a pas de feu, sans compter les invectives corsées que m'inspire son geste. Je n'ai pris aucune drogue avant de partir et mon humeur s'en ressent. Un vide atroce se creuse en moi et me rend exagérément belliqueux. Mes voisins sont des monstres prêts à m'engloutir et le besoin de m'en défendre devient aigu, de plus en plus acéré au fur et à mesure que le temps s'écoule.

La tempête physique que je traverse m'empêche de penser confortablement. L'obsession de la dope me brûle et me rend si vulnérable que le moindre regard me frustre. Je me rends compte que mon corps ne supporte pas la privation de son viatique et que je n'ai pas réellement laissé à Québec mes problèmes et mes angoisses.

L'autobus arrive à Sept-Îles à sept heures du matin. Que faire à pareille heure sinon me promener dans la ville, en évitant d'entamer les vingt dollars dont je dispose pour le week-end? Je veux les conserver afin de me procurer de la dope. Mais j'ai faim et décide de mendier sur la rue la somme nécessaire pour me payer à déjeuner. On me donne volontiers les trente-sous que

140

je quémande, et j'ai presque atteint mon but lorsqu'un passant me demande pourquoi, à mon âge, je dois quêter mes repas. Aussitôt mon imagination se met en branle: j'ai perdu mon portefeuille, l'adresse du cousin chez qui je me rendais et, bien entendu, mon argent. Je n'ai plus que mon ticket de retour que j'avais glissé dans la poche de mon veston et je meurs de faim. Apitoyé — et crédule — l'individu m'invite à partager chez lui le déjeuner familial. L'invitation m'aguiche évidemment mais je crois nécessaire de prévenir mon hôte que je suis ceinture noire au karaté, que je sais me défendre. Je l'accompagne chez le dépanneur où il achète des oeufs, puis à la maison où, à mon grand soulagement, une famille réelle — une femme et deux fillettes — nous accueille en souriant. Il ne s'agit donc pas d'un imposteur désireux de profiter de mon désarroi. La famille s'étonne d'ailleurs que mes parents m'aient accordé la permission du voyage. Je m'en donne à coeur joie au long du repas ponctué d'innombrables questions, mais une fois mon appétit satisfait, je n'ai qu'une idée en tête: disparaître au plus vite. Je risque de m'empêtrer dans le tissu de mensonges avec lesquels je me suis constitué une sympathique personnalité d'emprunt. Je ne sais plus trop qui je suis et les contradictions peuvent me jouer de sales tours. Il vaut mieux m'éloigner de ces braves gens.

Je remercie avec effusion et quitte l'aimable famille prêt à continuer mon exploration. Je fais du lèche-vitrine pendant un bon moment, de plus en plus accaparé par le besoin de drogue. Comment contrer autrement l'habituel raz-de-marée de la peur, de la culpabilité et de la méfiance? Je m'informe auprès des jeunes passants, mais ils ne savent pas où je peux m'en procurer. Après midi, je n'ai encore rien trouvé, ma longue déambulation m'a épuisé et mon obsession croissante se cherche un aboutissement. Je finis par découvrir une petite salle de quilles et de billard, endroit où, du moins à Québec, il est facile de faire des contacts. Je commande un café, j'observe les joueurs de billard, puis choisis ma cible: un garçon d'une vingtaine d'années qui me recommande de revenir autour de vingt heures. Je ne vis plus que pour les capsules de mescaline promises, indifférent au temps, aux gens qui circulent, à la ville elle-même qui me paraît sans intérêt, grise, inconsistante.

À huit heures, j'entre en possession de deux capsules à trois dollars chacune, un de plus qu'à Québec, je les gobe aussitôt et continue mon interminable promenade. La rue longe le fleuve et, autour de dix heures, la nuit est presque glaciale et il ne me reste que cinq dollars en poche. Pas suffisant pour défrayer le coût d'une chambre, à l'hôtel ou ailleurs. Je n'ose retourner chez mon hôte du matin qui comprendrait que je ne suis qu'un vagabond, un fugueur juste bon à enfermer. D'après les passants il n'existe pas d'auberge de jeunesse dans les parages, et on me suggère de m'adresser au poste de police. La belle affaire! Il faut que je me débrouille seul, je suis gelé et transi et j'ai besoin de sommeil. Je décide de faire de l'auto-stop au centre-ville. Plusieurs bons Samaritains me trimbalent d'une rue à l'autre, mais aucune proposition intéressante n'est venue me tirer d'embarras. Je ne ferai certainement pas les premiers pas.

Enfin un respectable monsieur m'aborde et m'invite chez lui. Il a accepté mon tarif: vingt-cinq dollars. Dans la chaleur de la voiture, je l'observe et je le hais, même s'il me parle sans vulgarité et ne me touche pas. Sa conversation évite le sujet du sexe et son attitude est détendue et dynamique. Je suis trop méfiant pour profiter de sa gentillesse et de sa présence, mais j'apprécie qu'il me laisse tranquille jusqu'à la maison. Une fois dans son appartement, je m'attends au pire. Mais il m'offre un café, puis un lunch quand il apprend que je n'ai rien mangé depuis le matin. En le préparant il m'entretient de choses et d'autres, dans un langage très différent de celui que mes clients de Québec emploient. Même si je sais bien qu'il ne m'a pas recueilli simplement pour faire la causette, je peux apprécier ses manières et la maîtrise qu'il exerce sur lui-même.

Après mon repas, il m'envoie prendre une douche

142

d'où je sors flambant nu, bien certain qu'il va me sauter dessus comme une bête. Mais il m'envoie au lit sans un geste et va lui-même prendre sa douche. Sous la couverture, je tremble comme une feuille et reprends à zéro le maudit procès que ma conduite m'inspire. N'étais-je pas parti de Québec pour distancier la vie que j'y menais depuis quelques semaines? Comment ai-je pu me laisser entraîner encore une fois dans le lit d'un de ces bandits en mal de sexe à bon marché?

Mais mon compagnon m'a rejoint et il me fait l'amour, me couvre de caresses comme jamais je n'en ai reçu jusqu'ici. La honte se mêle à mon ressentiment car j'aime cette douceur inattendue, cette tendresse magique — que ma conscience voudrait refuser. Un bien-être physique m'enveloppe à cause de cette main si calme et bonne qui sait respecter mon corps, le bercer, le délivrer pendant un moment de sa hargne et de ses remords. Le seul contact que je lui refuse, le baiser sur la bouche, parce que la bouche ouvre sur l'âme et que mon âme n'appartient à aucun des bonshommes avec qui je me prostitue. Ma bouche appartient à l'être que j'aimerai, à lui seul.

Celui-ci n'exige rien de moi qui soit au-dessus de mes forces. Il me laisse libre de ne pas consommer son sperme, il a deviné ma répugnance viscérale à poser ce geste. Sans en avoir l'air, il perçoit beaucoup de choses. Il a même ajouté quelques dollars à mon tarif dans le but de m'aider. Il m'a encouragé à abandonner ce genre d'activités, soulignant que je ne ressemble pas aux jeunes vauriens qu'il ramasse habituellement, voleurs et corrompus jusqu'à la moelle. Il m'accorde finalement asile pour la nuit, à ma demande, sur le divan de son salon où je couche habillé, par ultime précaution. On ne sait jamais, la vertu a ses limites.

Au matin je quitte l'appartement et déjeune dans un casse-croûte. Puis je retourne au terminus en vue du voyage de retour. Je n'aurai pas trop de dix heures de trajet pour mettre au point ma stratégie des retrouvailles familiales. Je ne dois pas oublier mon histoire de chalet à Tadoussac, ni surtout m'engager imprudemment dans des relations suivies avec le présumé copain du week-end: on s'étonnerait que je ne le fréquente plus. Donc je raconterai ma déception profonde d'avoir découvert que le copain en question m'avait tendu un piège, qu'il est homosexuel et que je ne veux plus en entendre parler après les ignobles propositions qu'il m'a faites. Ainsi ferai-je et éviterai-je les questions embarrassantes de maman et de mes soeurs.

Mais je n'ai pas prévu et aurais dû prévoir les conséquences de mon absence au travail le vendredi précédent. Cette fois mon imagination est en panne et je suis renvoyé. Que faire? Rentrer à la maison? Impossible, maman me retournerait au pensionnat sans autre forme de procès. Trouver un autre emploi? La vie que je mène n'est pas très favorable à cette solution. Il me faut réfléchir assidûment et quel lieu plus propice que la toilette du stationnement de l'Hôtel de ville me permettrait-il de compléter mon intime inventaire?

Perdre mon boulot signifie couper les ponts entre mes activités acceptables et celles qui ne le sont pas. Pour payer ma pension à la maison, je dois recevoir un salaire. Autrement, maman enquêtera afin de connaître la provenance de l'argent et découvrira le pot-aux-roses, c'est-à-dire la prostitution, le vol, etc. Je dois absolument laisser croire que j'ai un job et que j'en retire un salaire, ce qui veut dire respecter l'horaire familier et officiel de mon ex-emploi.

Je passe les deux premières nuits dans le stationne-ment de l'Hôtel de ville. Le reste de la semaine, je couche chez des clients. Je consacre beaucoup plus de temps à la prostitution car j'ai besoin de revenus subs-tantiels. Je déteste dormir chez des vieux puants et vul-gaires, aussi ai-je loué une chambre sur la rue des Oli-viers. Elle me revient à quinze dollars par semaine et si je calcule la pension chez maman, mes dépenses person-nelles, la facture pour la dope, je commence à coûter cher d'entretien. Solution: me bâtir une clientèle régulière, avec service à domicile ou chez moi. Mon chiffre d'affaires aussitôt gonfle car je perds beaucoup moins de temps. Je peux aisément servir sept ou huit clients par soirée, au tarif régulier de vingt dollars, et à mes conditions: on ne me touche pas, j'exécute mon travail sans histoire ni trémolos ni jouissance.

Je me suis acheté un réveil afin de pouvoir rentrer à l'heure à la maison chaque matin. Le mois de novembre se déroule sans anicroche. Je consomme exclusivement de la cocaïne et me suis établi un programme d'activités qui me convient. L'après-midi, je visite les arcades ou vais au cinéma, le soir je pratique mon métier jusqu'à deux heures du matin. Enfin je rentre à la maison à sept heures et demie et me repose jusqu'à midi. Je suis assez fier de ma débrouillardise et de mon sens de l'organisation et tâche de ne pas me surmener, mais...

... une chose en entraîne une autre. Au début de décembre, je rencontre un photographe qui fabrique du matériel pornographique et me propose de poser pour lui. Cent dollars la séance. Mais je dois évidemment remplir certaines conditions, avoir un corps bien formé et un beau pénis, en plus de la possibilité d'avoir des érections soutenues. Je passe l'examen flambant nu et suis engagé. Le local est situé dans le quartier Saint-Roch où je me présente sur rendez-vous. Ce travail m'écoeure mais les séances ne durent qu'une heure et je suis payé rubis sur l'ongle. Je n'ai pas besoin de décrire les poses, elles sont aussi rituelles que ridicules et ceux qui s'en régalent les connaissent bien. Mais ce travail d'appoint me permet de boucler mon budget pendant deux semaines.

On est à la mi-décembre. Ce soir-là, lorsque je regagne ma chambre vers neuf heures, je suis particulièrement déprimé. La figure que j'aperçois dans le miroir m'épouvante. Je ne suis plus qu'une loque d'apparence à peu près humaine, répudiée par les autres et que je veux abandonner moi-même. Oh! mourir, arrêter cette existence indigne, tuer le monstre qui couve en moi. Je me recroqueville frileusement sous mes couvertures, terrifié par les idées noires qui m'obsèdent. Dans un mouvement de désespoir, je saisis la provision complète de cocaïne que je viens d'acheter et l'avale, convaincu qu'elle suffira à me tuer.

Je me suis réveillé, hélas, beaucoup plus tard, incapable de reprendre pied dans une réalité que je croyais avoir abolie, le corps tordu par la douleur, la tête éclatée dans un nulle-part étouffant où je comprends vaguement que je ne suis pas mort, que je n'ai pas réussi ma mort. Des cris aigus sortent de ma gorge, je me dresse dans un état de colère épouvantable, me jette contre les murs, brise les objets qui me tombent sous la main, éructe dans un discours accusateur condamnant les outrages auxquels j'ai soumis mon corps. La crise dure, dure, puis je m'écrase, sans souffle, subitement conscient du vacarme et des dégâts que j'ai causés. Il faut que je parte d'ici. En effet, il y a plein de gens dans le corridor dès que j'ouvre la porte, apitoyés peut-être, et secourables. Mais ils ont certainement appelé la police. Je les repousse et me creuse un passage pour m'élancer sans direction dans la ville, déconnecté du temps et de l'espace. Peu à peu j'éprouve du soulagement, presque une détente. Personne ne m'a poursuivi, je suis donc toujours libre et souhaite me réfugier à la maison, dire la vérité à maman à propos de mon travail, car le mensonge de ma double vie me rend fou. Puis reprendre à zéro, à neuf.

La mort n'a pas voulu de moi; son refus m'est un avertissement. Je dois rentrer à la maison, chercher du travail, m'installer ensuite dans un appartement clair et propre, renoncer à la drogue, consulter un médecin et soigner mon mal s'il est exact que je sois malade, me préparer à connaître le bonheur. Aussitôt rentré, je mets mon plan à exécution et avise maman que j'ai perdu mon job. Je mens uniquement sur le motif de mon renvoi, en affirmant qu'à cause d'un surplus d'employés on a congédié les plus jeunes. Je mens aussi en prétendant que j'ai passé la journée à m'inscrire dans les centres de main-d'oeuvre, mais sa rigidité et ses menaces constantes m'y obligent. Le spectre du pensionnat se glisse entre elle et moi, et notre dialogue tourne vite à l'aigre. Je peux l'empêcher de me frapper en l'acculant au mur de la cuisine et je materai ma propre colère en fracassant des tasses à terre, en pleurant et protestant violemment. Elle ne cèdera pas. Elle m'oppose l'arsenal défensif dont elle a si souvent usé: le pensionnat, la maladie de papa, et maintenant la police.

À quoi bon insister? Si je veux m'améliorer, je ne dois compter sur personne. Les idées macabres qui m'assaillent, dès que je me retrouve dans mon lit, en boule sous les draps, me font craindre non pas de mourir moi-même — je ne souhaite pas autre chose — mais de tuer cette femme qui ne cherche ni à me comprendre ni à m'aider. Je suis venu à elle dans un effort ultime pour corriger la trajectoire suicidaire de ma vie, pour trouver une oreille compatissante où confesser ma peur aussi bien que mes fautes. Elle ne m'offre en retour que sa haine et sa mesquinerie; à ses yeux, je ne vaux que les cinquante dollars hebdomadaires que ma présence lui assure. Pas un cent de plus. Malgré l'échec de cette piteuse méditation, ma décision fondamentale ne change pas: je ne reprendrai pas le chemin de la prostitution.

Mon plan achoppe, parce que je cherche une solution maison, une modification aux rapports familiaux. Maman n'altérera pas son comportement si je m'amende, par exemple en abandonnant la drogue et les sorties tardives, elle continuera de mener sa vie à sa guise, sans s'occuper de nous autrement qu'à titre d'esclaves et de pourvoyeurs. J'ai tant besoin qu'elle réponde à mes efforts. Égoïste et butée, son attitude nuit cruellement à ma progression personnelle. Néanmoins je me lève dans des dispositions idéales, décidé à dénicher un emploi aujourd'hui même.

La semaine durant, je sillonne la ville à la recherche d'un job. Le soir, j'essaie de me rapprocher de Monique et de ses amis. Inutile. Je me retrouve seul devant la télé qui m'exaspère, vide d'occupations, vide de contacts, privé d'activités minimales. Moi qui ai connu une période si intense et surchargée émotivement, je suis installé au beau milieu du désert familial, à l'écart de l'action. La proximité des Fêtes me réjouit mais elle m'éprouve aussi, car je ne suis pas moralement rétabli de mes récentes expériences ni des épreuves subies depuis mon enfance. Aussi naturellement qu'ils respirent, mes frères me reprendront pour cible de leurs farces et de leurs risées. Et Damien refuse de se joindre à nous, absence pénible à mes yeux car il est celui d'entre mes frères qui me manque le plus.

La dernière semaine avant Noël donne lieu à une grande agitation et de joyeux préparatifs, à un va-et-vient incessant dans la maison. Défilé des amis de Monique et de Marie qui elle, prépare consciencieusement des cadeaux pour chacun. Je me doute qu'elle en chaparde quelques-uns à l'étalage, ma foi! Maman confectionne les tartes et les gâteaux, le traditionnel cipâte gaspésien et un gâteau aux fruits. Elle décore la maison avec l'arbre de Noël, des banderoles et des boules multicolores. Je voudrais bien aider les femmes en ce moment, mais on ne me fait pas trop confiance pour les besognes plaisantes. On me confierait plus volontiers le lavage de la vaisselle que la confection des gâteaux, le ménage du salon plutôt que la décoration du sapin. Alors je me rebiffe; je n'accomplirai pas les tâches que les autres dédaignent...

Le grand jour est arrivé, mes frères aussi et, avec eux, le très ancien malaise d'être le cadet, impuissant, insignifiant, apparemment incapable d'affronter la vie adulte. Leur présence me refoule au rang d'intrus et je comprends aussitôt que je préférerais qu'ils repartent sur-le-champ. Martin est ivre et semble uniquement préoccupé de ses stupides farces et attrapes, de gadgets et de bibelots. Fidèle à son image, il ne répond pas à mes questions, bien qu'il se montre attentif à celles des autres. La façon qu'il a de me montrer son dédain m'irrite au point que je l'étranglerais volontiers. Monique a adopté un comportement semblable avec moi depuis toujours. Plus j'observe mes frères et soeurs en cette veillée de Noël, plus je suis anxieux de me faire une place parmi eux et conscient de mériter le respect qu'ils s'accordent entre eux et me refusent à l'unisson. Pour me mettre au diapason, je ne trouve rien de mieux que de recourir à la bière qui coule à flot, m'enivrer et me retirer, vers vingt heures, pour un peu de repos. J'ai bien demandé à Marie de me réveiller au moment de la distribution des cadeaux, mais je dormais si profondément qu'elle n'a pas réussi à m'extirper de mon sommeil.

La semaine suivante — Gilbert et maman sont allés à Baie-Saint-Paul voir la parenté, Monique et Marie ont fêté chez leurs amis. Roger et Martin ont couru les cinémas, les clubs et les filles. Moi seul suis resté inactif, solitaire, abandonné sans ressources dans un appartement à peu près vide. La drogue me manque infiniment. Sans elle, je ne peux pas fonctionner et je baigne dans un climat d'ennui et de frustration difficile à imaginer. La période des Fêtes n'a jamais été tellement agréable pour moi mais cette année, au milieu de la confusion et des contorsions de ma vie intérieure, l'effet en est plus nocif que jamais. Si j'ai espéré que le secours viendrait de cette bande de dégénérés, je constate que mon attente n'a servi qu'à me replonger plus amèrement encore dans les bas-fonds de mon destin.

En fait, la pause de bonne volonté est finie. Début janvier, je réagis aux événements de la période des Fêtes par un besoin violent de ma drogue habituelle. Je n'ai pas d'argent et peu de chance de travailler légalement, je retourne donc sur ma rue et à mes clients. Forcément je rentre tard et, souvent malade, je dois recourir au stationnement de l'Hôtel de ville quand la situation devient catastrophique.

Évidemment, maman veut connaître mes sources de financement, m'accuse d'être un voleur, fait des démarches auprès d'un centre d'accueil où, dit-elle, on saura bien me dompter. Pour la première fois de ma vie, je la frappe au visage. Lorsque je suis venu à elle avec mon coeur et mon amour, elle m'a repoussé. Désormais je lui apporterai ma haine et ma férocité, le seul langage qu'elle entende et sache apprécier. Puis je disparais pendant deux jours — où, comment, avec qui? — je ne me le rappelle pas. Au retour j'ai le corps couvert d'égratignures, le visage marqué d'ecchymoses, tuméfié, méconnaissable. Maman menace de me livrer à la police et nous engageons un dialogue incroyablement insultant et destructeur. Je l'appelle par les noms odieux que je lui donnais secrètement et la couvre des ordures dont elle m'a comblé depuis ma naissance; conséquemment je suis chassé de la maison, et dans ma disgrâce j'ai été chassé de moi-même. J'ai seize ans.

Seul dans la ville, orphelin instantané, il me reste à prouver que moi aussi, je peux blesser, détruire, frapper. Le corps que j'ai voulu préserver de l'abjection, je vais le traîner dans la boue jusqu'à ce qu'il en crève. La drogue m'aveuglera ou m'insensibilisera. J'appelle mon photographe pornographe. En une semaine je cumule quatre séances en vue de me payer un appartement. En attendant de le louer, je couche à l'Hôtel de ville ou chez les clients intéressés à me garder pour la nuit.

À la fin de la semaine, j'ai trouvé un logis sur la rue Saint-Vallier, un trois et demi meublé, au-dessus d'un dépanneur. Je me suis acheté un minable et merveilleux système de son et téléviseur usagé, modèle d'après-guerre, au son et image passablement capricieux. Il me comble pourtant et les soixante dollars qu'il m'a coûtés me paraissent de loin le meilleur placement de ma vie. L'appartement et les meubles sont propres. Je paie cent vingt-cinq dollars par mois, sans bail; le futé propriétaire se réserve le droit de renvoyer un locataire bruyant ou impécunieux. Apprenti jeune homme ému d'être enfin installé dans ses meubles, je m'en vais dignement faire mon marché à l'épicerie voisine: café, sucre, lait, plus un tas de boîtes de dîners *Kraft* et une casserole pour les faire cuire. J'achète un assortiment d'ustensiles, couteaux, fourchettes et cuillers, quelques tasses et assiettes etc. Mon installation m'impressionne tellement que je passe la soirée entière à admirer la salle de bains, la chambre, le salon et la cuisine dont je dispose. Jamais je n'ai joui d'autant d'espace et de confort.

Hélas, mes fantasmes familiers ont refait surface à leur heure et je ne trouve aucun moyen de les exorciser. Ni la douche froide ni la masturbation ne donnent de résultat. J'enrage, car je souhaite sincèrement échapper à la prostitution qui me répugne et me dégrade. Mais je suis sans défense devant mes démons et seule la drogue me permet de leur échapper. Afin de m'en procurer, je couche donc avec des vieillards dégoûtants et vulgaires, curieux vieillards qui n'ont parfois pas plus de trente ans. Je tourne systématiquement en rond autour de mon problème, comme les aiguilles autour de l'horloge.

Des actes occasionnels de vandalisme me permettent, quant à eux, d'extérioriser la haine et l'angoisse qui m'étranglent. Je casse des vitres de magasins, détériore les lignes téléphoniques derrière les maisons, vide les poubelles sur les trottoirs, crève des pneus de voitures... N'importe quel saccage me calme temporairement les nerfs et me venge de ma propre abjection.

Un soir parmi tant d'autres, l'idée de dépouiller une femme isolée de son sac à main m'est apparue un acte de légitime défense, puisque le produit de telle violence diminuera d'autant mon taux de prostitution. Complètement inhibé par mes activités de survivance, j'en suis arrivé à négliger ma toilette et l'entretien de mes vêtements et je dégage une odeur aussi repoussante que celle de ma clientèle. Mais je refuse de considérer mon corps autrement qu'une brute immonde à vendre au plus offrant, en signe de total mépris des règles de la société. Il ne m'inspire ni pitié ni fierté et ne sert qu'à produire les actes de plus en plus répugnants que le monstre caché en moi inspire et encourage. J'alterne sauvagement entre le vol, le vandalisme et les douches froides, l'écoeurante promiscuité avec des partenaires de mon sexe et des cauchemars hallucinants. Un soir, par exemple, maman est entrée chez moi avec la camisole de force, me suppliant de me laisser soigner, de me confier aux soins des deux hommes qui l'escortent, prêts à sauter sur moi et à me passer cette camisole ignominieuse. Je me suis enfermé dans la garde-robe en leur criant de me laisser tranquille, aussi tremblant et apeuré que lorsque je me cachais sous mon lit, autrefois, pour échapper aux colères de maman et aux brimades de Martin.

Ma vie se diversifie un peu. Je m'adonne de plus en plus au vol de sacs à main. J'ai raconté à Monique et Marie que j'ai un job dans un restaurant. Je fréquente des bistros de la rue Saint-Jean où le commerce de la drogue est actif et les jeunes délinquants nombreux. J'ai besoin d'être entouré, mais je ne m'intègre à aucune bande, à aucun groupe. J'ai besoin de la chaleur humaine ambiante, surtout que mes efforts pour créer des contacts avec les gens avortent constamment. Mon agressivité et ma maladresse m'aliènent de possibles amis, et l'état où me tient la drogue repousse les inconnus que j'aborde dans l'espoir de parler avec quelqu'un. Je n'ai d'accointance possible, en somme, qu'avec les rebelles de mon espèce, et je ne veux rien savoir d'eux.

Cahin-caha je suis parvenu à la fin de janvier. Je ne donnerais pas cher de ce qui reste de moi. Mon désordre intérieur a atteint son point de culminance. En me levant ce matin — je crois qu'il s'agit d'un matin de février — je commence ma journée avec un cocktail l.s.d.-speed dont j'attends des merveilles, rien de moins qu'un nouveau et pétaradant départ. D'une minute à l'autre la mixture produira son effet. Je me lève pour

152

procéder à ma toilette. Dans le miroir, une figure immonde, animale, s'apprête à passer à l'attaque. Elle me cherche visiblement et mon existence est certainement menacée. Je ne m'en laisserai pas imposer par ce bouffon de mascarade, surtout au moment de franchir le seuil d'une importante métamorphose. N'écoutant que mon courage, je l'assaille à coups de poing énergiques, encaissant ceux qu'il m'inflige avec stoïcisme et redoublant d'ardeur à chaque coup reçu — jusqu'à ce que je perde conscience et m'écroule sur le carrelage.

Je reprends mes sens, lentement, les mains pleines d'aiguilles qui me chatouillent la peau. Aucun mal. Je me souviens de m'être bien battu et je suis fier de l'avoir fait, comme au pensionnat contre cette grande nouille de Jean-Pierre. Mes mains saignent abondamment, par de nombreuses et profondes entailles. Je n'aime pas la vue du sang. Je vais au lavabo les laver avec soin. Je les entoure ensuite de torchons à vaisselle car le saignement continue. Il faut que j'aille à la maison où je demanderai à Monique d'appliquer du peroxyde ou du mercurochrome sur ces blessures; elle a soigné nos écorchures d'enfants, autrefois. Oui, Monique va m'arranger ça en criant ciseaux.

Monique a fait le saut devant les dégâts, puis refusé d'y toucher, prétextant que les coupures sont trop graves et exigent l'intervention du médecin. Toujours la même ritournelle, elle lève le nez sur moi; mademoiselle ne s'abaissera pas à soigner les sales bobos de son vilain petit frère! Humilié par son refus, je file à l'hôpital du Christ-Roi. Mes mains pissent le sang mais je ne ressens aucun mal et je ne veux qu'arrêter la gênante hémorragie. Je suis déjà bourré de drogue, le médecin me fait une seule piqûre contre le tétanos et entreprend le nettoyage des plaies et la suture des incisions. Une longue, lente opération, indolore, reposante. Le sang ne coule plus. Contre quel ennemi me suis-je donc aussi sauvagement battu? Je suis le seul à le savoir, ou le sais-je réellement? Peu importe...

J'écoute cette conversation passionnante entre plusieurs jeunes regroupés dans les arcades. Sujet hautement intéressant. Ils ont dévalisé une maison et font état du profit considérable de l'opération.

Une petite lumière s'allume sous mon crâne. Finie à jamais l'abjecte et routinière prostitution! Je me spécialise dans le vol désormais; d'abord faisons la prospection des quartiers cossus, de la zone entourant le Château Frontenac et le Vieux-Québec ainsi que certains secteurs de la ville de Sainte-Foy. Je marque mentalement mon territoire, observe avec précision telle ou telle propriété, épie les allées et venues des occupants. Je mémorise le plus de renseignements possible. Mais j'ai la trouille, nourrie par une sainte phobie de la police, de la prison et de l'avenir qui lui ressemble.

En attendant que la peur me lâche, je me rabats sur des délits familiers, prostitution et petits vols, afin de payer mon loyer, mes repas et ma dope. Quant aux belles maisons solitaires, elles résistent à mes efforts et j'essuie plusieurs échecs de dernière minute parce que le coeur me manque. Aurai-je le cran d'attaquer?

Un soir j'ai fracassé une vitre, mais sans oser poursuivre mon programme. Repassant par là quelques jours plus tard, je constate qu'il n'y a toujours personne à l'intérieur et qu'on n'a pas réparé le carreau brisé. Je me faufile avec précaution, ma lampe de poche à la main et j'aboutis dans une chambre dont je vide cérémonieusement les tiroirs. J'ai de la chance: j'y découvre les effets que je rêvais d'y trouver, des bijoux, des caméras, une radio plus une balance ancienne en cuivre. De plus, le garde-manger est bourré de provisions. Je fais d'une pierre deux coups: mon épicerie et ma valise de peddler. J'ai ramassé un petit sac de voyage dans le fond d'une garde-robe et j'y entasse le plus d'objets que je peux. Enfin je quitte la maison et rentre chez moi en taxi, trop épuisé pour marcher, les nerfs en bouillie et les jambes molles.

Il ne suffit pas de voler. Il faut se débarrasser de la marchandise et les acheteurs s'avèrent de plus futés filous que moi. Les deux mille dollars que représente le produit de mon vol m'en rapportent cent cinquante chez les boutiquiers receleurs. Je suis quand même satisfait du résultat global de l'opération. Voilà de l'argent rapidement et proprement gagné.

Chaque année, le Carnaval d'hiver met la ville de Québec en ébullition. J'aime ce déploiement quoique je redoute la foule bruyante et frondeuse qui assiste aux différentes manifestations. En ce soir du couronnement de la Reine, je circule seul et ivre, partagé entre le besoin de m'intégrer à la chaleur de la foule et la crainte d'y laisser ma peau. Lorsque j'aperçois Monique et son groupe de filles et de garçons, je n'ai qu'une seule pensée: me coller à eux, me faire accepter à titre d'amuseur et de raconteur d'histoires, de joyeux noceur en veine de compagnie. Leur nombre (une quinzaine) et la présence de Monique m'inspirent tant de facéties et d'entrain qu'on m'accueille pour la soirée. J'étais intimement prêt à bien des bassesses pour convaincre la bande et me libérer de l'isolement où la foule me maintient...

La circonstance est propice à beaucoup d'excès. Au cours de la soirée, quatre individus sont venus vers nous, ont fait chuter Monique et sa copine Lise. Elles se relèvent très en colère et enguirlandent les assaillants tandis que Réal et Guy se préparent déjà à la riposte. La bagarre semble inévitable, car Réal est un colosse qui ne demande qu'à éprouver ses biceps, et Guy, quoique minuscule, possède l'agressivité d'un boxeur et la vivacité d'un chat. À quinze contre quatre, la discussion s'enflamme jusqu'à ce que Réal et Guy, saisissant la seconde propice, ouvrent le combat. Les filles se rangent aussitôt pour suivre le spectacle; moi aussi, car je ne suis pas disposé à affronter les chaînes et les matraques que les adversaires ont soudain retirées de sous leurs manteaux. Bon gré, mal gré, il est trop tard pour la bravade; des policiers sont apparus et les combattants des deux clans décampent pour échapper à ce nouvel affrontement.

Déçus de l'issue de la rencontre Réal et Guy s'en prennent à ceux des garçons qui ont refusé de se battre.

Je ne suis pas le seul à m'être abstenu de participer à l'action, mais je me reprends en fumant et buvant à l'excès, histoire de prouver que je suis aussi solide que les autres matamores et capable de figurer honorablement dans un groupe. Pourtant, au moment de les suivre à leur local, je m'esquive. On ne m'a pas invité, bien sûr, mais je ne suis pas sur cette longueur d'ondes non plus. La distance s'est accentuée entre eux et moi.

Mais j'ai envie de prolonger la veillée et je descends rue Sainte-Thérèse où il y a beaucoup de circulation autour des sculptures de neige. Je n'ai plus rien à boire et j'entre chez un dépanneur pour m'approvisionner. Je n'aime ni la bière ni le vin; qu'à cela ne tienne, je boirai du cidre. Je le consomme à grandes goulées, bien décidé à ne pas rentrer à mon appartement. Impossible de me faufiler à la discothèque, la musique me rendrait malade et on me jetterait à la porte comme un malpropre. L'éviction technique est trop humiliante. Où aller? La salle de quilles Frontenac du boulevard Charest est ouverte jour et nuit. On y trouve une vingtaine d'allées de quilles, un billard, des machines à boules. L'alcool y étant interdit, le responsable confisque ma bouteille de cidre. Peu à peu, la salle se vide et la machine à boules, pour sa part, commence à jouer avec moi. Mes jambes de laine se dérobent, je dors debout.

Il faut croire que je me suis endormi profondément, assis sur un banc le long du mur, puisque je me suis réveillé en pleine nuit dans une petite pièce inconnue: le responsable de l'ordre est en train de descendre la fermeture éclair de mon pantalon. Malgré mon état d'ébriété quasi total, je me débats avec rage. L'autre abandonne et retourne à son travail. Au matin, vaguement dégrisé, je me rappelle le geste posé contre moi et fonce vers l'homme que j'engueule copieusement, avec force menaces, lui réclamant finalement cinquante dollars pour oublier son geste....

Il compte cinquante dollars de la caisse et me les donne aussitôt.

Mars 1974. Je me réveille à l'hôpital où les policiers m'ont amené dans un état grave d'intoxication. On m'a effectué un lavement et une flopée de tests, mais le point qui chicote les autorités a rapport avec mon identité. Par précaution, j'évite de porter sur moi les papiers qui révèlent mon nom et mon adresse véritables. Lorsqu'on m'interroge, je m'invente sur-le-champ une personnalité et raconte une histoire quelconque qui explique l'absence de pièces justificatives sur moi.

Aujourd'hui la vérité me pèse: hier soir j'ai absorbé une quantité de drogue suffisante pour tuer un boeuf. Je jure que je ne souhaitais qu'une chose: ne jamais revenir à cette putain de vie. L'infirmière m'avise gentiment que les agents de police viendront plus tard m'interroger. On désire également avertir mes parents de ma présence à l'hôpital et je donne complaisamment un faux numéro. Aussitôt que la garde a quitté ma chambre, je m'habille rapidement, bien décidé à m'enfuir. Séquence de cinéma d'esbroufe, sortir d'un hôpital ne se fait pas par magie. Quelques infirmières s'interposent et je distribue des injures et des menaces, le cirque enfin, pour les écarter de mon chemin. Une fois à l'extérieur je file droit à mon appartement, le corps affreusement douloureux et dangereusement faible. Que ne puis-je exprimer ma honte et ma frustration d'être vivant autrement que par des cris et des appels désespérés! Pourquoi vivre puisque personne n'a besoin de moi ni ne veut de moi? Quelle est cette malédiction qui m'étrangle et me voue à l'abjecte souffrance d'un corps sans utilité? Je pleure, je sue, je trépigne prostré dans un fauteuil qui ne m'appartient pas, et seul, si seul, Seigneur, que je dois me couper en deux pour donner un interlocuteur à mon misérable soliloque.

Pendant deux jours, ma révolte grandit, s'affirme à mesure que les forces me reviennent. Je ne mourrai pas cette fois, mais ne veux pas céder au chantage noir de la vie. Animé par un esprit de vengeance, j'entre par effraction dans cette belle maison abandonnée, éparpille le contenu du réfrigérateur, sauvagement, dans les pièces, fracasse les bouteilles sur les murs, sabote le téléviseur et l'appareil radio, frappe à coups de marteau dans les murs, déchire les tentures, urine sur le tapis du salon, ouvre les robinets après avoir bouché éviers et lavabos... jusqu'à l'apaisement d'une morsure intérieure intolérable. Le seul objet que j'ai laissé intact à cet endroit est un tableau représentant un cheval; il ressemblait trop à Princesse... Pendant le saccage, mon imagination a effectué une effrayante transformation des éléments, changeant les objets inanimés et destructibles en chacun des êtres haïssables qui peuplent si aridement mon existence: mère, frères, soeurs, présences fugitives mais vivaces. Je veux qu'il n'en reste rien, pas un ongle, pas un cheveu. J'abolirai par objets interposés leur existence détestable, en détruisant les lieux qui l'affirment, maisons, nourriture, voitures; en éliminant l'outillage qui sert et entretient leur vie, le mur qui les protège contre moi, les éloigne de moi chaque jour davantage.

Ces inconnus, ces étrangers dont j'abîme le foyer, je les connais: ils sont ceux-là qui refusent de me reconnaître, dans la rue ou ailleurs, de m'aimer, de m'accueillir en ami et en frère au milieu de leurs réjouissances ou de leurs deuils. Ils sont ces espions qui en veulent à ma liberté, ces traîtres délateurs qui suivent mes allées et venues, ces bandits qui ont juré d'avoir ma peau. Ils sont ces bons Samaritains qui n'attendent qu'un signe de faiblesse pour abuser de ma jeunesse ignorante.

Mes vols désormais s'accompagnent de telles manifestations de violence «décorative» que l'absolu désespoir m'inspire: vandalisme sur les lieux du vol, efforts pour effrayer les femmes dont j'emporte le sac à main, saccage des vitres de magasins et des automobiles luxueuses que je m'efforce de rendre inutilisables. Il me semble inscrire à travers ces actes insensés un message de haine et d'amour, de détresse et de courage. *Ils* ne m'entendront pas, *ils* ne m'écouteront pas; aussi ai-je fermé mes oreilles à leurs cris, d'effroi ou de menaces, afin de leur rendre le mal pour le mal. L'enfer où je circule ne connaît ni pitié ni patience. Il me brûle si férocement que même mon corps porte les marques du martyre intime: face enflée, torse amaigri et enlaidi, blessures et plaies.

Pour vivre ma sexualité et dompter mes fantasmes, je me prostitue deux ou trois fois par semaine, espérant chaque soir en mourir. Des agents de police m'ont ramassé deux fois ivre-mort et conduit à la Centrale du parc Victoria. La seconde fois ils ont téléphoné à maman pour lui demander de venir me chercher. Elle a refusé, ne veut plus rien savoir de moi. On me relâche — est-ce un crime de trop boire et d'abuser de la drogue? — et me prévient qu'en cas de récidive on me confiera aux bons soins d'un travailleur social.

À la fin du mois, je me retrouve encore une fois à l'hôpital, mais au CHUL cette fois où je ne possède pas de dossier, aussi parfaitement anonyme que d'habitude et m'enfuyant avant que la police ait été avertie de ma présence. Je n'ai plus que la peau sur des os plutôt mal en point, nourris de tequila et de drogue, de dîners *Kraft* et de beurre d'arachides. Mon désordre intérieur s'étend à mes actions quotidiennes. Le seul rangement que je fasse est celui de mon appartement que je garde soigneusement propre car mon refuge m'inspire cette sorte de respect et des précautions contre la déchéance. J'ai besoin de son intégrité pour y vivre ma solitude de larmes, de cris et de peurs, pour m'entretenir avec les absents qui m'habitent, pour m'isoler de mes poursuivants.

Les ponts sont coupés entre ma famille et moi, même si des liens subsistent avec Monique à qui j'emprunte de l'argent que je lui rends rubis sur l'ongle. Elle me dépanne régulièrement, assortissant sa générosité de sermons, de critiques et de recommandations superflus. Je la quitte aussitôt que je suis renfloué, pressé de retourner à mes affaires et conscient de l'importuner.

Lorsque je m'adonne à la réflexion, ma souffrance emprunte une autre tangente: ma soif d'amour et de beauté devient si aiguë que je m'effondre en pleurs. Suis-je vraiment et définitivement condamné à cette sous-existence de paria alors qu'un monde merveilleux couve en moi, alors qu'une voix familière me rappelle constamment à sa réalité? Ailleurs, ce monde imaginaire ne s'est-il pas concrétisé, drainant mes meilleures pensées vers ses mirages et ses voluptés? À jeun, je réalise parfaitement l'écart entre la vraie vie (dont certaines images subsistent en moi, disparates et rayonnantes) et celle que je mène dans l'attente de la métamorphose. Je veux me reprendre en main et satisfaire à mes exigences spirituelles, balayer les traces de mes erreurs, accéder à une seconde formidable naissance capable de m'arracher au désastre. Dans mon désarroi, je ne peux comprendre que la nature se soit donnée à l'homme, cet être vil, de mauvaise volonté, cette bête répugnante et abusive...

Je sais que la nature est mon amie, la seule d'ailleurs. Sa beauté, sa richesse, sa puissance ont comblé mon enfance autrefois. Elle m'a inspiré les bons sentiments que je conserve intacts, même au fond de l'abjection. Je n'abîmerai jamais les beautés de la nature ni ne menacerai la vie d'un animal ou d'un être humain. La bienveillance du ciel, de la mer, des arbres, m'apparaît universelle, sans égard à la condition sociale de chacun de nous. Le firmament n'est pas moins bleu pour moi que pour les yeux innocents des petits enfants. Peu lui importe que je sois riche ou pauvre, malade ou sain de corps et d'esprit, aimable ou malfaisant. J'apprécie l'insensibilité, l'impassibilité de la nature qui s'offre sans limites, même à ceux qui ne l'aiment pas. Et je devine qu'il m'est impossible de m'épanouir à l'écart de ses générosités.

Ces brèves escales en pays de méditation n'empêchent pas ma vie officielle d'être ce qu'elle est, soit l'exercice continuel de la violence. Effractions à la chaîne, histoire de maintenir en fonction un corps esclave de la dope et du sexe, de l'alcool et de... la police. Avril et mai ne se distinguent dans le calendrier de 1974 que par l'augmentation extravagante de ma consommation déjà suicidaire de drogue et d'alcool. Je fais plusieurs mauvais voyages, agrémentés de délire et d'hallucinations, mais j'apprends graduellement à les vivre sans l'intervention de la police et sans promenades officieuses à l'hôpital.

Même si je fréquente assidûment les arcades, les cinémas et les discothèques, je suis presque constamment seul, à rôder dans les lieux où mes semblables se regroupent, faisant le pitre afin de capter leur attention distante, mais me rétractant aussitôt qu'on s'approche trop de moi. À cette époque, je m'exhibe volontiers sur la piste de danse, gesticulant et ricanant devant un public qui consent à se laisser amuser mais ne m'invite jamais à partager la conversation. Mon comportement d'amuseur dépassant facilement la mesure met le spectateur mal à l'aise, je m'en rends compte, mais je ne peux corriger mes manières pour les adapter à un tel niveau de tolérance. Pourtant j'ai terriblement besoin de compagnie et je tente d'apprivoiser de simples passants sur la rue par des jeux de mots, des histoires que j'invente à mesure, sans compter mes sermons philosophiques. Mes efforts ne servent qu'à effaroucher les amitiés possibles et je me retrouve fin seul, errant sans but dans les rues d'une ville que je connais jusque dans ses moindres recoins, circulant le soir, dormant le jour afin d'éviter une rencontre stressante avec la vie ordinaire. Je ne peux pratiquement plus supporter la vue des gens libres, heureux, équilibrés, apparemment à l'aise dans leur peau. Une intense jalousie envers ces gens me saisit et se traduit d'une bien curieuse façon: j'emprunte successivement les personnalités de ceux que je rencontre; au fil de mes cogitations je deviens étudiant en lettres, vendeur d'automobiles, joueur de hockey, etc... J'oublie ainsi, pendant quelques heures, ma vie de prisonnier d'un démon indomptable qui ne me laisse que bien peu de répit.

Par un beau soir de mai, je fais la rencontre d'un garçon sympathique, dans la vingtaine, qui semble s'intéresser à moi. Il m'invite à un party d'amis qu'il donne chez lui, vers vingt heures, coin Saint-Jean, Saint-Stanislas. Je décide de lui faire confiance car sa tête me plaît et m'intéresse. Quoi qu'il arrive je sais me défendre. À l'heure dite, je me rends à son appartement au troisième. J'entre dans la foire grâce à la musique, à l'éclairage, à l'alcool, au pot et au hasch qui ont réchauffé la compagnie. Une vingtaine de personnes sont entassées dans les deux pièces, filles et garçons, et l'atmosphère dégage assez de vapeurs harmonieuses pour que je m'y sente bien, non agressé et réconforté. Les conversations roulent autour des *coups* à faire et de ceux qui ont été récemment réussis. Je recueille de mon voisin une histoire de vol très lucratif, commis la semaine d'avant à main armée, et je m'aperçois que je suis tombé au milieu de mes semblables, voleurs et bandits de mon calibre. Tant mieux. Je m'arrange pour collecter le plus grand nombre d'informations possibles, sur la manière de procéder, les précautions à prendre pour ne pas être arrêté, enfin je les fais vider leur sac jusqu'au fond. Le renseignement me sera vraisemblablement utile tôt ou tard.

Mais il n'y a pas que le vol dans la tête de mes hôtes. Quelques garçons se sont isolés avec une fille dans les coins, échangeant des caresses et des baisers. Peu à peu, et plus la soirée avance, certains d'entre eux se déshabillent ou s'abandonnent aux mains de leur partenaire. Plusieurs couples font l'amour sans qu'on leur porte la moindre attention. Bientôt d'autres couples se joignent aux premiers et je commence à me sentir drôlement mal à l'aise car je ne peux porter les yeux nulle part sans buter à des corps nus et offerts. La vue des belles filles dévêtues me rend malade de jalousie car je voudrais partager le plaisir des autres alors que je n'ai pas de compagne attitrée.

Elle s'est approchée tranquillement de moi et nous avons parlé de choses et d'autres, mais elle a bien vu que je n'étais pas dans mon assiette, à la fois excité par l'envie et nerveux devant les gestes à poser. Elle m'a expliqué que personne n'était venu accompagné, que chacun choisissait celui ou celle qui lui plaisait, sans timidité. Puis elle m'a embrassé, sa bouche au langage

162

sensuel accompagnant ses mains posées sur mon ventre, mobiles et douces. Stupéfié par la surprise et les sensations éveillées aussitôt en moi par ses attouchements, je suis demeuré figé, une vraie statue, goûtant en moi les prémisses de l'extase. Son parfum à lui seul m'a fait ravaler les sensations éprouvées avec mes bonshommes, et je flaire au terme de l'épreuve une espèce de béatitude à laquelle je ne pourrai certes pas résister.

Ses doigts ont défait les boutons de ma chemise et elle couvre ma poitrine de baisers chauds et humides, multiplie ses caresses tandis que je l'embrasse et parcours son visage du bout des doigts, puis sa nuque, ses épaules, ses seins, son dos, ses hanches. Elle s'étonne de mes caresses car les garçons, me dit-elle, se contentent de baiser. Elle me demande si je veux faire l'amour avec elle, proposition qui comble mon ardent désir; mais au milieu des autres, je ne suis pas preneur. Je ne veux pas de spectateurs pour cet acte sacré, intime — car mes scrupules et la gêne m'empêcheront d'y prendre plaisir.

J'ai fini par la convaincre de venir à mon appartement en lui promettant de lui payer un taxi pour rentrer chez elle quand elle le voudra. Viviane a dix-sept ans, son corps est déjà celui d'une femme et j'ai très envie d'elle. Je suppose qu'elle a autant envie de moi puisqu'elle accepte ma proposition. Dans le taxi qui nous emmène, nous nous bécotons sans arrêt, et je pense soudain à Lucie, ma mignonne compagne de bal de l'année dernière. Comment ai-je pu imaginer que des hommes pouvaient m'apporter les sensations que je recherchais avec eux? Les touchers et les enlacements de Viviane sont une ondée printanière, l'apparition des bourgeons et le retour des oiseaux, c'est-à-dire des cadeaux de la nature. Dans ce taxi du ciel, sa tête pèse à mon épaule, ma vie éclate et s'illumine malgré mon inquiétude. Je n'ai jamais couché avec une fille et ne sais pas faire l'amour. Je voudrais qu'elle ne s'aperçoive pas de mon ignorance, qu'elle ne devine pas qu'elle est la première femme de ma vie.

Aussitôt à la maison, échauffés par les caresses échangées dans la voiture, nous avons à peine pris le temps d'entrer — Viviane a remarqué l'aspect soigné de mon logis et cela m'a fait plaisir — que nous procédons au déshabillage l'un de l'autre, opération incroyablement excitante pour moi; pourtant je voudrais mourir de m'exposer ainsi. Une fois nus et seuls dans ma chambre, je dévore des yeux le corps merveilleux de ma compagne, si beau, si finement sculpté. Je lui apporte le seul témoignage des yeux: l'admirer timidement, toucher ses cheveux, son visage, sa peau fraîche. Je peux à peine parler ou penser, moi qui suis pourtant un intarissable bavard. Je veux tellement qu'elle sache que je suis en train de vivre, grâce à elle, le plus beau moment de ma vie. Je n'arrive pas à croire que ses autres partenaires se soient montrés avec elle de vulgaires coucheurs sans affection ni sensibilité.

Lorsqu'elle me demande de la pénétrer, je suis incapable d'avoir une érection et, à ma grande honte, elle doit me faire éjaculer en me masturbant. Oui, l'incident gâche notre rencontre et je me pose des questions troublantes. L'habitude des rapports physiques avec des hommes diminue-t-elle la capacité d'aimer une femme? Suis-je condamné à n'avoir avec une femme qu'une relation incomplète? L'abus des drogues et de l'alcool m'a-t-il rendu infirme sexuellement? Je ne connais pas les réponses et j'aurais honte d'interroger Viviane. Pourtant elle ne me reproche rien, me serre dans ses bras et implore que nous dormions ensemble. Je voudrais refuser pour ne pas avoir à affronter demain son regard de femme. Tant pis, qu'elle reste. Je suis si bien avec elle, et si malheureux. Ses beaux yeux clairs brillent, sa voix est calme. Mais moi, je demeure un incapable, un sous-homme qui ne lui apportera pas l'extase suprême.

Au matin, elle me propose de recommencer, parce que je suis à jeun et que l'érection est possible dans ces conditions. Je m'invente aussitôt un rendez-vous urgent, tellement je suis sûr que je ne pourrai jamais réussir une vraie relation avec une femme. Après le déjeuner, elle insiste pour que nous nous revoyions, mais je m'esquive encore, incapable d'accepter d'être devant elle l'être que je suis réellement, un malade, un condamné à l'errance, un garçon à problèmes, un homme raté avant d'être parvenu à être un homme. Que ferait-elle avec un gibier de prison, un mort en sursis, un bouffon sans identité, un impuissant incapable de lui faire correctement l'amour? Quelle pitié! Le passage de Viviane donnant un relief encore plus éprouvant à mes conditions d'existence, j'ai peur de le regretter amèrement.

Roger surgit à temps pour me procurer quelques heures de diversion: il me propose de l'accompagner à S... où nous irons voir papa. Il a acheté la Cutlass rouge de Gilbert et nous partons demain matin, samedi, à cinq heures; nous reviendrons dimanche après-midi. Une telle invitation ne se refuse pas.

La petite amie de Roger, Clara, sera du voyage jusqu'à l'Islet où habitent ses parents. Aussitôt en route vers la Gaspésie, je me rends compte à quel point elle m'a manqué, à différents points de vue. Le voyage m'apparaît interminable, même si Roger conduit d'une manière affolante, avec l'agressivité de l'ancien propriétaire de son coupé sport, prêt à foncer sur la moindre cible, chien, chat ou bête sauvage égarée sur la route. Au lieu de ralentir, il appuie sur les gaz.

Nous déposons Clara au bout du rang où se trouve la maison de son père, une demeure centenaire où le père s'est aménagé une boutique et s'adonne au travail de menuisier. Nous ne nous y arrêtons pas car nous n'avons pas une minute à perdre. Roger me raconte l'histoire banale de la famille de son amie, tandis que nous roulons à haute vitesse. Clara retrouve à l'Islet son père, sa sœur Claudine et une tante qui tient la maison. Roger vient assez souvent à l'Islet avec Clara car il adore le travail du bois, la senteur de l'atelier (une ancienne forge réaménagée pour la fabrication de portes et de châssis, de chaises et de tables), cette odeur qui était celle de papa autrefois et qui me plaisait tant à moi aussi. Je vois les yeux de Roger briller quand il énumère les outils: le planeur, la scie à ruban, le tour à bois...

Bien qu'il conduise dangereusement vite, Roger n'en traverse pas moins un décor auquel je tiens par les fibres de mon âme et de mon corps. Après cinq années d'éloignement, je suis secoué émotivement par le trajet qui me ramène vers le village qu'il m'a été si douloureux de quitter. La nature en explosion fait vibrer ma mémoire et je m'abandonne avec Roger à des souvenirs pleins de goélands et de marées, d'arbres et de sable. Ma peau aspire l'air si pur, si vif et, si je le pouvais, je pousserais sur la voiture pour hâter notre retour à la source. Je ferais une erreur certainement puisque, à la hauteur de Rivière-du-Loup, l'agent de circulation qui nous arrête juge que nous filons déjà trop vite. À la manière dont Roger monte une histoire à dormir debout, je constate que mon propre talent dans ce domaine fait partie d'un héritage familial également partagé. Mon impatience augmente à chaque arrêt obligatoire, soit pour manger, soit pour prendre de l'essence, et je voudrais fendre l'air comme un avion ou un oiseau que ne ralentissent pas les obstacles terrestres. Je contrôle difficilement mes pensées émoustillées par le paysage de plus en plus envahi par la mer. Les quais, les petites églises aux clochers pointus baignent dans cette senteur unique, inoubliable, qui est le parfum de l'océan, l'odeur de mon enfance. En ce moment, je n'ai plus d'âge, plus de regrets, plus aucune défense contre l'assaut de rêves puérils. Je ne me souviens plus de la ville sombre et mesquine, car la rumeur fraîche qui me saoule vient d'un autre univers, rayonnant de lumière et d'espace...

Ceci n'a jamais été, ne peut pas être mon village. Le quai pourri, les rues sales, les lampadaires avachis... Les cages de bois ont disparu de la presqu'île, le moulin a fermé ses portes... On dirait un village fantôme, rempli de morts-vivants. Je n'arrive pas à reconnaître parmi les chômeurs et assistés sociaux les gens heureux de mon enfance. Ils semblent ruminer du passé, des mauvais souvenirs, des injustices et des hypocrisies auxquelles je ne comprends rien. Mes oreilles brûlent au passage des paroles tristes et défaitistes, porteuses de misère morale et physique. Ma déception est si profonde que je voudrais n'être jamais revenu, ignorer la transformation lamentable de mon royaume d'enfance.

Tandis que Roger s'affaire à la réservation d'un motel pour la nuit prochaine, je reste debout dans l'Anse, devant le fleuve, devant un paysage soudain si terne et pitoyable qu'il me ramène inexorablement à moi, à ma destruction, à l'abrutissement de l'enfant que je fus. Ainsi mon village me ressemble, la main de l'homme l'a humilié, blessé si profondément que je peux à peine en supporter la vue. Si au moins la mer pouvait encore me consoler...

J'ai presque peur de revoir papa maintenant. Il vit dans une famille d'accueil à S... Nous nous mettons immédiatement en route vers lui, moi le coeur serré par une muette appréhension. Peut-être est-il devenu, lui aussi, un légume, une image déchue de mes rêves d'autrefois, une épave du beau navire enchanté... Oh! pourquoi sommes-nous ici sinon pour souffrir?

La maison où nous sommes introduits abrite plusieurs enfants d'âges différents et quelques adultes. Ils possèdent les traits caractéristiques des mongoliens. Mais mon père? Il occupe une chambre au sous-sol où la maîtresse de maison nous accompagne, puis annonce d'une voix forte et enjouée: «Réal, tu as de la visite, tes deux garçons sont descendus de Québec!» Pendant un moment qui me semble irréellement long, j'ai peur que mon père ressemble aux pensionnaires du rez-de-chaussée car, même si je ne me le rappelle pas semblable à eux, lui aussi peut avoir changé, n'est-ce pas, comme le village lui-même et ses habitants, et cet espace que je croyais invulnérable et sacré.

Sa chambre baigne dans un silence méditatif, j'entends le bercement de sa chaise. À notre apparition, à Roger et à moi, il se lève, nous fixe attentivement et paraît chercher des noms oubliés dans sa mémoire. J'avais dix ans lorsque je l'ai aperçu la dernière fois, j'en ai seize. J'ai grandi et mûri. Mais il s'approche lentement de nous, les yeux agrandis par une intense lumière, prononce chacun de nos noms sans hésitation. Papa nous a reconnus. Je me retiens pour ne pas éclater en sanglots, je refoule l'émotion qui pourrait me jeter dans ses bras, mais je lis dans son regard la souffrance qu'il a endurée pendant notre absence. Je la lis surtout à travers sa joie de nous revoir, le tremblement de son corps, l'insistance de son regard et le sourire continu qui le transfigure. Exprimer la tendresse que son attitude dégage, cet inexprimable contentement, je ne le peux pas. Tel paysage ne se décrit ni avec des mots ni avec des images. Bien sûr il a changé. Il est plus gros, il a engraissé à se bercer d'un bout à l'autre des journées. Il ne sent plus le bois frais, mais la fumée de cigarette. Mais, à sa manière d'autrefois, il écoute et ne parle que rarement. Il répond aux questions que nous lui posons. Il s'informe de maman et des autres membres de la famille. Je suis horriblement déçu qu'il soit sans amertume et plein d'amour envers eux. Sa mélancolie est faite de tant d'humble résignation qu'elle me déchire, moi qui lui ressemble. Je peux à peine soutenir son regard, tellement j'ai de peine à imaginer sa solitude. Presque personne ne vient le voir. Il n'a presque plus d'amis. Sa famille se déplace une ou deux fois par année, une dizaine de minutes chaque fois. Notre maison a été saisie après notre départ et revendue. Seul Raymond, son fidèle et plus ancien ami, et son épouse Julienne, le visitent assidûment chaque mois. L'univers de papa s'est rétréci aux contours de cette chambre et lui s'est enfermé dans cet univers, dompté et consentant.

Je vois pourtant qu'il est lucide, le contraire d'un malade. Impossible de comparer cet homme, par exemple, aux pensionnaires de l'étage au-dessus. Il fume pour se distraire, deux ou trois paquets de cigarettes par jour, utilise deux cendriers, un pour la cendre, l'autre pour les mégots. Pourquoi ne s'est-il pas défendu contre le sort? Et pourquoi ne puis-je supporter sa soumission et sa veulerie sans me révolter? La haine que les hommes meurtriers m'inspirent rejaillit sur le pauvre cloîtré à qui je ne pardonne pas d'avoir pardonné. Il veut que nous disions aux autres combien il s'ennuie d'eux et aimerait les revoir, surtout maman... Alors la rage me fait vibrer comme de la vitre près d'éclater, ma mère ne mérite que le plus total mépris... Qu'il la haïsse, oh! qu'il la haïsse, puisque je la hais moi-même. Pourquoi n'ai-je pas le pouvoir d'emmener papa avec moi, de le libérer de ses chaînes? Non, oh! non, plus jamais il ne devra supporter l'indifférence et la méchanceté de la famille. Il ne devra surtout jamais apprendre quels repoussants personnages nous sommes devenus. Jamais. Il en mourrait de chagrin.

Nous avons passé deux heures avec lui, puis nous nous sommes promenés dans les rues du village, à la chasse aux souvenirs. Le village qui m'avait donné la vie et l'espoir m'a repris sa faveur et refuse de se laisser apprivoiser une seconde fois. Je vais de déception en déception, incapable de deviner les pensées derrière le front de Roger, incapable de communiquer la désillusion totale que je vis. Rien ici ne parle plus à mon coeur. Comment ai-je pu un jour placer mes espoirs dans ce lieu démuni? Qu'est-ce que je m'attendais à trouver ici, après cinq ans d'absence? Je ne le sais plus. Peut-être n'ai-je pas eu assez de temps pour y penser.

Nous allons souper dans un restaurant du village. À peine sommes-nous installés que surgissent de partout d'anciens copains et camarades de Roger qui viennent échanger avec lui des souvenirs. Ils me regardent du haut de leurs quelques années de plus et ma fierté se rebiffe. Pourquoi faut-il qu'on me rappelle que je ne suis que le petit Yannick fade dont le frère aîné se moquait ou se foutait? Peut-être suis-je un peu trop éprouvé par un voyage dont j'attendais le miracle et qui ne m'a apporté que désolation et rancoeur, mais je m'ennuie à mourir et voudrais être déjà sur le chemin du retour.

Dans la soirée, un ancien voisin nous a reconnus à la discothèque et nous avons discuté du sort du village. Mon instinct ne m'a pas trompé: Joël Massé parle lui aussi d'un monde à l'agonie, pourrissant tranquillement dans l'inertie et l'abandon. Avant de nous endormir, ce soir-là, Roger et moi admettons que jamais nous ne voudrions revenir vivre ici, pas même pour un empire. En le quittant à onze ans, j'ai laissé dans mon village un royaume qu'il n'a pas su protéger de l'usure du temps. Je ne peux pas le lui pardonner. Il est devenu une coquille vide, creuse et sans chaleur. Je n'y reviendrai jamais.

L'intermède de la Gaspésie est clos et je n'ai rien de plus pressé que de me procurer un revolver, oui, j'ai bien dit un revolver. Je me mets d'ailleurs sur-le-champ à la recherche de l'article. Guy et Réal refusent de piloter mes recherches et me sermonnent en plus: il ne faut pas jouer avec ça. Tant pis je me débrouillerai seul. Après de vigoureuses cogitations, j'opte pour un revolver à plomb parachute, modèle 38, tel que vendu par le détaillant *Canadian Tire* de ma ville. On peut facilement le confondre avec un revolver à balles tant il en reproduit l'apparence générale. L'arme coûte trente-six dollars et déjà je considère qu'elle assurera mon gagne-pain. Je suis si impatient de l'essayer que je m'arrête sur la promenade Saint-Charles, charge l'appareil de gaz et des six plombs, jette la boîte d'emballage à l'eau. Je m'amuse énormément à cribler la boîte de plombs, je m'amuse tellement que me voici interpelé par une patrouille de la police en maraude. Aucun problème, aujourd'hui je me sens innocent comme un ange et très à l'aise pour rassurer les policiers quant à la nature et l'usage de mon fusil. Ils me donnent paternellement une foule de conseils utiles afin de ne pas me mettre dans le pétrin avec mon joujou. Ils pourront toujours servir à m'éviter des accrocs aux règlements sans rapport avec mes projets. J'écoute donc leur boniment avec la patience nécessaire, avec le respect que je leur dois. Je ne sais pas s'ils ont cru à mon histoire de chasse au lièvre, mais ils me laissent partir. Je jette l'arme dans le sac, évitant de la porter dans mon pantalon, et rentre directement à mon appartement où je passerai l'après-midi à étudier différentes stratégies. J'éviterai la dope à forte dose, ai-je décidé, afin de garder ma lucidité, car je sens que la joute sera serrée.

Le soir même, je repère des cibles isolées, mais j'ai la trouille et peur d'être victime de quelque méprise et d'y laisser ma peau. Mon arme n'étant pas chargée, je ne possède pas la moindre défense. Je ne tiens pas non plus à être assimilé à de vulgaires tueurs. Ma conscience s'en mêle et rumine le risque bête que je m'apprête à courir. Pendant plusieurs jours, je me débats fiévreusement entre deux pôles également effrayants: utiliser cette arme et me procurer ainsi l'argent dont j'ai besoin; ou y renoncer et recourir à la prostitution. Mais voilà, depuis que j'ai eu une relation avec une femme, je sais que je n'éprouve aucune attirance pour les hommes et la prostitution me répugne profondément. Cependant, mon impuissance à compléter une relation satisfaisante avec une femme pèse aussi dans la balance. Au bout de trois ou quatre jours, je suis convaincu que je ne dispose que d'une solution: me lancer à corps perdu dans la nouvelle aventure, si traumatisante soit-elle. Je ne peux pas dire que la décision m'est facile: je suis passé par la gamme sifflante des rudes émotions. Douches froides, hurlements étouffés sous l'oreiller, rien n'a réussi à réconcilier mes deux voix opposées. Le combat atteint un registre qui me déchire et me terrifie. Quelle sorte de bouffon suis-je donc?

Je sors ce soir avec la ferme intention de passer aux actes. Je me promène dans la ville, cherchant une cible accessible, un endroit d'où je pourrai aisément m'éloigner après le vol, en me faufilant grâce à la complicité de l'environnement. Je suis actuellement dans le quartier Stadacona, rue Lamontagne, en face de la Grande Hermine amarrée dans son bassin. Je repère, derrière le garage *Irving* la promenade Saint-Charles, propice à une fuite éclair. Mon examen des lieux m'a permis de constater qu'il n'y a pas de chien dans le garage ni d'armoire à glace en pantalons dans le décor: le garagiste a peut-être cinquante ans et il possède la mine débonnaire d'un excellent père de famille.

Je m'avance vers lui et lui demande le contenu de la caisse et vite, commandement qui ne semble pas l'alarmer outre mesure. Assailli par une armée de papillons dans les jambes et la gorge, j'aurais aimé mieux ne pas sortir mon revolver, mais son visage incrédule me force à le lui mettre sous le nez. Il me remet aussitôt sa recette et je décampe à haute vitesse via le pont Lavigueur et de nombreuses petites ruelles. Après avoir traversé le parc Victoria, je regagne le quartier Saint-Sauveur, toujours à la course. J'arrive à mon appartement complètement essoufflé, à moitié mort d'épouvante et de fatigue.

Assis enfin devant la table de cuisine, je compte avidement mon gros paquet de coupures, certain d'avoir frappé le gros lot. Hélas, le garagiste ne m'a refilé que de maigres billets de un, deux et cinq, le tout se chiffrant à une cinquantaine de dollars. Une colère folle s'empare de moi, je suis convaincu d'avoir été joué par un bonhomme sournois et rusé et je me jure que je le reverrai un de ces jours et qu'il me dédommagera, cette fois, pour le mal qu'il m'a fait. Avec ma prise, je ne peux même pas acheter la cocaïne dont je suis privé depuis quelque temps. Rien à faire, je dois retourner au boulot. Par précaution je prends la direction de la haute-ville. Aux alentours du Concorde et profitant de la proximité des Plaines d'Abraham, je déleste deux vieillards de leur porte-monnaie, à la pointe de mon arme. Bilan: soixante dollars. Une soirée de cent dollars n'est guère impressionnante mais elle représente un début et une promesse. Je rentre chez moi changer de vêtements, dissimule mon revolver dans un coin, et cours acheter ma poudre blanche, après quoi, j'entreprendrai la tournée de mes clubs favoris...

Au bout du mois de mai, j'aurai assailli une quinzaine de passants, raflant leur valise et leur portefeuille, plusieurs restaurants et garages. Je fais des journées de trois à quatre cents dollars assez allégrement que je dépense avec encore plus de légèreté, sans compter.

Je rencontre Léo au début de juin, chez mes amis de la rue Saint-Stanislas. Il m'émeut avec ses dix-sept ans et le fait qu'il ait été chassé de la maison familiale, lui aussi. Il ne semble pas très développé pour son âge. Animé du désir de lui rendre service, je l'invite à partager mon appartement. Il possède en bagage une guitare à cordes de nylon et un pacson. Avec son air timide et abandonné, il m'inspire une grande confiance et une vague compassion.

Une fois dans mon appartement, nous jasons de justice sociale et d'amour, du climat familial où il a grandi. Il est aussi seul dans son univers que moi dans le mien. Nous fumons quelques joints ensemble; il me joue des airs sur sa guitare en élaborant son rêve de devenir un grand musicien. De mon côté, je lui communique les règlements maison: laisser l'appartement propre, éviter de faire du bruit, respecter ma chambre que je ne lui prêterai que lorsqu'il aura une invitée. Lui dormira ordinairement sur le divan du salon, lavera la vaisselle quand il mangera à la maison, etc, etc. Pour l'instant, il m'est reconnaissant de l'aide que je lui offre et ne me trouve pas trop exigeant. Je lui confie une clé de l'appartement. Léo semble un garçon vraiment tranquille, fume un peu de hasch, gratte sa guitare, lit un bouquin. Il fréquente la bande de la rue Saint-Jean et je lui conseille de travailler seul, s'il veut éviter les problèmes et les conflits. J'essaie de lui communiquer ma propre philosophie, bien sûr.

Grâce à son talent, je passe d'agréables moments à l'écouter. J'aime moins sa conversation acerbe et critique, son désoeuvrement ou sa maladresse; il ne sait vraiment pas quoi faire de sa peau ni travailler de ses dix doigts. J'ai souvent l'impression qu'il est un jeune frère que je dois protéger et soigner, bien qu'il possède tant d'atouts pour réussir, la beauté, le sex-appeal, un talent fou pour la musique. Il n'aime pas l'effort toutefois et je me surprends à le sermonner à propos des exigences de la vie. Il manque de confiance en lui-même et me semble en accorder beaucoup trop aux autres. Moi qui ne suis pas précisément un ange gardien, j'essaie de l'éloigner des tentations et d'encourager ses talents, de le mettre en garde contre l'égoïsme des autres, enfin mon prêchi-prêcha habituel.

Léo gagne son sel comme revendeur de drogue rue Saint-Jean, mais ne paraît pas en abuser lui-même. Je ne sais pas si l'approche de l'été me stimule, mais je me sens plus enthousiaste malgré mes difficultés psychologiques. Lorsque Léo amène une fille à l'appartement, je leur prête ma chambre sans critiquer, même si je dois moi-même laver les draps ensuite. Je paie aussi la bouffe et ramasse les traîneries de mon invité, situation dont je me plains bien entendu mais qui ne s'améliore pas d'un jour à l'autre.

Mon «travail» me tient très occupé: dépanneurs, garagistes, restaurateurs d'un certain âge, isolés par un certain environnement, me fournissent l'argent qui me permet d'aller passer quelque temps dans une autre ville sans travailler, en vacances pour ainsi dire.

Entre temps je fais une autre découverte sur le plan sexuel. Une fille rencontrée au hasard m'entraîne sur les Plaines où elle entreprend de me faire l'amour, de m'exciter avec une telle autorité qu'elle provoque chez moi l'érection; finalement elle me guide pour la pénétration de son vagin. Autant elle montre de hâte et d'agitation sexuelle, autant elle affiche de froideur humaine. Elle m'abandonne d'ailleurs dès que la relation est complétée, avant que je l'aie remerciée pour le service précieux qu'elle vient de me rendre. Ma satisfaction est si vive que son départ ne me frustre même pas. Sans le savoir, cette fille a tranché mon dernier lien avec l'homosexualité et la prostitution.

Le coeur rempli de cette joie, je pars pour Chicoutimi où j'ai l'intention de rester seul et de réfléchir, en

174

flânant, à l'orientation de ma vie. Donc, pas de vols, pas de vandalisme, pas de relations sexuelles, rien. Je ne veux que me promener tranquillement, découvrir une ville inconnue. Je ne dispose que de deux cents dollars, je ne peux donc me permettre aucune dépense superflue. Je fais du pouce pour couvrir le trajet et prévois coucher à la belle étoile dans les parcs de la ville.

Je ne voyage pas vraiment pour voir du pays; aussi le paysage citadin me laisse-t-il assez indifférent. À midi, chez *Mike*, je fais la rencontre de deux étudiants universitaires qui font à bicyclette le tour du Québec pendant leurs vacances. Oui, chaque fois que je croise des jeunes gens sains de corps et d'esprit, je les envie douloureusement. Je suis porté à emprunter les aspects de leur personnalité qui me plaisent. Ainsi, pour eux, je suis devenu, sous un faux nom, un cégépien faisant le tour du Québec, mais sur le pouce. Je riposte à leurs anecdotes de voyage par d'autres anecdotes. J'éprouve un besoin maladif de les épater.

Pendant l'après-midi, je continue ma promenade, attentif aux sites et maisons à l'ancienne, débouche sur un terrain de jeux où j'assiste à un match de base-ball. Vers vingt heures commence ma recherche de la dope. Ici, à Chicoutimi, il semble que cet hôtel soit le centre des opérations. La cour est remplie de motos, de cyclistes en veste de cuir qui me fournissent rapidement l'information désirée. Muni de mon viatique, je cherche désormais un coin discret où je pourrai étaler mon sac de couchage et rêver au son de ma petite radio. Le parc de la Place d'Armes, au bord de la Rivière-au-Rat, m'offre un calme et une solitude que je sais apprécier. Quelques bouffées de pot, un peu de mescaline me permettent de multiplier les agréables impressions que je garde de la journée.

Le troisième jour, un jeune couple accompagné d'une jolie fille qui me fait monter le sang à la tête assiste en même temps que moi à un match de base-ball. Je manoeuvre aussitôt pour accaparer leur attention en racontant les prétendus incidents de mon supposé tour du Québec. J'essaie de dévoiler les plus brillantes

175

facettes de ma personnalité afin que la jeune fille que je guigne ne puisse résister à autant de charme et de jeunesse. Ils acceptent le hasch que je leur offre et une joyeuse euphorie nous gagne. Mais malgré mes efforts, je ne parviens pas à dégeler ma voisine. Hélas le match s'achève et mes nouveaux amis s'apprêtent à rentrer chez eux. Qu'à cela ne tienne, j'offre une tournée de bière au restaurant et nous voilà attablés pour la soirée, fumant et buvant à mes frais, moi tentant niaisement d'obtenir un baiser de la jeune fille. Elle ne cédera pas. Elle a un ami et repousse mes naïves prétentions. Dire que j'ai flambé près de cent dollars dans l'espoir d'un baiser! Tant pis, il ne me reste plus qu'à aller me coucher dans mon parc favori, avec mon sac et ma radio.

Réveil plutôt désagréable: les policiers sont pour ainsi dire à mon chevet, bien décidés à m'envoyer dormir ailleurs. Dialogue de sourds, fouille, découverte de ma mescaline, petite enquête radio pour vérifier mon dossier, enfin transport au poste. On me débarrasse de mes effets personnels, de ma ceinture, de mes lacets de chaussures. Je signe un reçu, reçois une couverture et un oreiller. On m'attribue une cellule dont je découvre, au petit matin, l'exiguïté et les murs couverts de graffiti obscènes. Je suis déçu et humilié. On m'a traité comme le dernier des vagabonds et la répugnante cellule m'en dit long sur l'opinion qu'on a de moi.

J'ai envie de vomir et je hais sincèrement les serviteurs d'une grossière société d'injustice et de compromis. Je voudrais cracher sur ces gros pantins satisfaits d'eux-mêmes. Évidemment je ne résiste pas au besoin de les enquiquiner au moment où ils me libèrent. Aussi exécutent-ils leur devoir avec célérité. À sept heures, ils m'ont mis dehors avec une gamme d'avertissements quant à l'usage des parcs publics de Chicoutimi et la possession de drogue n'importe où dans la province.

La soirée d'hier m'a coûté très cher et je devrai décidément surveiller mes dépenses. Je déjeune dans un casse-croûte, j'assiste à une compétition de ski nautique sur le Saguenay, et je parle avec des gens qui semblent vite se lasser de ma verve intarissable et de mes gesticulations. Ce soir encore, je coucherai dehors, dans un autre parc. Puis, au matin, je décide de rentrer chez moi. Je n'ai presque plus d'argent et j'ai marché la ville de fond en combles. Je rentre sur le pouce, en compagnie d'un curé, charmant radoteur d'histoires de bon Dieu. Il me laissera au centre-ville à Québec et je m'empresserai de rentrer à l'appartement.

Léo est absent et il a laissé les lieux dans un désordre navrant: la vaisselle sale, ses vêtements semés au hasard, le lit défait, des bouteilles éparpillées partout. L'air est empesté. Même épuisé, je suis incapable de respirer dans un bordel semblable. Je retrousse mes manches, lave, ramasse, torche, change les draps, aère, puis finalement m'écroule devant le téléviseur. Le film commence et je me rends compte que je m'assois devant la télé pour la première fois depuis que j'habite ici. Je fume tranquillement et me repose en suivant les péripéties du film.

Léo est rentré tard, avec une fille, saoul comme une barrique. Je l'aurais volontiers mis à la porte mais il est trop ivre pour comprendre quoi que ce soit. Il se montre terriblement bruyant. Au matin, je l'empêche de quitter les lieux avec sa copine car je tiens à mettre certaines choses au point. Notre engueulade matinale se termine sur une note optimiste, puisque Léo préfère s'amender plutôt que de renoncer à mon hospitalité.

Nous ne nous voyons pratiquement jamais. Je tue le temps dans les parcs de Québec, mes pensoirs naturels, en réfléchissant sur la vie et la mort, les guerres et les cataclysmes dont les journaux sont remplis. J'envie ceux qui profitent sans scrupules de la belle saison, qui se baignent, jouent à la balle, courent, piqueniquent en familles heureuses, parents et enfants mêlés, promènent des chiens ravis et pleins de santé. Pour eux la vie est une si belle, si limpide chose! J'essaie de mon côté de me proposer des défis physiques, dans je ne sais quelle perspective de victoire, d'escalader la falaise ou de battre mon record à la course. Je me rends souvent à la traverse de Lévis afin de rêver à de plus longs voyages nautiques et contempler, de l'autre rive, la silhouette illuminée de Québec quand tombe la nuit.

Je ne peux pas rêver à jeun, c'est-à-dire que les seuls enchantements et les seules féeries que je connaisse sont d'abord l'ouvrage de la mescaline ou d'autres drogues. Sans elles l'univers m'est aussi totalement inaccessible que si je n'existais pas.

À la fin de ce mois, je concentre mes énergies sur le vol à main armée, plus vite fait et d'un profit plus élevé. Je ne couche plus avec les hommes, mais quelquefois au poste de police pour possession de drogue et vagabondage. Aucune poursuite ne peut être intentée contre moi car je ne garde que d'infimes quantités de drogue sur moi. Quant à Léo il respecte les règlements de notre entente et je ne le vois que rarement.

Fin juin, Roger est descendu de Montréal après que j'aie refusé d'aider maman à déménager. Je préférerais mourir plutôt que de lever le petit doigt au profit d'une marâtre qui raconte que je suis la source de ses malheurs, la brebis galeuse de sa bergerie. Elle ne souhaite qu'une chose: me remettre elle-même entre les mains de la police et m'envoyer moisir en prison. Elle ne se souvient pas du mal qu'elle m'a fait, qu'elle nous a fait, elle préfère rejeter sur mes seules épaules l'échec de sa maternité. Tant pis pour elle, et qu'elle compte sur d'autres bras que les miens pour porter ses paquets et lui ouvrir les portes.

Cependant un petit événement, survenu à ce moment, m'apporte une joie grandiose. En soi l'événement paraîtra mesquin aux yeux des autres, mais il est immense aux miens: Monique, en effet, m'apprend que les vols dont on me rendait responsable intra muros continuent de plus belle à la maison. Elle m'en parle parce qu'elle écope maintenant, alors que nous savons que Marie est la seule coupable de ces larcins aux dépens de maman. Monique est ulcérée par les soupçons dont maman la poursuit, mais je ne lui cache pas l'allégresse profonde qui balaie d'un seul coup la haine accumulée pendant les années où j'étais faussement accusé et puni. Monique ne ménage plus ses confidences et sa confiance répand une souveraine clarté dans mon coeur. Je voudrais la serrer contre moi et lui dire mon amour retrouvé et la dévotion qu'elle m'inspire. Je peux enfin vivre l'affection fraternelle que j'ai toujours éprouvée envers elle et respecter à mon tour son choix de vie. Même si je ne prononce pas les mots, je sens qu'elle a compris la reconnaissance qui fait vibrer ma main sur son épaule, et la confiance et la fidélité que je lui voue désormais et qui ne failliront jamais. En m'exonérant du blâme insupportable qui pesait sur moi — je le répète, je n'ai jamais dérobé le moindre sou à la maison — elle a changé l'éclairage biaisé de mon existence et permis l'infiltration d'un peu de lumière dans la nuit noire.

Pour fêter dignement la Saint-Jean, j'ai augmenté le rythme de mes attaques à main armée et accumulé un magot intéressant. Léo me demande vingt dollars, je lui en refile cinquante avec mes meilleurs voeux. Toutefois j'exige que mon lit reste libre car j'ai l'intention de m'en servir moi-même. Je dépense trois cents dollars pour la coca — que je me propose de partager fraternellement avec mes compatriotes aujourd'hui; j'achète également du hasch et vingt-six onces de tequila, provision qui devrait suffire à une consommation extraordinaire.

Quand je dois composer avec la foule, par exemple dans le cas de cette célébration, j'aime arriver parmi les premiers afin d'observer, d'un point choisi par moi un peu à l'extérieur de la masse des gens, le mouvement qu'elle fait. Du haut du mur de la citadelle, je jouis d'un contrôle visuel sur la foule qui s'agglomère rapidement au pied de la muraille. Je consomme ma téquila avec sel et citron pour en atténuer l'amertume et neutraliser la substance qui provoque autrement migraines et vomissements. Je distribue à mes voisins d'occasion, à mes voisines esseulées de préférence, des joints et des gorgées d'alcool. Je ne peux pas dire que j'ai beaucoup de succès. Mes arrière-pensées m'énervent trop, je bafouille, je piétine... et mes proies disparaissent dans la jungle d'une foule de plus en plus dense.

Le spectacle n'est pas encore commencé que mes provisions — la cocaïne mise à part — sont épuisées et que je flageole sur des jambes en ébullition. Mais je n'ai pas perdu la tête et, avec un peu d'ostentation, je dose une petite quantité de coca sur mon paquet de cigarettes, puis l'enroule dans un billet d'un dollar afin de l'inhaler. Elle a remarqué mon manège et vient quêter un peu de mon rêve. Comment refuser? D'ailleurs elle semble vouloir rester avec moi, elle s'ennuie et moi aussi. Elle doit avoir au moins vingt-quatre ans et je me sens fier de la compagnie d'une femme qui ne me parle ni de religion ni de société, mais laisse courir sa folle imagination et dilate la mienne.

Une fois le spectacle en marche, la foule s'anime un peu trop à notre gré et nous allons nous asseoir à proximité du bûcher, à une quinzaine de minutes de la citadelle. L'ambiance autour du musée est beaucoup plus romantique et mon coeur se remet à battre. Elle est jolie, bien faite et j'aimerais l'embrasser malgré l'acné dont elle souffre. Elle continue de tenir la conversation, plaisantant, riant, multipliant les histoires et les observations drôles. N'y tenant plus, je la saisis par le cou et l'attire vers moi. À ma grande surprise et félicité, elle m'embrasse aussitôt, nous nous embrassons avec une ferveur qui fait grimper ma fièvre au septième palier. Notre étreinte sensuelle, mais sans attouchements génitaux, me remplit d'un bien-être indescriptible; j'ai terri-

180

blement besoin de cette forme de tendresse. La tête me tourne, je redoute cette invitation à l'amour. Encore une fois j'ai absorbé trop de drogues, et elle est trop jeune et trop désirable pour que je prenne le risque de la décevoir. Je préfère regarder avec elle le bûcher se consumer sous les étoiles, puis nous promener tranquillement dans les bosquets silencieux, main dans la main. Devant le scintillement nocturne de Lévis, elle se vide soudain le coeur, renonçant à la rigolade et décrivant la situation familiale où elle se débat — et je l'écoute avec attention et sympathie, sans épiloguer sur ma propre situation.

La nuit coule sur nous, propice à l'intimité de ces confidences, des baisers chastes que nous échangeons. Nous n'avons plus besoin de drogue pour nous rejoindre. Aux petites heures du matin, nous avons pris un café dans un restaurant du Carré d'Youville et j'ai remarqué dans la lumière crue les cernes blafards sous ses yeux et l'expression blessée de son regard. Malgré l'intérêt qu'elle m'inspire, je repousse la pensée de la revoir: comment comprendrait-elle et supporterait-elle mon existence aléatoire, hein? Je lui donne dix dollars pour défrayer son taxi puis, dans un mouvement d'intense pitié, mon précieux sac de cocaïne. Elle veut le refuser mais j'insiste: j'offre le prix, minime n'est-ce pas, d'une nuit absolument extraordinaire et du bien qu'elle m'a fait. Comprenne qui pourra, l'inconnue a fait davantage pour moi en quelques heures que ma mère dans quinze années de maternage sans amour...

Je ne sais pas si je dois à cette fille d'avoir abandonné mes actes de vandalisme en juillet, mais j'ai renoncé au vol avec effraction parce que la revente des objets volés rapporte finalement plus d'ennuis que d'argent. Quant à la prostitution avec des hommes, malgré certaine tentation d'y noyer mes fantasmes, je l'ai rayée de ma vie. Il n'y a pas de fille dans mon existence, le vol à main armée demeurant le grand secret à protéger de l'indiscrétion. Je traîne dans les parcs durant mes loisirs, y cherchant peut-être encore des vestiges de mon enfance disparue. Ou j'assiste à des concerts publics à la belle étoile. J'aime la musique dans des lieux ouverts. Mon agoraphobie m'éloigne des rassemblements du Colisée, du Grand Théâtre et des salles en général. Il m'arrive de m'imaginer moi-même sur une scène, enivré par les applaudissements, menant à mon gré les réactions de la pieuvre aux innombrables têtes qu'est l'auditoire. La niaiserie et le conformisme de la foule me font violence et je refuse le rôle du spectateur qu'on manipule à la façon d'un robot ou d'une marionnette, à qui on permet de rire ou de battre des mains selon le déroulement prévisible des manifestations. Non, je ne suis pas de la race des admirateurs soumis, de fans hyp-notisés par des maîtres aussi stéréotypés que remplaça-bles, d'esclaves numérotés en vue de fournir un public à quelques privilégiés. Non, je préfère user mes souliers à courir les rues et les parcs, user mes semelles à la corde plutôt que d'entrer dans le rang des serviteurs de luxe.

Ma première arrestation pour vol se produit en août et heureusement par erreur; je veux dire que je n'ai pas attaqué le dépanneur de la Canardière impliqué dans cette plainte de vol. Mais avant que mon inno-cence toute relative soit prouvée, je subis le sort des inculpés. Je corresponds au signalement donné par le marchand, aussi dois-je entrer dûment escorté dans la petite pièce où l'on procède aux interrogatoires, pièce sinistre, sans autre ouverture qu'un vasistas. On m'y laisse seul pendant une heure sans m'informer des rai-sons qui m'y ont amené. À force de coups de poings et de pied dans la porte, je finis par ameuter les agents agacés par le vacarme.

Des deux agents qui se présentent, l'un est de grande taille et porte moustaches. Il répond à mes insultes par des menaces dont il m'offre un succédané en me giflant au visage, tandis que l'autre, qui fait partie de l'escouade de la jeunesse, m'apprend d'un ton calme que je n'aurai qu'à répondre à quelques questions relativement à un vol à main armée perpétré sur la Canardière. Encouragé par cette explication, je persiste à me défendre d'avoir jamais tenu une arme dans mes mains. La seule accusation qu'ils ont contre moi est relative à la possession d'une arme à plombs parachutes, celle dont je me suis servi devant une patrouille de police le jour de son achat. Je jure mes grands dieux que je serais incapable de voler ne serait-ce qu'une aiguille à l'étalage, mais je ne dois pas être très convaincant car on continue de me tabasser pendant une heure, verbalement bien entendu. Enfin j'apprends que le propriétaire de l'établissement cambriolé viendra m'identifier. Si je ne suis pas son homme, je serai immédiatement relâché.

L'opération se déroule dans un local muni d'un vaste miroir auquel je dois faire face. Au bout d'un moment qui m'apparaît interminable, on m'informe que le marchand est catégorique, je ne suis pas son agresseur. Je serai donc relâché et je ne rate pas l'occasion de riposter par des commentaires impulsifs au traitement que m'a accordé le policier à moustaches. Les autres agents s'empressent de me mettre dehors avant que l'affaire tourne au vinaigre.

Inutile de décrire l'état d'esprit qui m'anime en rentrant à l'appartement. Survolté par la colère et l'hostilité, je casse les objets que je peux attraper, narrant pour Léo estomaqué mon arrestation et ses suites. L'injustice qui me frappe, par un curieux phénomène, me laisse blanc comme neige devant ma conscience et je me confonds volontiers avec le pauvre adolescent innocent accusé à tort par d'inqualifiables tortionnaires. Devant un Léo ébahi, je déverse le venin qui me baigne jusqu'aux tripes en accusations que je voudrais crier publiquement, devant ces foules de robots que la police prétend protéger contre les enfants courageux qui refusent, au risque de leur liberté et de leur vie, de se laisser contaminer par l'autorité.

L'incident a des conséquences immédiates déplorables: je me livrerai avec une ardeur nouvelle au vandalisme dans les rues jusqu'à l'extinction de ma rage. Je multiplie les vols, même lorsque je n'ai pas besoin d'argent, ne serait-ce que pour servir à une société aveugle et sourde les leçons qu'elle mérite. J'ai perdu la notion de prudence et brave la loi du milieu pourri auquel j'appartiens, en revendant à vil prix la drogue que je me suis procurée avec la recette de mes vols. Je cherche à nuire au système, à quelque degré où il s'étale. Arrive ce qui devait arriver: j'ai empiété sur le territoire d'un groupe qui n'entend pas subir la concurrence. Non seulement on me débarrasse de ma marchandise, mais on me fauche mon argent. J'ai la bouche fendue, les os me font mal, mes testicules veulent éclater. Des personnes secourables s'agglutinent autour de moi, m'offrant leur aide et leur compassion. Mais j'ai entendu le mot police et il n'en faut pas davantage pour que je me redresse sur mes pieds et détale à travers les ruelles de la haute-ville, indifférent à la douleur qui me tenaille.

Seul dans ma chambre, je verse des larmes inépuisables, incapable de comprendre pourquoi il y a tant de haine et de mépris entre les hommes, pourquoi tant de souffrance et d'inimitié. Personne ne m'aime ni ne me protège, je suis si désespérément seul et abandonné que je n'ai plus qu'un seul désir: tuer, blesser, détruire... la sinistre trilogie qu'on s'acharne à m'enseigner.

À tête reposée le lendemain, je suis allé trouver Réal dans le but d'obtenir une revanche sur les quatre gars qui m'ont rossé. Réal refuse de s'engager dans un règlement de comptes avec un autre gang et son refus me plonge dans un état de frustration et de désillusion auquel je me livre avec entêtement. L'injure est trop profonde pour que je puisse l'oublier et mes blessures corporelles me rappellent inlassablement que le combat n'est pas fini. Je deviens pratiquement insupportable, semant la pagaille où je mets les pieds: bars, discothèques, etc... On me refuse l'entrée de plusieurs clubs de la rue Saint-Jean. À quatre ou cinq reprises je suis arrêté pour vagabondage et troubles publics, mais je réussis chaque fois à m'en tirer sans poursuites judiciaires. Mon ennemi numéro 1, l'agent à moustaches, me prédit une joyeuse fête lorsque mon tour viendra de me faire pincer pour de bon. Je m'en moque, de ses augures, aussi bien que de ses grincements de dents...

Tant pis. Je perds de plus en plus le fil de mes actes. Je me laisse aller au seul plaisir d'effrayer, de menacer, de rendre le mal pour le mal. Ma conscience s'est fermé la trappe et je n'éprouve ni culpabilité ni la moindre répugnance devant ma conduite. D'ailleurs, est-ce que je me vois agir? Est-ce que je sais ce que je fais? Un soir, je me réveille dans un terrain de stationnement, étendu près d'une voiture, la face en sang, mes vêtements déchirés, mon corps traversé de douleurs atroces. Je ne me rappelle pas le moindre événement. J'ai tellement augmenté ma consommation de drogue que je ne supporte plus aucune limite à mon comportement d'agression et de destruction. Je frappe sur ce qui bouge à proximité de moi, aveuglément, porté par la fureur. Je rêve de violer sadiquement une très jeune fille. Je voudrais que chaque vol soit un meurtre, qu'il blesse et abîme le corps de quelqu'un d'autre...

À travers le pénible déferlement de ma folie, une chanson me poursuit, l'obsession d'une musique faite pour moi, sur mesure. Sur une musique de Morricone, elle constitue le thème du film *Sacco et Vanzetti*. Les paroles m'émeuvent et atteignent, au fond de mon âme emmurée, le seul désir qui me reste encore vivace: mourir.

Maintenant Nicolas et Bart
vous dormiez au fond de nos coeurs,
vous étiez tout seuls dans la mort
mais paraît que vous dormiez...

Les mots magiques tournent dans mon ventre, tournent dans ma tête, inlassables, à la façon des grandes promesses de la mort qui nous ouvrent les portes de l'espoir.

Les douze journées de la Superfrancofête de 1974 m'ont attiré chaque soir sur les Plaines d'Abraham, une fois ma journée faite. Durant ce mois d'août, il m'arrive fréquemment de perdre la notion du temps et des lieux et de dormir là où je me trouve, afin de reprendre des forces, puis de repartir à l'aventure. La seule vue d'un policier me retourne les sangs. Un soir, j'ai saisi une bouteille pour la lancer parmi eux. L'un d'eux, atteint à la tête, a lâché un cri de mort. Je m'enfuis à quatre pattes en me servant de la foule en guise de paravent. Je me suis assis parmi les gens afin d'échapper à la poursuite et feignant d'assister au spectacle. Vigneault, Leclerc, Léveillé, Raymond Lévesque et Charlebois ne se sont pas laissé voler le show!

Un soir, je ne sais plus lequel, le crâne illuminé par de polaires hallucinations, j'ai remonté la glissoire de la terrasse Dufferin, pris d'une soudaine envie de glissade en toboggan et persuadé d'être en hiver. Je dois me rendre au sommet et je n'ai pas remarqué la présence des tuyaux de fer qui barrent la glissoire pendant l'été. Je bute contre l'un d'eux, perds l'équilibre et plonge vers le bas, me heurtant à d'autres barres dans ma chute. À moitié assommé, je refuse de me faire voir à l'hôpital, me réfugie momentanément sur un banc de la terrasse, inquiet de ces gens qui me dévisagent et s'enquièrent de mon état. J'ai peine à marcher et me vois refuser l'accès des clubs. D'errance en errance, je me retrouve fatalement rue Saint-Stanislas où Léo et sa bande se sont réunis. Ils sont en train de discuter d'un vol de maison devant rapporter gros en raison de la personnalité de son propriétaire, collectionneur d'objets anciens de très grande valeur.

De fil en aiguille, ils tentent de m'aguicher et de m'entraîner dans l'opération. Mais je suis un ouvrier solitaire et la proposition me rebute. Léo insiste énormément, et la présence d'une jeune fille intéressante au milieu de la conversation m'incite à m'offrir le meilleur rôle, pour empêcher qu'on me traite de trouillard. Si je veux la fille, je dois la mériter. Donc, après maintes discussions et protestations, je prends la tête des opérations, impose mes conditions quant au partage du butin et propose mon plan.

Le quartier m'est familier, j'y ai dévalisé une dizaine de maisons au temps où je pratiquais ce genre de vol. Le propriétaire est absent pour trois semaines de vacances familiales. Pas un chat à la maison. Je procède à une minutieuse inspection des lieux. Il faudra pénétrer par l'arrière, un spectacle se déroulant en face, dans le Parc des Gouverneurs. L'arrière donne sur une minuscule ruelle non fréquentée. Avec mon coupe-vitre, je détache un carreau de la fenêtre, puis j'entre et fais le tour complet des différentes pièces richement meublées et décorées. La maison regorge de lustres de cristal, de tableaux et de tapis luxueux, de meubles de décor de cinéma. Moi qui compare à cet apparat les intérieurs modestes ou démunis qui me sont familiers, je méprise et envie l'extravagance d'une telle demeure et ressens d'une façon cuisante les méfaits de l'inégalité sociale.

Le tour du propriétaire achevé, je reviens rue Saint-Stanislas rejoindre mes deux complices. Mon excursion au pays de la fortune m'a singulièrement excité et je brûle d'y retourner terminer l'ouvrage, opération que nous menons tambour battant, munis chacun d'un sac à ordures. Selon nos goûts et nos convoitises, nous dépouillons la magnifique propriété de non moins magnifiques objets de valeur. J'ai choisi au pif une collection de dollars en argent, deux chandeliers d'argent massif, deux revolvers genre pirate dont le détonateur est constitué de pierres à frotter, une montre-bracelet à diamants, une montre à chaîne en or, des jumelles et une collection internationale de monnaie fort ancienne. Satisfait de ma cueillette, je rentre chez moi tandis que les deux autres s'en retournent rue Saint-Stanislas.

Je croyais avoir impressionné la fille dont je prétends faire la conquête, mais non, elle ne veut rien savoir malgré mon cadeau d'une des montres volées. Dans les jours qui suivent je m'affaire à la revente de la marchandise. Je jette les deux chandeliers invendables dans une boîte à lettres, offre une de mes montres à Monique ainsi que les jumelles, content de lui rendre une parcelle du bien qu'elle m'a fait en prenant mon parti contre la famille. Je garde les pistolets historiques pour moi; ils me plaisent beaucoup. L'expédition entière m'aura rapporté environ cinq cents dollars et quelques illusions en moins.

La dernière semaine du mois d'août s'achève sur une note maussade. La Superfrancofête est terminée, les kiosques ont été démontés. Il y a de grands cercles jaunes dans la pelouse que des bouteilles et des papiers gras ont transformée en dépotoir. La semaine se gâte, j'ai tendance à gaffer. Alors que mon attaque de ce garage sur le boulevard Bertrand se déroule sans anicroche, que la frêle jeune fille me vide gentiment la caisse dans les mains, je m'énerve stupidement au passage de la patrouille sur le boulevard et m'enfuis avec précipitation. La fille sort derrière moi et intercepte les policiers. Parce que j'ai une certaine avance sur eux, j'ai le temps de traverser la route et de me dissimuler derrière un entrepôt. J'entends les sirènes qui sifflent, je cours en fou et pisse dans mes culottes. Pas de cachette aux alentours et les poursuivants se rapprochent inexorablement. Je plonge dans le fossé et me glisse dans le tuyau d'écoulement des eaux usées, un tuyau plein de boue et de détritus, d'une odeur pestilentielle. Mon coeur bat à se rompre et je suis si crispé et fiévreux que je suis incapable de contrôler mes fonctions d'évacuation. Bientôt j'entends les voix des patrouilleurs qui semblent s'être multipliés.

Je n'ai qu'à imaginer le traitement qui m'attend, si jamais les sbires me mettent la main au collet, pour ne pas m'exposer, je reste accroupi dans le tuyau pendant près de deux heures, puis rampe à l'intérieur vers la sortie la plus éloignée du garage que je viens de dévaliser, au cas où on surveillerait la route. Enfin j'émerge de là crotté et puant. Le taxi que j'ai hélé insiste pour que je quitte sa voiture. Ainsi m'oblige-t-il encore à me servir de mon arme. Je me fais conduire coin Saint-Luc et Montmartre et mon conducteur m'apprend que l'attentat est «passé aux nouvelles». De là, je franchis au pas de course le trajet jusqu'à la maison. Je prends une douche, fourre mes vêtements et mon arme dans un sac de plastique. Je m'habille proprement, attrape le sac et file en taxi jusqu'à la Traverse de Lévis. Mon exploit ne m'a rapporté que soixante dollars. J'achète un ticket et prends place sur le bateau passeur. Personne ne me surveille, je déverse le contenu de mon sac qui s'enfonce complètement dans l'eau du fleuve. Puis je rentre, épuisé, rassuré et dégoûté.

Ah! quelle déception! Je n'en peux plus de vertige et d'épouvante. Je bois exagérément pour m'endormir mais je ne dors pas. La maison craque de bruits mystérieux et menaçants et il me semble voir apparaître des agents dans les coins noirs de l'appartement. La gravité de mes actes me rapproche désormais des criminels et des meurtriers que la société ne peut absolument pas tolérer. À une certaine heure, je sombre ivre-mort dans mon lit...

Le party que j'ai donné à mon appartement hier, et qu'il a fallu terminer rue Saint-Stanislas sous une menace d'éviction par la police, s'est achevé dans le désordre le plus complet. Mais rien de bien grave en comparaison du choc qui m'attend. Je rentre chez moi au cours de l'après-midi, la tête lourde et le moral à terre et retrouve un appartement sens dessus-dessous, malpropre — il y a déjà un bout de temps que je laisse mon logement en pagaille — déprimant au possible. Pour comble de désastre, mes disques se sont volatilisés; je ne retrouve pas mes pistolets pirate ni ma réserve de drogue habituellement collée sous la commode. Assez étonnant, seules mes affaires ont disparu, les choses de Léo ont échappé à l'attention du voleur. Le voleur, je parierais sur son identité: le coup ressemble au voyou que j'ai hébergé, nourri et dépanné pendant l'été. Son ingratitude me blesse plus que l'action qu'il a commise, et sa cruauté m'invite à la cruauté.

Un soir que nous nous absentons l'un et l'autre, je m'introduis par effraction dans mon appartement, fracasse sa guitare en morceaux afin de la rendre inutilisable, dérobe les quelques rares articles qui lui appartiennent, dont une photo encadrée de sa famille, une radio, son rasoir électrique. Je dépose sa chère guitare sur le lit, bien en vue, me débarrasse de la photo dans une poubelle et vends les deux autres articles à un passant pour la risible somme de dix dollars. Je rentre tard, le plus tard possible. Léo m'explique en reniflant que nous avons été vandalisés et je fais mine de chercher ma drogue et mes révolvers avant de me joindre à lui pour accabler et menacer le coupable de représailles. Je cogne dans les murs, casse un peu de vaisselle, enfin le cirque habituel.

Au matin, visite du propriétaire qui me signale la fin du mois et nous donne une couple de jours pour libérer l'appartement. Léo propose que nous trouvions ensemble une autre piaule. Trop, c'est trop. Je refuse carrément de continuer à le traîner à ma charge, à partager avec lui le fruit de mes seuls efforts. Bref il a épuisé mes réserves de bonne volonté et je ne peux plus le sentir dans mes parages. Je suis fatigué de jouer au père et à la mère; à mon âge, je risque la déprime à couver un fils de dix-sept ans.

S'il le pouvait, Léo me sauterait dessus et me tabasserait à son goût, je perçois sa colère à travers ses paroles rancunières et son attitude boudeuse. Mais il boucle tout de même ses affaires et annonce qu'il rentre dans sa famille. Je le félicite pour l'excellent choix et m'amuse à l'encourager à l'effort et à l'autonomie. Il m'envoie assez vertement promener avec mes sermons qu'il n'est plus obligé de subir. Son renvoi le vexe, ma foi. Tant pis pour lui.

Je prépare vivement mon pacson puisque je m'apprête également à quitter les lieux. Je ne prends que l'essentiel, laissant le reste au propriétaire, mais dans un état lamentable. Je casse les disques, bousille la lampe écran de la télé et mets le meuble en pièces, répands sur le sol le contenu des bouteilles et des bocaux : la moutarde, le ketchup, la mélasse, la farine fleurissent les armoires et les garde-robes. Je fracasse les récipients de verre sur les murs puis me frotte les mains. Je peux partir tranquille, un autre que moi hérite des dégâts.

CHAPITRE 4

Tilly

En quittant la rue Saint-Vallier, je me rends chez mon copain et complice de la rue Saint-Stanislas. Je suis cassé comme un clou et j'ai besoin de me refaire. René m'héberge pendant quelques jours et me prête un montant d'argent pour m'acheter un peu de drogue que je revendrai sur la rue. Pendant cette semaine, je passe la plupart du temps à flâner rue Saint-Jean et à agacer les passants.

Ce soir, je me montre un peu plus agressif et je parle plus fort que d'habitude avec les personnes qui m'entourent. J'ai provoqué un petit attroupement que la patrouille vient renifler de plus près. Je m'échauffe à la vue des uniformes détestés et m'abandonne sans prudence à mon vice évident: la provocation de l'ordre et de l'autorité en uniforme. La foule rigole volontiers et l'attitude des agents se durcit. Ils décident de m'emmener au poste du Parc Victoria pour faire une fin. Je refuse obstinément de m'identifier mais je suis trop connu à la Centrale pour y garder longtemps l'anonymat. On vérifie mon dossier, à savoir s'il ne contient pas un mandat d'arrestation contre moi. Je me prépare déjà à leur faire un pied-de-nez, car je suis certain qu'ils me relâcheront, faute de preuve contre moi.

Catastrophe! Un mandat existe bel et bien contre moi, relatif au vol avec effraction commis avec Léo et mon hôte de la rue Saint-Stanislas. Le policier jubile car, en ajoutant la possession de drogue, les insultes à des agents dans l'exercice de leurs fonctions et ma résistance à l'arrestation, à un dossier vagabondage et troubles publics plutôt chargé, je suis fin prêt pour un séjour derrière les barreaux. Évidemment, j'allègue que j'ignore à quel vol ils font allusion; mais ils disposent d'un élément choc avec quoi ils vont m'achever: Léo, qui tentait de vendre mes pistolets chez un antiquaire, a été arrêté et m'a donné à la police.

Je suis atterré. Mes jambes se dérobent sous moi. Léo était l'auteur du vol à mon appartement, j'en ai la preuve absolue. En la circonstance, quelle mince consolation que de découvrir que mon flair ne m'a pas trompé. Parce que je refuse de signer le formulaire de déclaration de culpabilité, un des agents place un annuaire téléphonique d'un côté de ma tête et frappe à grands coups de poing dedans: extrêmement douloureux pour le propriétaire de la tête ainsi martelée et... sans vilaine marque accusatrice. Un agent m'immobilise les bras tandis que l'autre frappe. Je n'avoue toujours pas. Et le spectacle continue: pouce pressant la clavicule en alternance avec le truc du bottin téléphonique. J'endure la râclée en pensant au pire, c'est-à-dire la cour et la prison. Je nie avec la rage du désespoir. On me fait lever debout: coup de genou dans les testicules. Je plie en deux sous la souffrance, hurlant que je les poursuivrai jusqu'à la fin de mes jours, que j'aurai leurs têtes, une par une...

À la fin je dois m'avouer vaincu. Je confesse ma participation au vol avec Léo, mais ne donnerai pas le troisième homme que Léo a aussi épargné. On me vide les poches, m'enlève ma ceinture et mes lacets de chaussures et me conduit à ma cellule. On refuse de me laisser des cigarettes. Que je crève, ils ne demandent rien de plus. Aussitôt bouclé, je me laisse aller à une loghorrée verbale où je débite en braillant les insultes de mon répertoire. Un voisin de cellule m'offre une cigarette et me recommande de me taire si je ne veux pas m'attirer des ennuis encore plus graves. Lui a tué dans une bagarre de taverne et sera condamné car les preuves sont contre lui.

Au petit matin les ordres des policiers me réveillent en sursaut. Décidément je ne m'habitue pas à leurs sales manières. Dans un petit bureau, les deux agents en civil chargés de l'enquête m'attendent et, sans montrer ni arrogance ni impatience, posent leurs questions. J'en pose aussi, je veux savoir si Léo a réellement été arrêté. On m'a dit la vérité. Il ne passera pas devant le même tribunal que moi puisqu'il est majeur. Je suis stupéfait: Léo majeur? Il a donc menti pour m'apitoyer? Il aurait dix-neuf ans et se serait évadé d'Orsainville où il avait été enfermé pour le viol de sa jeune soeur et bien d'autres méfaits. Le coeur me fait mal. Je ne veux pas croire que mon compagnon de quelques mois est un criminel de cette espèce. Le coeur me manque, je pense m'évanouir devant la réalité affreuse à laquelle je me suis exposé par naïveté. Je demande une cigarette qu'on m'accorde aussitôt. D'un ton paisible et rassurant, les agents m'encouragent à collaborer avec eux afin de recouvrer les objets volés. Humilié d'apprendre que notre vol s'élevait à plus de vingt mille dollars, dont nous n'avons retiré que des poussières, je décide de raconter l'aventure, mais sans incriminer celui qui n'a pas encore été impliqué.

Je dois accompagner les agents dans la chasse aux objets, mais l'opération présente de grandes difficultés. Je ne connais pas le nom de la fille à qui j'ai donné la montre à diamants, et elle a disparu dans le décor. Quant aux chandeliers de la boîte à lettres, ils ont été escamotés. Le pire est de me retrouver devant maman, menottes aux poings, entre deux détectives à qui elle fait mon procès avec une insistance qui finit par les indisposer eux-mêmes. Enfin on rapporte de la chambre de Monique les objets que je lui ai donnés (Monique est à son travail) excepté la montre dont elle aurait dit qu'elle fonctionnait mal et qu'elle aurait jetée.

De retour dans ma cellule, je supplie mes anges gardiens de me procurer des cigarettes, tandis qu'ils me recommandent d'éviter de provoquer les autres policiers, même si leurs façons d'agir ne sont pas toujours correctes. Leurs conseils ne sont certainement pas superflus à la veille d'une fin de semaine en cellule, sans drogue et presque à jeun, condamné à une méditation sur mon passé et mon avenir, aussi décourageants l'un que l'autre. Je manque de concentration et de suite dans les idées et me sens terriblement seul, privé de la plus élémentaire présence, celle d'un père qui m'expliquerait pourquoi je dois vivre ce martyre. Rien autour de moi que des murs gris couverts de graffiti que je n'ai même pas envie de déchiffrer, face à ma conscience à vif, face aux crimes qui ont violé mon enfance. Le tableau est si morbide que je me mets à crier et à pleurer, la tête dans les mains. Je tremble et j'implore le gardien accouru de me donner de la drogue, parce que je ne peux plus en supporter la privation. Lui me répond calmement, avec une certaine compréhension, et son attitude aiguise mon désarroi et ma souffrance. Il m'encourage à prendre mon mal en patience. Couché, assis, la tête entre les genoux ou sous le robinet d'eau froide, ou faisant les cent pas dans ma cellule trop étroite, je me berce avec les paroles de ma chanson fétiche, inlassablement: *Maintenant, Nicolas et Bart, vous dormiez...* Mes pauvres rêves sont vite noyés dans un flot de larmes. Je ne peux ni m'évader du réel ni affirmer mon esprit à travers lui.

On a amené mon voisin de cellule un peu avant le souper du samedi. Il m'a salué en passant. Lorsqu'il est revenu, je ne l'ai pas reconnu. Il saignait du nez et de la bouche mais trouvait encore moyen de chanter victoire. Moi je n'ai aucune envie de ce genre de victoire-là et je ressens encore plus intensément ma solitude et mon désarroi devant le couloir silencieux et désert et, après neuf heures, la lueur d'une veilleuse.

Le repas consiste en un sandwich et un petit verre de lait tiède. J'éprouve d'incessantes inquiétudes, même au sujet de l'heure, car le silence est total et les communications avec le monde vivant rompues. Quelle chose affreuse qu'un dimanche en prison...

Le retour des activités de la semaine me soulage un peu. Depuis trois jours je ne me suis pas lavé et n'ai absorbé que des sandwiches infects en guise de menu. Je m'en plains aux deux agents qui me reçoivent dans leur minuscule bureau, et ils me promettent d'y voir personnellement. Ils m'annoncent que je passerai peut-être en cour dès la fin de cet après-midi et que ma mère sera présente ainsi que la cour juvénile l'exige. Elle témoignera de mon comportement au sein de la famille et on décidera s'il convient que je réintègre la maison.

Malheureusement j'attendrai au lendemain après-midi la chance de quitter une cellule où je ne peux me défendre ni des moqueries du policier à moustaches ni des réactions violentes de mon corps au manque de drogue, ni des assauts de ma conscience devant la peur. Oh! que j'ai peur. Peur de l'avenir, peur d'affronter un juge, peur de moisir en prison. J'imagine les formes de suicides possibles pour échapper à ma hantise, mais je ne dispose d'aucun instrument pour me trancher les veines et je ne me résigne pas à me frapper la tête dans les murs jusqu'à ce que mort s'ensuive. Par moments, je tente de poursuivre une méditation prolongée qui me fasse oublier le poids de mon corps, mais en vain. Je ne parviens même pas à garder les yeux fermés pendant quelques minutes: aussitôt des visions terrifiantes m'assaillent. Puis des étourdissements surviennent, j'étouffe, un brouillard épais m'environne et je sombre. La petite chanson fidèle de *Sacco et Vanzetti* reprend sa musique filandreuse, me parlant doucement de la mort qui ouvre le pays des merveilles et de la véritable enfance. Elle m'incite à la patience et à la ferveur des élus qui savent que leur heure finira par sonner.

Si au moins je pouvais dormir, peut-être apprendrais-je de quel droit on me prive de ma liberté. Ne suis-je pas pareil à tant d'autres que les gens de pouvoir et

196

d'autorité tolèrent? Qu'attendent-ils donc de moi? Que j'accepte leur loi et leur hypocrisie? Plutôt mourir... Ah! si seulement la mort voulait de moi...

Mardi après-midi j'apprends que mon heure a sonné: je passerai aujourd'hui en jugement, devant ma mère et les deux agents dévoués à mon cas. Une boule dure se forme dans ma gorge et pendant quelques secondes j'ai l'espoir de cesser de respirer. Quelle autre chance ai-je de m'en sortir avec un dossier épais comme ça? Je suis parfaitement capable de juger de la gravité de mes actes, mais inapte à dénigrer le comportement intérieur qui m'a aidé à survivre malgré l'impuissance et mes aberrations. J'ai voulu devenir un homme et contrôler mon destin et voici que de puissantes personnes prétendent contrarier mon choix, me déposséder des ressources de ma liberté et de mon libre arbitre. Ne vaut-il pas mieux mourir que d'accepter pareil esclavage?

Ce dernier midi, je ne peux rien avaler. J'entrevois l'humiliation suprême d'être condamné sous les yeux de ma propre mère, la honte de la prison qui rejaillira sur mes frères et soeurs, l'obligation de porter l'étiquette de criminel pour le reste de ma vie. Voilà à quoi mon statut de marginal irréductible m'aura conduit.

La cour juvénile siège sur la rue Saint-Cyrille, coin Turnbull. On m'y emmène vers une heure, menottes aux poings. Au bureau central, on a remis à mes escortes l'enveloppe presque vide qui contient mes effets personnels. On me rend ma ceinture et mes lacets et j'entends les adieux, quelques-uns moqueurs, d'autres plus amicaux, des policiers qui ont supporté mes plaintes et mes cris pendant les quatre derniers jours. À l'extérieur, le soleil brille et d'étranges sensations m'envahissent. Comme on oublie vite la lumière dans une cellule fermée de grilles! Plus je me rapproche de la fin de mon aventure, plus j'ai de peine à contenir mes émotions. Le trajet entre la station de police et l'édifice de la Cour m'est un supplice. J'ai la chair de poule, mon urine veut absolument s'échapper, mon coeur palpite. Je ne serais pas plus désespéré si je me rendais devant le peloton d'exécution. Entrer dans l'immeuble, parcourir ses couloirs, franchir ses portes métalliques me semblent une interminable expédition en des enfers plus misérables que ceux où Dieu en colère plonge les damnés.

Un gardien ouvre la porte de la pièce où les détenus doivent attendre leur tour de comparaître devant le juge. Nous sommes six dans cette pièce. On m'enlève les menottes et on me laisse avec mes camarades de délinquance. Plusieurs ont plus d'expérience que moi: l'un a connu Orsainville, deux autres sont passés par Tilly. Ils s'intéressent à mes hauts faits quoique j'en sois à mon premier passage devant le juge. En les observant, je me rends compte qu'eux et moi appartenons à la même archiconfrérie; pourtant je refuse d'admettre que je doive partager leur sort. J'allègue que nos ressemblances ne sont qu'apparentes. Moi, je n'ai pas ma place parmi eux, je suis innocent des crimes qu'on m'impute, et plaiderai que je suis une victime...

L'un des agents de liaison qui m'accompagnent vient me prévenir de l'arrivée de maman. Mon premier réflexe est de la renvoyer au diable, à qui elle appartient, mais l'agent me conseille de l'amadouer afin qu'elle penche en ma faveur. Même si je ne suis pas convaincu de sa bonne volonté, je cède à la suggestion et accepte de parler à travers le petit carreau derrière lequel elle est postée. Je ne peux pas voir son visage à travers l'étroit carreau, uniquement ses yeux, ses yeux pleins de tristesse et d'amertume. Je ne parviens pas à articuler la moindre parole tellement je suis tendu. Mais elle peut parler et le discours qu'elle me sert, je le connais par coeur. Je l'ai si souvent entendu, je sais qu'elle souhaite qu'on m'incarcère, mais qu'elle l'avoue produit un effet désastreux sur moi: elle vient de creuser l'enfer sous moi, encore plus profond et définitif que je l'imaginais. Le spectre de la folie a passé devant mes yeux, fulgurant et meurtrier...

La salle d'audience se trouve au deuxième. J'y suis

conduit vers trois heures, et n'ai même plus assez de courage pour tenter d'échapper à mes escortes. La première personne que j'aperçois en entrant est ma mère. Elle est vêtue sans aucune recherche, elle a les cheveux en désordre et l'air épuisé et misérable. Le juge est présent et le reste de la salle désert. Les agents de liaison demeurent à mes côtés en attendant de témoigner. Je dois rester debout devant le juge pendant l'énumération de mes innombrables inculpations dont il fait le commentaire au fil de sa lecture. Il me considère avec un étonnement dont il me fait part, car mon dossier lui a fait imaginer je ne sais quel visage à quoi je ne semble pas correspondre: je connais fort bien le monstre dont il s'inquiète et sans doute pourrais-je lui en fournir une assez bonne description. J'ai demandé à m'asseoir et me suis fait rabrouer: on n'interrompt pas un juge dans l'exercice de ses fonctions et la station debout incite, paraît-il, à la contrition et au ferme propos.

Les témoignages des agents de liaison confirment ma culpabilité, même s'ils soulignent l'excellente collaboration que je leur ai offerte et le respect que je leur ai manifesté. À son tour, maman raconte au juge ma petite histoire, décrivant tristement mes difficultés d'adaptation, ses efforts pour me diriger dans la bonne voie, la souffrance que je n'ai cessé de lui infliger par mes comportements. Elle voudrait que le juge me laisse une chance, bien sûr, celle d'aller en prison pour me refaire une conduite et une santé morale, car elle se sent impuissante à m'aider, incapable de me contrôler.

J'ai failli m'évanouir et le juge me permet de m'asseoir. Sans doute aurais-je été mieux inconscient; alors j'aurais évité l'abominable irruption des sentiments dévastateurs qui m'ont acheminé jusque dans cette salle, devant un juge chargé par la société de m'isoler pour des raisons de santé et de sécurité, et le blabla de consolation...

Je purgerai les deux mois de ma sentence au Centre de Jeunesse Tilly jusqu'à ce qu'on trouve pour moi un lieu plus adéquat où assurer ma réhabilitation. J'ai dû reprendre la station debout pour l'énoncé de la sentence et mon corps est devenu du plomb. Je ne parviens même pas à pleurer, le remous qui m'agite en ce moment ne se traduit pas par des larmes. Il faudrait une formidable explosion pour évacuer ce poids énorme d'angoisse et de désespoir, de haine, de frayeur, de détresse et de dégoût. Et tant mieux si l'explosion pouvait me réduire en morceaux, me déchiqueter, me tuer, me rayer du nombre des vivants.

De retour avec mes gardiens dans la petite salle d'attente, je ne retiens plus la déflagration. Mes larmes coulent abondamment et furieusement, me délivrant de la pression de mes os qui voudraient éclater eux aussi. À l'agent de liaison qui dit que maman veut me voir, je réponds avec une brutalité sans proportion. Je ne permettrai pas qu'elle sache que j'ai pleuré, je ne saurais tolérer qu'elle m'arrache un dernier espoir, une parcelle de l'immonde tristesse qui s'est abattue sur moi, comme un grand oiseau noir dont les serres m'étouffent, m'étouffent. La porte qui se referme sur moi, sa main l'a poussée autrefois alors que j'étais trop faible pour empêcher que l'on m'enferme, qu'on me sépare des autres et de moi-même. S'il n'en tient qu'à moi, elle ne s'ouvrira plus entre ma mère et moi.

Le Centre Jeunesse Tilly est situé sur la rue Muir, à Sainte-Foy, à proximité de la prison des femmes. Y arriver en ce moment et dans cette circonstance me semble l'expérience la plus éprouvante que j'aie jamais eu à vivre. J'ai du mal à contrôler ma vessie chaque fois qu'une situation m'énerve ou que mes sentiments s'exaspèrent sans être extériorisés. Or je ressens de la rage d'être amené menottes aux poings, vide d'énergie, gelé par la peur de l'inconnu. La bâtisse, aussi bien à l'extérieur qu'à l'intérieur, m'apparaît sinistre. Le froid déroulement de mon arrivée, son rituel de prison me serrent les tripes. On procède à la fouille comme si j'étais un bandit. Fouille sociale d'abord: âge, poids, taille, passé médical, cicatrices, tatouages. Je réponds aux questions à travers le brouillard de ma faiblesse, consécutive à la privation de drogue. On me fait déshabiller complètement afin de fouiller le moindre ourlet de mes vêtements et d'examiner le moindre pli de mon corps: oreilles, bouche, orteils, rectum, pénis. Une fois l'investigation achevée, on m'expédie à la douche, agrémentée d'un shampooing d'odeur suffocante, aux propriétés anti-morpions, asticots et autres microbes. Mes vêtements sont remplacés par l'uniforme de l'institution et je me retrouve dans le bureau, habillé, parfumé selon la règle, mais affamé. Il est six heures et je n'ai rien avalé depuis le matin.

Si je comprends bien, l'état de mon estomac ne fait pas partie des préoccupations des experts fouilleurs. Je n'ai qu'à attendre, assis et en silence, l'apparition présumée du moniteur qui me prendra en charge. Dans ce bureau, un petit voyou de plus ou de moins ne change pas grand'chose à la routine. Je me retiens pour ne pas foutre le bazar en l'air, je ne voudrais pas aggraver mon cas. Je suis, je dois demeurer l'esclave obéissant de mes hôtes. Même si la révolte gronde en moi, une soif de défi et de revanche qui n'a rien de rassurant, je reste assis et je me tais. Mais un jour, oui, un jour je parlerai. Ces pantins ne perdent rien pour attendre.

Le moniteur est arrivé à sept heures. Je l'accueille assez fraîchement, conscient que je ne lui dois encore rien. Il s'émeut des doléances de mon estomac et m'emmène à la cuisine. Mais les réfrigérateurs étant fermés à clé, les seuls aliments à portée de la main sont des biscuits, du pain, des céréales, du lait froid. Il me sert un bol de céréales avec du lait, me fait griller du pain, m'offre une poignée de biscuits, l'air désolé et un brin moqueur — on peut exiger son petit déjeuner à sept heures du soir quand on s'offre la prison à seize ans, non? N'importe quelle bouffe plutôt que le jeûne.

Le quartier où mon guide me conduit me semble le pire de l'établissement avec ses murs défraîchis et sales. Une appréhension malsaine me gonfle le coeur tandis que je fais connaissance avec ma cellule: porte de fer percée d'un minuscule carreau, siège de toilette, lavabo, lit de fer, armoire format table de chevet à peine suffisante pour y ranger quelques vêtements, miroir de plastique incrusté dans un mur de béton, autrefois peint en blanc, devenu gris et zébré d'égratignures. L'unique fenêtre voisine le plafond et ne permet pas de regarder à l'extérieur. Plus étroite encore que ma cellule du Parc Victoria, aussi étouffante et triste... Je dépose la literie et mes objets de toilette sur le lit, car le moniteur désire me présenter immédiatement aux autres détenus. Nous sommes bien des *détenus*. Oui, retenons le mot que j'emploierai pour décrire le genre de pensionnaires que nous figurons ici. Pas tellement moyen de s'y tromper, avec ces portes fermées à clé devant et derrière nous...

En passant il y a un instant j'ai pu apercevoir, dans le salon, des garçons à cheval sur une chaise, paquet de cigarettes dans la manche de leur pull, en grande conversation... La peur m'étrangle au moment de les affronter; je ne sais pas pourquoi on m'a placé dans la section des durs, mais j'ai la nette intuition que je n'adopterai jamais la longueur d'ondes qu'ils dégagent. Encore une fois je me retrouve, comme à l'école et au pensionnat, l'un des plus malingres. Ils ont le corps bigarré de tatouages et de cicatrices, un langage constamment grossier, des gros bras et des regards directs et sans pitié. Si j'essaie de fraterniser, et le moniteur m'y incite, ils ne vont faire qu'une bouchée de moi. Pourquoi le ferais-je? Je ne souhaite absolument pas devenir semblable à eux.

Sans dire un mot, je me poste près de la fenêtre, essayant de prévoir un dénouement à la situation. Sans quitter leur siège, les gars me posent les questions habituelles auxquelles je ne réponds rien. Bientôt ils se mettent à plaisanter à propos de mon mutisme puis, d'une façon légèrement menaçante, à proposer quelque remède de leur pharmacopée à mes troubles vocaux.

Mon premier contact a été une démarche en vue d'obtenir une cigarette. Interdiction de partager et d'échanger quoi que ce soit entre détenus sans l'assentiment du moniteur. Parce que je n'ai pas encore reçu ma provision de tabac, le moniteur autorise un garçon à me refiler une cigarette. Je l'allume et retourne à la fenêtre, incapable d'émerger de l'état quasi léthal où je baigne.

Après la douche, je décide de rester dans ma cellule au lieu de retourner au salon. Je prépare mon lit lentement, enfermé dans la terrible réflexion qui m'oppresse depuis cinq jours, qui m'écrase à mesure que le temps passe et qu'il n'y a plus moyen de noyer mes pensées dans l'alcool et la drogue. La chiennerie de mon existence m'apparaît dans son inacceptable vérité. Plus la nuit avance, plus je réalise que je n'ai qu'un désir: mourir. Dans l'obscurité, j'essaie de m'étouffer avec ma taie d'oreiller. Je tripote fiévreusement mes carotides pour provoquer l'étranglement. Rien ne fonctionne, le sommeil non plus. À travers l'inquiétude et le remords, j'examine ma condition de prisonnier, la pire, faite d'un tissu d'interdictions et de routines, de surveillance et de stagnation.

Dès le premier matin, je suis happé par l'ennui intarissable des journées à Tilly. Les moniteurs et les détenus se rassemblent à travers la grisaille et l'absence de communication réelle. Les échanges se bornent à des bousculades, des ordres, des reproches, des grognements, des frictions, des engueulades. La laideur des locaux ajoute à l'ambiance débilitante. Aucune des occupations de la journée ne me permet d'investir les énergies qui me restent: les cours de bricolage ne présentent aucun intérêt. Pour échapper aux pressions du groupe, je m'évade dans d'interminables rêveries, je fais de la contemplation morose et ressasse des projets de suicide en même temps que j'échafaude la terre promise à laquelle la mort me donnera droit.

Les moniteurs cherchent à m'extirper de la mélancolie où je sombre corps et biens; mais je ne tolère aucune intrusion dans le monde imaginaire où le désarroi m'entraîne. Je n'aborde les autres que pour des détails ponctuels, terre-à-terre; je ne partage les heures de loisirs avec personne, et Dieu sait si elles sont longues dans cette institution sans programme éducatif ou culturel. La télé et les cartes, des occupations de vieillards, tel est le programme qu'on a élaboré et qui nous prépare à être utiles à la société. À croire que nous n'allons jamais sortir d'ici.

Je voudrais protester, provoquer l'explosion de ces murs ridicules et libérer l'oiseau au fond de moi. Où que mes yeux se posent, je ne distingue que des grilles et des murs, même dans l'intimité de mon corps et de mon esprit. Chaque détenu se tient derrière une porte fermée à clé, chaque moniteur érige une muraille coiffée de barbelés. Mon imagination se resserre sur elle-même, futile organe empêché de fonctionner librement. La solitude me rend misérable mais je ne me résigne pas à frayer avec des compagnons totalement étrangers à moi. Il me suffit de constituer une présence visible parmi eux, de fournir involontairement une cible à leur agressivité, à leur désoeuvrement et au manque d'organisation de notre vie collective. Est-ce une vie valable que de fumer, manger, jouer aux cartes, s'habiller, se déshabiller, prendre une douche, faire la sieste en plein après-midi, regarder la putain de télé?... J'aimais mieux ma dope, les risques et les défoulements de ma vie errante. Même l'activité physique — une demi-heure par jour — est sujette aux humeurs des moniteurs. Quant à ma rééducation, elle va bon train: les détenus ne cessent d'échanger des renseignements utiles à la poursuite d'une carrière de voleur, de raconter leurs brillants exploits, de préparer les coups à venir. Je n'aime pas entendre discuter de ces choses: lorsque je travaillais, je le faisais sans ostentation, dans la plus grande discrétion. Je n'aime pas non plus les démonstrations de gros bras, l'étalage d'affreux tatouages ni les vantardises des fiers-à-bras!

Oh! oui, j'en ai peur. Lorsque l'un d'eux s'approche de moi, mon ventre veut éclater, mais je ne le montre pas. Je réplique verbalement aux provocations, je tiens

mon bout. Mais passer à l'agression physique représente une autre affaire. Je retrouve mes vieux complexes et j'emploie beaucoup d'énergie à jouer le jeu,
espérant toujours qu'on n'en viendra pas aux poings.

Le défilé pour la douche me ramène lui aussi à d'anciens problèmes. Comme au pensionnat, les gars circulent vêtus d'une serviette et je fais rire de moi en prétendant aller aux douches habillé. Le moniteur s'en mêle et
m'oblige à me comporter raisonnablement; force
m'est d'obéir. J'ai toujours aussi honte de me promener
en serviette devant des témoins et mon retour des
douches, très attendu, m'attire une série de railleries de
la part des gars postés devant leur cellule pour me regarder passer. Gêné par cet accueil, je presse le pas afin de
disparaître au plus sacrant, ma serviette se détache, je
me retrouve flambant nu dans le couloir, à la vue des
rieurs... Affichant une indifférence que je suis loin de
ressentir, je termine le trajet d'une quinzaine de pieds,
nu, bien droit sous les quolibets et les risées des détenus. J'aurais bien aimé ne pas retourner au salon où se
termine la veillée, mais j'aurais été privé de la collation
de dix heures, et je n'aurais réussi qu'à retarder la
confrontation. Assis au fond de la salle, de façon à
n'avoir personne dans mon dos, car je redoute les coups
sournois, je me roule une cigarette et m'évade dans
mon univers intérieur, là où la tyrannie, la haine, la rivalité n'existent pas. Je n'arrive pas à croire que je resterai
deux mois dans ce lieu dégradant, comme un chien au
bout d'une corde, empêché d'atteindre sa niche et de
s'y installer.

Au bout d'une seule journée, j'ai l'impression
d'avoir passé plusieurs mois dans la galère. Des pleurs
m'assaillent sauvagement et le retour de la nuit me fait à
nouveau rêver d'évasion, sinon par la mort, du moins
par des moyens à ma portée. J'ai remarqué hier, lorsque
j'ai serré mes carotides, qu'en appuyant très fort pen-

dant un certain temps, et en gardant sa respiration, puis relâchant la pression, on avait la sensation de glisser dans une autre dimension de l'univers. Je répète la manoeuvre des dizaines de fois, sans interruption, et réussis à voyager dans un étrange espace où les esprits communiquent facilement et dans un climat de détente, un peu comme sous l'action de la drogue. Je sais que je peux en mourir, que le jeu est dangereux, mais la possession de la vie n'a aucune importance pour moi. En bordure de ma conscience, j'entends ma chanson, celle de *Sacco et Vanzetti* qui m'attire comme un aimant vers des gouffres si invitants, dans leurs sereines profondeurs, que je m'endors presque consolé.

Mon entrée à Tilly n'est pas un succès. On a envie ou de me secouer et de me sortir de mon apathie, ou de me régler mon compte; je tombe sur les nerfs d'un tas de personnes. Le samedi et le dimanche n'arrangent rien, puisque les plus futiles prétextes sont bons pour nous priver du cinéma du samedi soir. Quant au dimanche, à part la messe à la chapelle, trois-quarts d'heure de promenade dans la cour et le parloir réservé à la famille immédiate, il est encore plus ennuyant que la chanson le dit. Je suis trop stressé pour faire mieux que des gaffes. Insulté, provoqué, harcelé par les autres détenus, je les inonde de sermons et de discours qui répondent sans discernement à leurs invitations et à leurs coups. Je me mets les moniteurs à dos en critiquant leurs décisions et en refusant ma participation aux activités de groupe. Ils ont essayé la douceur, la mise à l'écart, rien ne réussit à me sortir de ma paralysie et de mon entêtement. Mon attitude dérange trop de monde, je n'ai que des ennemis et arrive l'incident qui devait se produire: le leader de service m'a infligé une raclée avec la complicité et l'approbation des moniteurs qui espèrent que je vais en tirer la leçon.

Mais on ne m'a pas convaincu de l'utilité d'une telle ressemblance. Mes camarades sont des bandits en herbe, grossiers et vulgaires, dressés à cogner. Je le répète, tête haute, au moniteur qui tentait de me persuader d'imiter les autres pour survivre. Ma réponse semble le faire réfléchir et bientôt les détenus ne pourront plus me harceler en sa présence. Ils se reprennent généreusement quand il n'est pas là, de toute façon. Cependant ni les brimades ni les caresses ne me fléchiront.

Après un mois de ce régime, j'accepte de téléphoner à maman. J'ai besoin d'attention et d'encouragement à un point tel que je suis revenu sur la décision de ne plus me souvenir de son existence. Je lui demande des cigarettes et des bandes dessinées mais, avant que les trois minutes permises soient achevées, nous avons eu le temps de recourir aux gros mots et de nous asséner les coups que nous ne voulions pas nous infliger. Fiasco sur toute la ligne.

En octobre je fais la connaissance de mon officier de probation Serge Gélinas. Il est pour ainsi dire le titulaire de mon dossier de cour, le confident de mes projets d'avenir, mon messager de l'extérieur. Pour l'instant je n'ai pas plus confiance en lui qu'en quiconque. Je réponds par oui ou non à ses questions ou n'y réponds que par des haussements d'épaules. Il est armé et je ne le suis pas, à moi de préserver mon abri. Je ne lui permettrai pas de se servir de moi. Par contre j'aimerais bien me servir de lui pour quitter un endroit où je suis désespérément malheureux. Il m'explique que je ne pourrais retourner au pensionnat parce que mes délits sont trop nombreux et trop graves et parce que j'ai dépassé l'âge d'y être admis.

Au fond je ne veux pas me le mettre à dos, ni l'indisposer; il est le seul être qui puisse m'aider à sortir de mon enfer. Il se rend compte que je suis continuellement au bord de l'explosion, retenant mes cris et mes larmes avec fureur. Mais il ne comprend pas ma méfiance, mon langage plus symbolique que rationnel; mes ruses et mes feintes l'impatientent, alors qu'il s'efforce de démontrer son amitié et sa bonne volonté. Mais moi, je sais seulement que j'étouffe entre des murs tristes et laids, pleins d'oreilles malveillantes. Je sais que je n'apprends rien qui m'aide à reconstruire ma vie, à découvrir de quelles pensées, désirs et sentiments je dois la remplir pour y respirer à l'aise. On a prétendu, pour mon bien, m'imposer des exemples, des règles, des limites qui m'étranglent et ces contraintes me détruisent.

Mon deuxième procès aura lieu le 15 décembre, devant le juge Marguerite Choquette. À cette date j'aurai écoulé trois mois d'une peine de deux mois. J'imagine avec une sorte de frénésie la fin de mon incarcération, le plongeon enivrant dans la vraie vie. Jamais je ne reviendrai ici lorsque j'en serai sorti. Oh! non, jamais.

Début novembre j'apprends que je suis demeuré dans le quartier des durs tant que l'aile de protection n'a pas disposé d'une cellule libre. Je suis transféré dès aujourd'hui. Je ramasse mes objets personnels dans une couverture et vais attendre au salon le moment de mon départ. Dans la salle, mes codétenus commentent l'événement. Ils semblent aussi soulagés de me voir filer que je le suis de me séparer d'eux, et nous n'avons aucune raison de dissimuler notre mutuel contentement.

Omer Pilon vient me chercher à la fin de l'après-midi. L'homme est grand et gros, ventripotent, a les cheveux blonds et bouclés, les doigts chargés de bagues. Il m'impressionne par sa démarche assurée et son abord distant. Il commente favorablement mon installation dans son aile où les détenus et moniteurs se montrent moins agressifs, plus conciliants et sociables. Omer me fait déposer mon bagage dans ma cellule et m'emmène rencontrer les autres pensionnaires. Au premier coup d'oeil, la scène qui s'offre à moi est absolument identique à celle du salon des durs. À première vue seulement, car j'ai senti dès l'abord, aux sourires qui m'ont accueilli, que j'arrivais au milieu de camarades accessibles et conscients de la valeur des rapports humains. Ils me ressemblent, voilà une observation qui me rassure: ils n'ont rien des brutes que j'ai connues auparavant. Je m'assieds seul à une table, après les présentations, mais aussitôt on m'invite au sein d'un groupe pour jaser et jouer aux cartes. On m'interroge sur mon séjour chez les durs, on met en doute mes descriptions, croyant que je charrie pour me rendre intéressant, — et je saisis l'occasion d'exprimer le réconfort que j'éprouve à changer de groupe et à me retrouver parmi les civilisés.

Dans cette aile, le va-et-vient des pensionnaires est excessivement rapide. La plupart n'y restent que quelques semaines, d'autres quelques jours. On fait connaissance, on se rapproche un peu, on se sépare presque aussitôt. J'envie ceux qui retournent dans leur milieu ou une famille d'accueil. Chaque pensionnaire évoque son prochain passage en cour pendant des jours, pesant ses chances, élaborant des projets.

À part la menuiserie et la poterie qui occupent chacune un avant-midi de la semaine, pas d'occupations ni de vraies distractions. Je ne suis pas admissible à la fréquentation scolaire extra muros, le juge ayant exigé pour moi la protection maximale. Mon pire problème est l'interminable loisir dont je dispose pour la rumination de mes difficultés personnelles. Que de loisirs! Autant j'ai de l'imagination et du bagout s'il s'agit de régler les problèmes d'autrui, autant je m'enfarge dans les miens. Ici aussi je refuse la pratique des sports, lui préférant l'isolement dans ma cellule. Et chaque fois qu'un moniteur sévit, je déterre hélas un langage de fond de cour qui ne sent pas trop bon. En bref je voudrais qu'on me laisse constamment agir à ma guise, qu'on abolisse un règlement qui ne s'ajuste pas à moi.

Dans un autre ordre d'idées, je suis toujours rigoureusement incapable de me confier. Et les autres m'en font reproche. Cette contrainte débouche sur des sautes d'humeur, des inégalités de caractère que j'impose forcément à mon entourage. Je ne consens à quiconque le privilège de me consoler, et j'évite de révéler de quel mal je souffre. Physiquement je déteste suppor-

209

ter les migraines et les crampes causées par la privation de drogue. Je cultive les étourdissements et une foule de petits malaises réels ou imaginaires qui me permettent d'obtenir régulièrement des médicaments. Je recours à des maux de ventre, de tête et de dents perpétuels et hante l'infirmerie. Je brûle ma crédibilité de malade universel en me plaignant continuellement, mais j'ai trop besoin d'un substitut à la drogue et d'un prétexte pour échapper au sport; les conséquences morales de mes actes ne me préoccupent pas le moins du monde. Pas plus que la menace de mort attachée aux exercices de pression sur les carotides.

J'ai entendu parler du *pit vert* dès mon arrivée à Tilly. Mais maintenant j'y fais mon tour, et pour une raison qui a semé l'hilarité dans le département. Pendant un certain temps j'avais ramassé des pelures de bananes que j'ai laissées sécher dans les fentes de mon sommier. Une fois sèches, je les ai égrenées et mélangées au tabac à cigarettes. Pendant deux ou trois jours, je fume ma mixture qui me cause un féroce mal de tête et des étourdissements. Bien que l'odeur de mon tabac spécial ne soit pas trop forte, un moniteur l'a flairée, m'a ordonné d'éteindre ma cigarette et de la lui remettre. En l'émiettant, il repère les petites particules brunes dont il veut évidemment connaître la nature. Devant mon silence, grand branle-bas: ma cellule est mise sens dessus-dessous, le matelas dans le couloir, mes vêtements inspectés, les moindres articles examinés. À force de recherches, on a fini par découvrir... les pelures de banane.

Le fou rire a saisi les moniteurs, m'a gagné moi-même, mais je sais bien qu'ils ont compris que je fumais ce mélange en guise de dope. Comment auraient-ils deviné que je cultivais de cette façon les maux de coeur et de tête qui me permettent d'obtenir des médicaments et de visiter la seule femme de l'étage, l'infir-

210

mière qui m'exempte de l'exercice du sport. Évidemment je ne tiens pas à ce qu'ils connaissent mes véritables motifs, alors je ris avec les rieurs.

Donc, je fais l'expérience du *pit vert*. On y séjourne en sous-vêtement, petite culotte seulement. Les murs de la chambre sont capitonnés de tapis vert ainsi que le plancher. Pas de toilette ni de lavabo. En guise de décor, un matelas sans ressorts métalliques qui occupe presque la totalité de la cellule. Une insupportable odeur d'urine s'en dégage. Ma réaction est vive, immédiate: coups de poings, coups de pieds dans la porte, engueulade universelle du ramassis de dragons à face humaine qui abusent de mesquins pouvoirs et tyrannisent de pauvres êtres sans défense.

N'empêche que j'y passe la soirée, puis la nuit, puis une partie du lendemain... Et je fais une découverte inattendue: celle de la prière. Je ne peux pas dire que je suis naturellement pieux, mais ici, dans la solitude et l'enfermement, je retrouve le pouvoir quasi hypnotique de la prière, sa façon de stimuler l'espoir qui dort au fond de nous, de rallier nos forces au repos. À fixer les murs verts qui m'emprisonnent, je constate qu'une évasion physique est totalement impossible. Pour ne pas crever sur place, il faut que mon cerveau ou mon coeur parvienne à les franchir: par la prière, parfois confiante et naïve, parfois agressive, j'y suis parvenu. Lorsque le moniteur vient me délivrer, il ricane encore en parlant de pelures de banane, mais j'ai perdu le goût d'en rire. Mes camarades ont envie de rigoler mais ils respectent mon état d'âme; ils connaissent la désolation qu'un gars ressent après quelque temps dans le maudit *pit vert*.

J'ai eu le loisir d'y prendre la résolution de ne plus essayer de trucs qui trichent avec les règlements. Je veux finir ma peine d'une façon responsable. J'ai réclamé des livres de biologie, de psychologie, sur la religion, n'importe, j'aimerais tant comprendre l'être que je suis, à travers les découvertes faites à propos des hommes. On ne peut m'offrir hélas que des bandes dessinées, des manuels de bricolage et de mécanique, des romans insipides. Tant pis, je m'en contenterai et la bibliothèque d'information demeurera à l'état rudimentaire.

Cette nouvelle privation ne change pas ma résolution: je montre enfin de la bonne volonté à collaborer avec les moniteurs et développe un dynamisme quotidien auprès de mes camarades. Mon penchant au sermonnage ne les décourage pas de manifester leur amitié quoique la distance que je leur impose par rapport à mes problèmes en blesse plusieurs. Je refoule profondément mon émotivité, autrement je pleurerais jour et nuit. Au fond de moi l'espace se referme sur un cul-de-sac.

Serge me le rappelle à sa façon, en prévision de mon procès du 15 décembre. Il m'a clairement laissé entendre que l'absence d'un lieu refuge pour moi au sein d'une famille, de même que l'ensemble de mon comportement à Tilly argumentent en faveur d'un prolongement de séjour. Même devant mon agent de probation, et alors que mon sort semble reposer dans ses mains, je suis incapable d'évoquer le secret qui m'obsède et m'épouvante. Les mots me restent dans la gorge, je bégaie et m'étrangle. Le fait que je refuse de voir maman me nuit et Serge voudrait que je la reçoive et tâche de m'entendre avec elle. Ensuite il se chargera de la persuader de m'accueillir durant un week-end de la période des Fêtes.

Que ne ferais-je pas pour deux jours de liberté? Soit, je téléphone à maman avec la permission de Serge, et lui arrache la promesse d'une visite. Je ne suis pas sûr du travail de mon agent de probation que je soupçonne d'être de connivence avec Madame le juge et les autorités de Tilly. Ma déception est trop vive pour que j'en éprouve d'un seul coup l'amertume. Combien de temps encore me gardera-t-on ici, alors que ma sentence de deux mois est écoulée depuis plusieurs jours? Et pourquoi n'ai-je pas un foyer convenable disposé à m'accueillir, alors que je fais officiellement partie d'une famille? Ou pourquoi ne me laisse-t-on pas m'occuper de moi-même finalement?

Maman est venue seule, on n'a pas laissé entrer son ami Marco. Je ne l'aime pas mais sa présence me fait plaisir. Elle a l'air épuisée, ses yeux sont pochés et cernés, ses cheveux négligés. Elle s'est mise à pleurer en me voyant, mais je reste sur la défensive devant elle, et incapable de répondre à ses remarques. Elle n'aime pas me voir prisonnier dans cette institution et promet de faire son possible pour que je puisse sortir pendant le weekend de Noël. Je suis si mal à l'aise devant elle que je m'enfuis dès que j'ai obtenu sa promesse. Je me rappelle brièvement ma mère si vaillante en Gaspésie; la femme que j'ai offensée et humiliée, elle m'offense et m'humilie à son tour. Ne me suis-je pas trop cruellement vengé sur elle des erreurs commises à mon endroit? Que je voudrais la haïr sans pitié au lieu de subir les affres d'un amour filial étouffé mais toujours vivant!

J'ai appris une chose à Tilly; nul ne peut vivre à l'écart de sa famille et trouver le diapason de sa propre harmonie. Sans amour, sans liens humains suffisamment forts, que puis-je devenir? À quoi m'ont mené les efforts d'une année dont je discerne enfin l'atroce escalade? Ici. Elle m'a mené ici, derrière les grilles.

En attendant mon procès, je me laisse entraîner par mes camarades dans leurs activités. Ils savent me stimuler en me prenant par les sentiments. Nous passons un peu plus de temps à l'extérieur, à jouer au ballon balai sur la patinoire qu'il faut aussi entretenir. La seule concession qu'on ne m'arrachera pas concerne les moniteurs: je n'accepte de leur part ni un ordre, ni un conseil ni un encouragement. Cette lutte à finir entretient mes migraines et mes étourdissements. À cause d'opportuns ulcères d'estomac, j'ai eu droit à un menu spécial, à des sirops et des petits soins qui calment tant bien que mal mon intolérable anxiété. Autour de moi, personne ne semble convaincu qu'on m'autorisera à sortir pendant les Fêtes, mais je m'obstine à croire que les efforts conjugués de maman et de mon officier de probation ne sauraient échouer. Les plus expérimentés des détenus — ceux qui en sont à une deuxième ou troisième visite au Centre — disent aussi que j'y moisirai encore un bon bout de temps.

Mon excitation est indescriptible, je n'ai presque pas dormi de la nuit. Au déjeuner je pétille d'entrain et d'enthousiasme. Pour deux jours de congé! Qu'est-ce que ce serait si j'étais définitivement libéré! Je ne porte déjà plus à terre. Au fond de moi je ne parviens pas à éteindre l'espoir insensé qui me porte à défier le pronostic de mes camarades, à contredire mon propre pessimisme. Je m'accroche à un calcul très simple: j'ai été condamné à deux mois et j'en ai purgé trois.

L'agent de liaison est arrivé à huit heures pile. Le rituel de sortie ressemble à celui de l'arrivée mais je n'y fais pas attention. Le contact avec l'extérieur imprime à mon corps un mouvement vibratoire intense, j'en suis secoué, à tel point que la présence des agents de liaison à mes côtés me rassure. L'immense ville se déploie sous mes yeux, étrangère et menaçante; que ferai-je de ma liberté dans un univers aussi froid et dur? Mon coeur se serre à la vue des piétons qui circulent paisiblement, eux que personne ne souhaite enfermer. En ce moment je me bats entre la frousse d'avoir à me faire un chemin dans la ville, seul et sans support, et le dégoût de la prison. Je me replie peureusement, conscient de vivre pourtant sous la protection de je ne sais qui, comme l'enfant que je suis sans doute encore. Certains souvenirs remontent en surface lorsque nous traversons des quartiers que j'ai dévalisés, il y a trois mois, il y a une éternité...

La salle d'attente me fait revivre mon premier procès. Serge me demande de m'entretenir avec ma mère et d'insister pour qu'elle m'aide. Je la supplie, je veux absolument ma libération à cette minute précise, et elle me promet de plaider de son mieux. Je me rends à la salle d'audience sur des jambes molles, réprimant avec difficulté une envie d'uriner; mon coeur flanche et mes tripes se serrent. À certain moment je crois que je vais m'écrouler tant le cérémonial me crispe et m'épouvante. Finalement je suis introduit dans le bureau du juge Choquette, une pièce somptueuse à la décoration raffinée.

Debout devant Madame le juge, je réponds à sa question concernant mon fonctionnement à Tilly. Elle arrête assez abruptement mon intarissable réponse, puis interroge Serge qui signale son impuissance à communiquer avec moi, et enfin maman qui se déclare prête à me reprendre et demande qu'on me laisse une autre chance de m'amender. Mon dossier aura finalement le dernier mot: il impressionne désagréablement le juge qui craint qu'un congé n'entraîne pour moi une tentative d'évasion ou d'autres délits. Je suis condamné à un autre mois de détention, soit jusqu'au 25 janvier, et le congé du week-end m'est refusé.

Un froid glacial s'insinue le long de ma colonne vertébrale, tandis que mes espoirs dissous d'une façon brutale se changent en poison dans mon organisme insensibilisé. Oh! que je la hais, cette femme méprisante, indifférente au mal qu'elle fait, à l'injustice flagrante de ses décisions. Des détenus au dossier dix fois plus noir que le mien sont libérés quotidiennement. J'oublie l'ensemble de mes propres délits pour ne retenir que ceux que mon dossier a enregistrés; se croit-elle libre de me punir pour des méfaits que je suis seul à connaître et à porter? Ses sales petits yeux me fixent et je suis certain qu'elle jubile de m'observer devant elle meurtri et sans défense. Si j'avais le moindre pouvoir, je l'étranglerais sans hésitation.

En attendant je réagis physiquement: je vomis dans la salle d'attente où l'on m'a ramené. Je suis aussi abattu que si j'affrontais une condamnation à vie. La fièvre m'a quitté et mon corps flasque ne répond plus. Serge tente de me remonter le moral, mais il ne peut pas comprendre le sentiment d'impuissance qui me vide et me donne la consistance d'un mollusque à la dérive...

L'échec m'a assommé. Je suis démoralisé au point de croire qu'il ne me reste qu'à me soumettre, qu'à subir la loi du plus fort sans protester, avec une exemplaire résignation, qu'à remettre à plus tard une vengeance contre la société sans coeur et sans entrailles. Un jour je cesserai d'être le perdant, le vaincu et je proclamerai l'homme que je suis et que je mérite d'être. Mais le projet m'apparaît si lointain, si inaccessible, alors que je n'ai aucun pouvoir sur ma situation réelle...

Si je compare la prison au pensionnat, je remarque à quel point le période des Fêtes, si horriblement mélancolique, resserre les liens entre les détenus. Alors que la télévision affiche les plaisirs des gens libres, nous nous serrons les coudes pour traverser une période d'isolement et de privation encore plus stressante que d'habitude. La famille, l'amour, l'amitié que les gens de l'extérieur nous refusent, nous les inventons sur place, avec l'aide des moniteurs qui montrent plus de tolérance et de compréhension. Les détenus partagent leurs souvenirs d'enfance, les confidences au sujet de leurs familles et de leurs amis de coeur. Les chants de Noël résonnent dans le salon. Alors je me joins à mes camarades d'infortune qui m'ont affublé du surnom d'un clown sympathique, poète et penseur, appelé Bozo.

Avant Noël, maman m'apporte en présent une cartouche de cigarettes accompagnée d'une carte de souhaits. L'émotion me bouleverse et l'ambivalence de mes sentiments me déchire: alors que je voudrais la prendre dans mes bras, je ne trouve que des niaiseries à répondre à ses insignifiances, et nous n'y pouvons rien. Il n'y a pas que la table qui nous sépare, mais un passé et un présent qui n'ont pas été pardonnés, si bien qu'au moment de nous séparer, je m'écarte d'elle, de ses bras, de ses baisers. Je ne veux pas qu'elle me voie pleurer; elle s'est toujours défendue de mes larmes, en les ridiculisant. Plus tard, effondré dans le bureau des moniteurs, j'ai craqué. Malgré l'humiliation que ma faiblesse m'attire, je laisse déborder le flot amer de ma souffrance.

Confession générale: frustration de ne pouvoir choisir ma vie, dégoût de ma famille, le poids d'un idéal inaccessible, la solitude noire de mon adolescence. Je m'aperçois que les moniteurs m'écoutent attentivement, avec respect, avec compréhension. Mais comment croire en leur sincérité, comment croire en la mienne? Je déteste les moniteurs, viscéralement, à cause de leur accointance avec la société qui m'opprime et, lorsque je décide d'assouplir mes rapports avec eux, je m'efforce de me soulager moi-même de la tension qui m'écrase et non de leur faire plaisir. La visite de maman et la séance de défoulement dans le bureau des moniteurs m'imposent un comportement plus nuancé et, à la longue, orienteront ma réflexion.

Plusieurs pensionnaires de mon groupe ont été relâchés pour Noël si bien que le 24 décembre, nous ne sommes plus que cinq ou six pour affronter l'épreuve. Nos pensées sont plutôt moroses car nous ne cessons d'imaginer la joie et les plaisirs de ceux qui ont réussi à sortir. Je demande aux moniteurs si on ne pourrait pas essayer de rendre ces journées un peu plus agréables pour les prisonniers. Évidemment, les moniteurs ne mènent pas la barque! Cependant, dans l'après-midi du 24, le moniteur de service propose d'installer le tourne-disque dans le salon. Quelle aubaine! Nous transportons le meuble, follement heureux de nous en servir à notre aise, même si, à travers les pitreries et les manifestations de joie, perceront la solitude et l'abandon où nous sommes confinés.

Dans la soirée, un autre cadeau nous attend: le visionnement d'un film dans le gymnase, en compagnie des durs de l'autre section. Après le cinéma, nous nous préparons à regagner notre salon et reprendre nos sempiternels jeux de cartes; mais une troisième surprise nous a été aménagée. Les moniteurs ont vissé des ampoules de couleur au plafond, couvert les tables de nappes à carreaux, branché le système de son et improvisé un réveillon avec nos friandises favorites: boissons gazeuses, biscuits, gâteaux, chips, sandwiches, etc... Muets de surprise, les gars se figent au seuil de la pièce.

Soudain le «Joyeux Noël» des moniteurs éclate dans nos oreilles et nous voilà conviés à la fête, émus et maladroits au moment d'exprimer notre graditutde et de profiter de la permission. À onze heures, nous avons droit au cinéma de nuit à la télévision. L'un des deux films, je m'en souviens clairement, s'appelle *Il était une fois la révolution* dont la musique est celle d'Ennio Morricone, le compositeur de *ma* chanson. Comment ne l'aurais-je pas goûtée?

Pour plusieurs d'entre nous, la journée de Noël a été consacrée au parloir. Les autres ont retrouvé la routine des cartes et j'ai pu méditer interminablement sur le traditionnel esprit des Fêtes, la lenteur des journées et l'insoutenable condition des prisonniers. Mon cerveau s'accroche au 25 janvier comme à la fin du monde, même si je nage à l'aveugle à la rencontre possible de la liberté. Une visite de Serge me réserve un autre coup dur: mon procès est retardé à la fin de février. Je ne rêve plus désormais que d'évasion et de suicide. La cage m'est devenue un enfer et je ne peux comprendre que l'on me traite en criminel dangereux, alors que je suis rempli des meilleures intentions et que j'ai férocement besoin de ma liberté.

Pour oublier le temps qui s'allonge et se traîne, je plonge de plus en plus profondément dans la méditation et la réflexion. Le soir, dans ma cellule close, je me détends par la pensée en fixant le vide autour des grandes questions qui se posent à moi. Le destin de l'homme, l'origine de la planète, les traditions de nos ancêtres, l'écologie, la planète entière me préoccupent et je voudrais découvrir le pourquoi de notre présence sur terre, de nos erreurs aussi, les causes de la haine et de la destruction... Malheureusement je suis privé de livres et de guide dans cette recherche passionnée d'un sens à la vie. Au fait, j'ignore même pourquoi je m'intéresse à ces questions. Cependant malgré l'imperfection de ma démarche, j'y puise une certain courage et une certaine paix.

Début février, les moniteurs prévoient pour nous une soirée dansante avec les filles du quartier féminin de détention. Nous en serons les hôtes, à condition bien sûr que notre conduite de la semaine soit irréprochable. Inutile d'insister, nous sommes pratiquement métamorphosés en petits anges et nous nous activons pendant les périodes de loisirs au lavage des murs et à la décoration du salon. Banderoles, guirlandes, ballons de baudruche multicolores, posters empruntés aux cellules, ampoules de couleur, nappes et collation, rien ne nous semble trop beau pour recevoir nos invitées.

Comme nous avons passablement perdu l'habitude des situations mondaines mixtes, la soirée débute dans le malaise général. Mais avec la musique, l'ambiance se décontracte et les moniteurs, qui ont innové avec cette initiative, ont l'air drôlement fiers de nous. Ils se montrent discrets en faisant leur ronde de quart d'heure en quart d'heure et les danseurs ont les yeux brillants de satisfaction. Quant à moi, je passe la soirée au septième ciel, à danser avec Lorraine quand elle en a envie, à dialoguer surtout. Ma compagne a de jolis cheveux châtains et elle est très petite. Elle parle beaucoup et avec facilité de sa vie et de ses problèmes, de ses sentiments et de ses projets. La soirée auprès d'elle me paraît trop courte et bien agréable et je souhaite vraiment que nous nous retrouvions au gré du hasard.

Cette rupture avec la routine m'aide énormément à supporter l'attente de mon procès et de ma libération, jusque vers la troisième semaine de février. Non que j'aie repris mes plus vilaines habitudes et mes comportements répréhensibles du début, mais parce que ce soir-là, à l'extinction des lumières, un mal de ventre aussi aigu que subit m'a saisi. Le moniteur que j'avertis m'ordonne de me coucher et d'endurer mon malaise. Omer Pilon n'aime pas répéter deux fois la même chose, aussi dois-je prendre mon mal en patience quoique la résignation ne soit pratiquement pas possible tant la douleur persiste et me transperce. Au changement de garde, j'appelle le nouveau surveillant qui, faute d'infirmière à qui me confier, m'abandonne à l'effrayante souffrance et à la peur de crever par explosion ou par déchirure de mon ventre qui vibre et résonne sans fin. Au milieu de la nuit je vomis sans soulagement de mes douleurs abdominales intenses; mais le moniteur croit que je joue la comédie. Facile de provoquer le renvoi en plaçant un doigt dans la gorge, n'est-ce pas? J'ai déjà tellement joué au malade que personne ne veut me croire. Tant pis pour moi.

Je ne peux fermer l'oeil ni supporter aucune posture. Debout, assis ou couché, je souffre le même martyre. Je suis incapable d'évacuer des selles malgré un lancinant besoin de déféquer. On joue à l'escrime dans mon ventre et le spectre de la mort me terrorise. Jamais je n'ai ressenti pareil mal et jamais je n'aurais pu l'inventer, même dans mes pires moments de masochisme. Dès le réveil je harcèle les moniteurs afin d'obtenir un soulagement au moins temporaire, mais on m'accuse d'exagérer et, exagération ou pas, il me faudra attendre l'arrivée de l'infirmière qui se pointe à huit heures trente. Chaque pas exige un effort colossal. L'odeur des oeufs et du bacon me fait lever le coeur et je vomis dans le réfectoire, au grand déplaisir de mes camarades qui m'engueulent copieusement. Je veux fuir à ma cellule, écoeuré et mortifié, mais je m'affaisse dans le couloir, inconscient.

Je reprends mes sens sur un lit d'hôpital, dans une petite salle. Je pleurniche et râle, mon mal est toujours ardent et le médecin m'annonce que je serai opéré d'urgence pour une appendicite aiguë. Il se demande pourquoi on ne m'a pas emmené plus tôt. Je pourrais répondre que la négligence ne peut m'être imputée si je pouvais parler. Mais il ne m'interroge pas, moi. J'ai croisé la mort encore une fois et elle n'a pas voulu de moi. Je regrette aussi de n'avoir pu endurer une autre heure d'agonie; je serais mort, à l'abri de mon triste sort...

Le troisième jour, je quitte le CHUL. Pendant le prochain mois, l'activité physique m'est interdite. Je n'ai pas la permission de descendre au réfectoire durant les premiers jours et mes craintes de ne pouvoir assister à mon procès dans une semaine se concrétisent. Serge m'annonce que, vu mon état de santé, la comparution n'aura pas lieu avant la semaine qui précède Pâques, dans environ un mois. Je ne peux que verser toutes les larmes de mon corps et recommencer à me torturer avec les arides questions que pose mon existence d'indésirable. Mais un point est acquis: je veux terminer ma peine dans l'harmonie et la discipline et être libéré en avril, sans faute.

Durant la première semaine d'avril, une sortie mixte est organisée: une journée à la cabane à sucre, à Montmagny. La clientèle du Centre changeant à un rythme accéléré, je suis pratiquement le plus ancien détenu de mon département et dois donner l'exemple aux nouveaux. Le juge Choquette m'accorde la permission de participer à la sortie et son autorisation me parvient à la dernière minute. Je n'ai pas beaucoup dormi cette semaine, tant j'avais la hantise d'être refusé. Nous sommes fous de joie, mais je ne parviendrai pas à croire à notre randonnée tant que je ne serai pas installé à bord de l'autobus. J'essaie de cacher mon anxiété, l'arrivée des filles à la cafétéria m'oblige à reviser mon pronostic de malheur. Je n'ai pas cessé de penser à Lorraine depuis la nouvelle de l'excursion et je la cherche des yeux parmi les filles inconnues. Peut-être a-t-elle déjà quitté le Centre? Non, la voilà, je peux la voir se diriger vers moi sans hésitation, comme si nous avions rendez-vous. Intimidés nous échangeons un petit salut gêné. Voici déjà le moment du départ.

Les gars ont dû y penser, au moins une minute, à l'évasion possible en pleine nature, sans menottes aux poignets. À peine l'idée m'a-t-elle effleuré que j'y renonce; il n'y aura plus jamais d'autres sorties pour personne si nous gâchons celle-ci. Je suis assis à côté de Lorraine, muet d'extase à cause du soleil, du mouvement du véhicule, des rires et des chansons qui explosent autour de nous.

Quelle journée magnifique! Je me sens revivre jusqu'au fond de mes tripes dans cette ambiance de jeux, de bonne mangeaille, de liberté et d'affectueuse compagnie. Je réalise soudain combien nous sommes jeunes, volontiers insouciants et remplis de tendresse. La tête de Lorraine sur mon épaule pendant le retour, ses bras autour de moi me rappellent à la présence humaine, parfois si bonne et merveilleusement désirable, parfois si inutilement cruelle. Oh! oui je crains les pièges de la liberté, les attaches et les promesses de l'amour et de l'amitié, les illusions de mes cogitations et de mes résolutions. Mais je devrai vivre avec mes sentiments et ne compter que sur moi. Ainsi vivent les vrais de vrais, les hommes qu'on laisse en liberté et dont on respecte l'idéal.

Je commence à bien connaître le cérémonial de sortie et ce mardi de mon troisième passage devant la cour juvénile ne se lève pas plus rassurant que lors des deux premiers. Je suis un bouillon d'attente, d'anxiété et de crainte qu'aucune parole ne saurait refroidir. Je sais que mon dossier s'est amélioré, mais je ne peux m'empêcher d'éprouver la pression des forces obscures qui m'habitent. Madame le juge semble aussi satisfaite que Serge du contenu de mon dossier; mais elle ne prendra aucune chance. Elle m'accorde un week-end de sortie, histoire de vérifier la solidité de mes preuves et renvoie ma cause au 15 mai. Comment décrire le flot hostile où se débat mon coeur en ce moment? Si je ne tenais à ma sortie, ma première occasion d'évasion, je lui sauterais à la gorge. Mais je courbe la tête et serre les dents.

Serge doit imaginer le drame qui se déroule en moi car il insiste pour que je profite sagement de mon congé. Je promets sans savoir quelle décision je prendrai une fois sorti de mon trou à rats. Je suis assailli de sentiments tellement contradictoires que je ne peux les considérer d'une façon logique. Au matin du Vendredi saint 1975, je suis donc en train de ramasser mes petites affaires, le coeur partagé entre la peur et la fébrilité; de dire adieu à mes compagnons de détention un peu jaloux de ma chance, aux moniteurs soulagés de me voir partir (je ne suis pas un cadeau pour eux).

Maman et Marco viennent me chercher en voiture et je dois affronter une première rafale de questions. Pourtant je ne souhaite qu'une chose: qu'on me laisse tranquille, qu'on me permette d'oublier un peu les huit mois que je viens de traverser. Un malaise oppressant s'insinue à travers le tissu trop lâche de ma liberté, déforme mes pensées en essayant de les rassembler autour des deux journées qui fuient devant moi, aussi vides que mes poches.

Maman habite maintenant dans Limoilou, rue Saint-Paul, à l'étage d'une maison qui appartient aux parents de Marco, lesquels occupent le rez-de-chaussée. Mes deux soeurs habitent avec elle et son ami. Monique a un ami elle aussi. Il s'appelle Roland, porte les cheveux longs, parle peu, raffole de la mécanique et possède une moto. Maman m'invite à me joindre à elle pour une tournée de visites familiales, Monique me propose une sortie avec ses amis; mais ce matin je n'ai envie que de calme et de solitude. Seul devant la menace de ma propre liberté, vide d'intentions aussi bien que de ressources, je jongle avec les seules solutions que je connaisse: la drogue d'un côté, le suicide brutal de l'autre. Mais je n'ai pas le courage de mourir; la lame de rasoir me reste entre les doigts. Je ne veux pas davantage vivre. Je marche de long en large dans l'appartement, circule d'une pièce à l'autre, prisonnier de ma réalité, des lieux, des circonstances. Ma seule compagnie est un chien minuscule appelé Ti-Loup qui m'écoute pleurer et gémir sans y rien comprendre.

Si je ne peux mourir, je retrouve fatalement l'obsession de la drogue, sa force d'oubli seule capable de neutraliser ma hantise de l'avenir, de combattre l'insécurité et la culpabilité développées par mes actions passées et futures. Je sais que, malgré l'idéal profond qui me berce de ses illusions, je suis condamné à une existence qui me dégoûte et me décourage. Ti-Loup ne peut rien contre ma chienne de vie et je me rappelle l'histoire du petit aigle royal abandonné par les siens parce que l'une de ses ailes est cassée et l'empêche de voler. Voué à une mort certaine, il est recueilli par un paysan qui le soigne et l'héberge dans sa basse-cour. L'aigle bientôt se comporte en dindon parmi les hôtes domestiques de la ferme, pendant des mois vivant au rythme des poules et des oies. Un naturaliste passant un jour par là s'étonne de la présence de l'oiseau. Après maints efforts et autant d'échecs, le naturaliste emporte l'oiseau sur la montagne afin de lui faire découvrir son véritable territoire. L'aigle ébloui s'envole pour ne plus revenir, vers le ciel où planent ses authentiques frères, maîtres après Dieu du domaine des airs.

Mais qui suis-je, moi? Un aigle ou un poulet? La basse-cour m'écoeure, mais le ciel m'est fermé. Ma réflexion me rend insupportablement nerveux et je me vois soudain en train de chiper des valiums dans la pharmacie de maman. J'en consomme plusieurs avant de m'endormir sur le canapé du salon. (Il n'y a pas de chambre pour moi ici puisqu'il n'y en a que deux, une pour maman, l'autre pour les filles.)

La première séance plénière de mes retrouvailles avec la famille a lieu le Samedi saint avant-midi; tout le monde est à la maison, même Roland. Je suis le point de mire des curiosités, des conseils et des menaces plus ou moins voilées qu'elles contiennent. Je suis obligé de me montrer poli sinon conciliant, de ne pas me livrer à des comportements nuisibles à une remise en liberté définitive. Une autre poignée de valiums m'aide à passer à travers la mitraille de la bienveillance et de l'autorité. Même l'ami de maman multiplie les signaux; il voudrait bien me prendre en main afin de la soulager. Au cours

224

d'une randonnée à Loretteville, dans le but d'effectuer quelques achats, il me parle, m'entoure d'attention, mais je le remets fermement à sa place: personne ne se prendra pour mon père avec mon approbation.

Ce soir-là, je vais me promener rue Saint-Jean, attiré par mes souvenirs et par l'obsédant projet d'obtenir un peu de drogue. Bientôt je mendie auprès des passants qui me refilent des pièces de monnaie. Enfin j'en ai suffisamment accumulé pour payer deux capsules de mescaline que je garde précieusement enfouies dans une de mes poches. Je dois rentrer à la maison sobre et sans trace de rechute nuisible à mon dossier qui, décidément, m'obsède. À onze heures du soir, maman et Marco m'accueillent par des questions, mais ils ne peuvent vraiment ni deviner ma conduite ni atteindre le fond de mes pensées. Je n'ai qu'une envie: me mettre au lit, devant le film de fin de soirée, gober la mescaline et rêver doucement.

Mais dimanche matin, la tentation de l'évasion est trop forte; pendant que la maison est endormie je file vers le centre-ville. Démuni d'argent, de dope, de moyens de m'en procurer, je ressasse mes vieilles idées de suicide. Je ne veux pas retourner à Tilly, je veux mourir, je veux émerger des noirceurs de mon existence. L'aigle de mon histoire, saisi de panique, battait en retraite vers la basse-cour. J'en fais autant après plusieurs heures de lutte inutile. Je rentre rue Saint-Paul, épuisé et résigné, mais sachant une chose: ma famille me tue, me lèse et je souhaite de moins en moins vivre au sein d'une basse-cour où mes ailes s'atrophient...

Moins d'une semaine après mon retour au bercail, la situation se corse. Je fais quatre jours de *pit vert*, ce cachot puant, pour avoir pris la défense de Joël, un mongolien détenu pour le meurtre de sa jeune soeur, d'après ses dires, pour un vol avec effraction, selon ceux des moniteurs. Fort comme deux boeufs, grand et très musclé, il a un visage étrange avec des yeux vides, les joues, le front et le menton enflés. Lorsqu'on se moque de lui ou qu'on le peine, il se mord les doigts et les lèvres au sang. Les détenus rigolent et provoquent ses réactions stupides, duo qui a le don de me mettre en rogne. Bob Larsen, entre autres, raffole des situations où il peut s'afficher en dur de dur et parce qu'il sait manipuler les moniteurs et leur plaire, il impose sa loi au groupe. Je le déteste de tout mon coeur et il me le rend bien.

Histoire de s'amuser ce matin, il fait manger des mégots à Joël. Les pensionnaires rient à pleine gorge sauf moi. À un moment donné, la pression de ma colère devient si forte que je balance ma chaise en l'air et me jette sur Bob, lui assénant coups de poing et de pied auxquels il répond avec ardeur. L'intervention des moniteurs calme aussitôt Bob, mais je suis lancé à toute vapeur et ne peux reprendre assez rapidement le contrôle de mon corps. Je frappe les moniteurs, hurlant et suant de rage devant la bêtise humaine, la méchanceté et l'injustice des rapports humains. À deux les moniteurs doivent réussir à me déshabiller et à m'introduire dans le cachot, séance de lutte qui ne constitue pas une opération facile. Je me démène comme un diable dans l'eau bénite, continuant à bout de souffle de protester et d'accuser, de menacer des pires sévices mes camarades aussi bien que les représentants de l'autorité qui ferment les yeux sur le scandale.

Ma crise a duré trois jours, jusqu'à ce que je sois complètement anéanti, assommé de souffrance et de colère inutiles. Mon retour auprès des détenus s'effectue sans rebondissements; je crois que j'ai gagné un certain respect de leur part, mais les moniteurs en ont assez de mes frasques et Serge, que je rencontre fin avril, hausse le ton pour la première fois. Voilà que j'ai réussi encore une fois à compromettre une mise en liberté certaine. Le 15 mai, effectivement, je vois mon séjour prolongé d'un autre mois.

Épouvanté par la perspective d'être écroué à Tilly jusqu'à ma majorité, je fausse compagnie aux agents de liaison en sortant de l'édifice de la Cour juvénile. Je cours à grande vitesse; entravé par les menottes, j'essaie de me dissimuler derrière une maison pour échapper à mes poursuivants. On me rattrape: les menottes m'ont fait perdre l'équilibre et on me ramène à Tilly penaud et extrêmement excité. Les agents déplorent ma tentative de fuite qu'ils devront forcément ajouter à mon dossier; mais je m'en moque, je promets de m'évader et qu'on ne me rattrapera jamais.

J'organise rapidement ma stratégie d'évasion avec un détenu avec qui je m'entends assez bien. Armand et moi étudions pendant trois jours les possibilités tactiques pour décamper au plus tôt. Notre orgueil est en jeu, aucune évasion n'a eu lieu depuis des années.

À cette époque, nous jouons dans la grande cour extérieure et, pour nous y rendre, nous devons traverser la cour réservée aux filles. Normalement l'un des moniteurs nous précède et l'autre se tient à la queue de la file. Ce matin du beau mois de mai, les deux moniteurs distraits sont partis devant; Armand et moi retraitons au bout de la file afin de grimper sur la porte de la cour des filles, puis gravir le mur. Je passe le premier et commence l'ascension du mur en m'agrippant à un des poteaux qui soutiennent les fils barbelés. Armand me suit et je lui tends une main pour lui aider à grimper. Les détenus feignent de ne pas remarquer le manège si bien que les moniteurs ne nous aperçoivent qu'une fois bien en vue sur le mur. Tandis qu'ils organisent leur propre offensive, nous franchissons les fils barbelés, reprenons pied de l'autre côté du mur et glissons finalement au sol. Nous avons les bras et les mains pleins d'éraflures, mais ne prenons pas le temps de nous apitoyer sur un peu de sang. Il fait très chaud, nous courons à travers les petites rues de Sainte-Foy, direction centre-ville. À proximité du Bois de Coulonges, la rencontre d'une auto patrouille nous oblige à nous réfugier dans le bois. Impossible de franchir la falaise abrupte qui domine le fleuve; aussi revenons-nous en pays civilisé, avec l'intention d'attendre la nuit sur les Plaines d'Abraham avant de continuer notre excursion. Mais dès 19 heures, la chaleur de la journée s'est évaporée et nos minces

T-shirts de coton ne nous protègent plus de l'humidité glaciale. Sans compter la faim qui se fait sentir.

Après l'examen de nos possibilités, Armand et moi optons pour une balade en Beauce, chez un copain (de Tilly) qui lui a autrefois promis assistance et secours en cas de besoin. Mais sans un sou, l'affaire est irréalisable. Qu'à cela ne tienne: nous chipons le premier sac à main venu avant d'emprunter la Traverse de Lévis, plus sécuritaire que le pont. À Lévis, nous hélons un taxi qui nous conduit jusqu'à la route de Saint-Georges, d'où un *pouce* nous emmènera chez Louis. Le froid est terrible sur le bord de la route, l'humidité nous transperce et nous glace et pas une voiture ne s'arrête.

Nous sommes recueillis, transis et gelés, au petit matin par un résident de Saint-Côme qui nous dépose dans la localité où habite Louis. Il est à peu près cinq heures et demie et nous attendons prudemment jusqu'à huit heures, près d'un abri d'Hydro-Québec dont une bouche de ventilation rejette de l'air chaud à l'extérieur, avant de nous présenter chez ses parents.

Louis ne cache pas sa surprise en nous apercevant sur le seuil de la ferme. Il nous prête chacun un chandail, à ma demande, et nous sortons parler dehors. Aussi fier que nous de notre évasion, il nous entraîne à l'étable dont il a la responsabilité: nettoyage, repas des animaux, y compris les nombreux chats de la grange et les chiens qui couchent dehors. Pour sa famille avec laquelle nous dînons, nous sommes des copains de Québec venus passer une journée de congé avec lui. Autant Armand se montre triste et silencieux, malgré mes coups de pied sous la table, autant j'affiche d'entrain et de bonne humeur.

Dans l'après-midi nous sommes invités à accompagner Louis et son père à la cabane à sucre pour y préparer quelques gallons de sirop. On nous prête mitaines, bottes et bas de laine. Pour mon plaisir et ma joie, le trajet s'effectue en voiture à traction animale; je réclame aussitôt le privilège de prendre les guides, enthousiasmé par l'air de la campagne, la présence des animaux, les roucoulades des oiseaux, par la liberté

228

reconquise. Armand ne semble pas à l'aise dans ce contexte, il critique sans arrêt. Qu'il aille se faire voir ailleurs! En dépit d'un début difficile la journée m'apparaît parfaite et si réconfortante que j'en remercie notre hôte avec une grande sincérité.

Après le souper, Louis nous invite à la brasserie de Saint-Georges. Mais nous n'avons pas d'argent, Armand et moi, et je n'ai pas tellement envie d'y aller. Le père de Louis nous offre un billet de vingt dollars pour le travail de la journée; mais, une fois à l'extérieur, Louis confesse qu'il a dérobé de l'argent à ses parents, plus de cinquante dollars, et que nous allons passer une joyeuse soirée. À la bière, il ajoute pour chacun une capsule de mescaline. Le cocktail provoque chez moi un effet foudroyant qui fait qu'à vingt heures, lorsque nous quittons la brasserie, la hantise de la fuite m'a saisi dès que j'ai aperçu la voiture sans conducteur, moteur en marche et invitant à l'évasion. Après quelques minutes de discussion, Louis prend le volant et moi, la place à son côté; Armand se réfugie sur la banquette arrière.

Il conduit en fou, voguant à une allure endiablée puis freinant brutalement dans d'effrayants crissements de pneus. J'insiste pour le remplacer mais, une fois au volant, je mets les gaz, pédale au plancher, à la manière de Gilbert, le cascadeur qui m'a initié à la conduite automobile. L'accident de Vallée-Jonction se résume à une affaire de courbe imprévue et de stop brûlé dans un freinage in extremis qui m'a fait emboutir la voiture devant moi, laquelle en a heurté une troisième. Le capot de la nôtre a atterri dans le fossé. Mais le pire est la blessure d'Armand à la tête. Son visage est plein de sang, son front est ouvert et un morceau de chair s'est arraché. Quant à Louis il gesticule, apparemment inconscient, sur la banquette arrière. Les passagers des autres voitures ainsi que moi sommes indemnes. Un homme a appelé la police et l'ambulance et seul l'état de mes deux compagnons m'empêche de filer et de disparaître dans la nature. Quelqu'un tente d'arrêter l'hémorragie d'Armand en appliquant des linges sur son front.

Les policiers sont arrivés et veulent savoir qui

conduisait la voiture. Je feins l'amnésie; j'ai la frousse de porter seul la responsabilité de l'accident. Après vérification de notre identité, on constate que nous sommes, Armand et moi, des fugueurs et que nous appartenons au centre de détention de Tilly, que la voiture a été volée et que, dans cette affaire, je suis celui qui s'est le plus gravement compromis. Tandis qu'Armand et Louis sont hospitalisés à Thetford-Mines, je suis conduit au poste de police, dûment menotté et surveillé. Ma blessure au nez est superficielle.

La peur d'assumer l'accident jointe à un terrible sentiment de culpabilité m'empêchent de dire la vérité lors de l'interrogatoire. Je m'obstine dans mon refus de collaborer, accable les agents d'injures et de critiques, attitude qui a le don de les exaspérer. Alors ils commencent à me frapper, me prévenant que les blessures qu'ils sont disposés à m'infliger seront mises au compte de l'accident et donc, qu'ils ne se gêneront pas d'employer la force. En guise d'exemple, ma figure sert de terrain de jeux pour des gifles et bientôt un coup de poing sur la joue qui me fait éclater en sanglots. Impossible d'en supporter davantage. Mon courage m'abandonne et je passe aux aveux complets, après quoi deux agents me ramènent à Tilly. Je passe cette nuit-là dans le *pit vert*; il est trop tard pour que je sois escorté à ma cellule.

Pour la première fois depuis le début de ma détention, je reste sans réaction, silencieux, choqué. L'image d'Armand et de sa tête ensanglantée m'obsède. Peut-être va-t-il crever comme un chien pour avoir voulu sa liberté? Les moniteurs me ramassent, au matin, dans un état d'atonie totale, sans ressort et muet. Je n'ai plus le droit de sortir dans la cour, ni le coeur de raconter aux détenus curieux mes exploits de la veille. Mon écoeurement est total.

Mon procès du mois de mai se termine comme les autres. Mais je veux être libéré parce que je sais qu'un autre mois, et même une autre année ici, n'augmenteront pas mes chances d'amender mon comportement. Je dois absolument me colleter avec la réalité extérieure. Je demande un entretien privé avec le juge, mais en présence de Serge. Dans mon plaidoyer pour une solution adaptée à moi, je rappelle que ma première sentence de deux mois s'est allongée à dix mois sans résultats positifs durables. Je demande donc à Madame le juge de me donner une chance de quitter l'institution par la bonne porte, afin que je puisse trouver du travail avec l'aide de mon officier de probation. Par bonheur Serge prend mon parti dans ce débat et parvient à décider le juge à reconnaître que j'ai droit à un nouveau départ. Je suis dûment averti que de prochaines infractions me référeront à la prison où je serai considéré comme un adulte. Le ton des avertissements ne me laisse pas le moindre doute: on ne me donnera pas de deuxième chance. Enfin je m'engage à garder contact avec mon officier de probation jusqu'à dix-huit ans.

Avant de partir — la journée même — je donne à Éric, un petit gars de quatorze ans que j'aime beaucoup, l'échiquier que j'ai fabriqué en menuiserie et poli avec plusieurs applications de cire d'abeilles. Je dis au revoir à mes camarades, prends mes objets personnels et retrouve Serge qui m'accompagne à la maison, m'explique la règle à suivre et prévoit que nous commencerons dès lundi à faire application pour différents emplois. Je ressens profondément la sensation de liberté qui me submerge et je pourrais promettre mers et mondes dans un tel état.

À peine arrivé et installé, je n'ai qu'un désir: goûter à fond cette liberté miraculeuse, la toucher dans la rue, la crier à l'univers, la chanter à pleins poumons. Je me promène comme un enfant étourdi par la joie, j'embrasse les troncs des arbres, je danse autour d'eux, je pars à la course avec mon ombre. Je sifflote, je turlute, la main dans celle, si bonne et légère, de la liberté retrouvée. Mes poumons, mon coeur, ma gorge se dilatent. J'aurai un travail, une vie d'homme normal. Plus besoin de dope et de crimes pour atteindre mon but. Seul sur la promenade Saint-Charles, je parle à haute

231

voix du monde que je vais construire, indifférent à ceux qui pourraient m'entendre et se moquer de moi. Quelles merveilleuses perspectives!

Serge tient parole. Tous les jours, nous multiplions les démarches en vue d'un emploi. Aucun n'est vraiment disponible. Il m'inscrit finalement à la Fonction publique en vue d'un engagement sur les bateaux. Échec là aussi. Nos démarches s'achèvent généralement en queue de poisson. Le gagne-pain n'est pas le pire de mes soucis; je souffre bien davantage de l'ambiance familiale, de l'inquiétude et de l'impatience de maman. Alors que j'ai enfin accepté ma part de responsabilité pendant nos années d'enfer, je la sens toujours aussi lointaine et insensible à mes difficultés. Peu à peu je glisse vers l'abîme solitaire où se désagrègent ma confiance et ma motivation initiale. La lumière aperçue dès les premiers jours s'éloigne, je pleure continuellement. Je n'ai plus aucun intérêt dans la basse-cour mais toujours immensément peur des espaces qui m'appellent.

Lorsque je me retrouve seul, il m'arrive souvent de lâcher de grands cris sauvages d'oiseau emmuré. Non, je ne pourrai jamais me résigner à la routine qui commande la basse-cour. Non, je ne veux pas ressembler à ceux qui tuent, font sauter des bombes, détruisent pour régner. Mais je ne veux pas non plus me laisser écraser, permettre qu'on me retire la vie à laquelle j'ai droit, sans protester ni me plaindre. Vivre, je veux vivre! Maman m'accable de propos humiliants et, puisque j'évite de lui répondre grossièrement, recourt à Marco qui distribue en son nom reproches et punitions injustifiés, obéit aveuglément à ma mère sans se préoccuper qu'elle ait raison ou non. Si Monique tente de me défendre et de tenir tête à maman, elle récolte sa part d'injures et d'ordures langagières. Le cercle infernal tend à se refermer sur elle et sur moi, si bien que je ne songe plus qu'à la délivrance...

J'emprunte souvent, sans sa permission d'ailleurs, la bicyclette de Marie pour m'évader un peu dans la ville. Un jour que je circule dans le centre-ville, une patrouille m'intercepte. Vérification d'identité et interrogatoire à propos du vélo qu'on m'accuse d'avoir volé. Je n'ai pas l'intention de me laisser faire; aussi insisté-je pour qu'on vienne vérifier mes dires auprès de maman. À mon grand soulagement, elle explique qu'elle a acheté la bicyclette d'un jeune homme inconnu. Résultat: la police a récupéré l'engin et la famille enragée m'est tombée sur le dos, injuriant, menaçant, me faisant regretter d'être un pauvre chien innocent.

J'essaie malgré l'orage de garder mon calme pendant quinze jours. Je ne veux plus m'abandonner à la haine et au mépris, mais j'ai renoncé à l'espoir de communiquer avec ma famille, par l'intelligence ou par le coeur. Ma résolution souterraine, celle de fuir la basse-cour et d'affronter l'espace, s'est durcie; je sais que je ne vivrai jamais une existence digne de ce nom dans ce cadre-là. J'annonce à maman que je pars pour Montréal parce que je ne trouve pas de travail à Québec, et que j'habiterai chez Roger. La veille de mon départ, dans un mouvement spontané, je saisis un stylo et un bout de papier et j'écris ceci:

Lendemain sans espoir
lendemains misérables
je suis l'homme devant son destin
à la recherche du malheur
dans sa folie des hauteurs
perché sur une branche fêlée

Monique ne m'approuve pas de partir mais elle me comprend sûrement, même si elle ne le dit pas. J'emporte quelques vêtements dans mon pacson, rien d'autre puisque je ne possède rien. Dans ma famille, le terrain est miné et ma perte certaine. Ailleurs, j'aurai peut-être la chance de poursuivre ma route. J'abandonne le connu infiniment impitoyable pour l'inconnu imprévisible. Je ne sais si je suis porté par l'espoir ou le désespoir, mais la certitude tient peu de place dans mes cogitations passionnées. À quoi bon préciser?

CHAPITRE 5

Montréal

J'arrive chez Martin à l'heure du souper, sans m'être annoncé, et son accueil s'en ressent. Il habite toujours au même endroit, la même piaule infecte, et je me demande quelle illusion me pousse à me rapprocher de lui sinon le sentiment qu'en unissant nos deux marginalités, nous parviendrons à vaincre notre sort commun. Mais Martin n'a pas changé d'attitude envers moi, je demeure son souffre-douleur, un cobaye, mais je suis en mesure de mieux le juger. Il boit comme un trou, ne parle que de cuites passées ou futures, joue au dur-à-cuire, attitudes qui me blessent et me rejettent au rang des êtres insignifiants qui ne sont pas dignes de son attention.

Malgré ma déception j'accepte de fumer du pot avec lui, avec l'intention de me rendre aimable et de ne pas le contrarier, avec l'espoir de me détendre auprès de lui. Son image, si peu plaisante soit-elle, offre des points d'appui et de ressemblance à mon obstination à me forger une image consistante de moi-même. Tandis qu'il argumente en faveur d'un retour à Québec auprès de maman, je m'efforce d'exposer un point de vue dont il ne veut absolument rien savoir. Pour lui, je n'ai ni grandi ni mûri, je suis l'éternel avorton à problèmes, incapable d'assumer la vie. Bien sûr il n'écoute pas ma réplique, je n'en vaux pas la peine. Et moi, dans mon entêtement à me faire aimer et accepter de lui, je tourne le fer dans la plaie...

Martin vit actuellement de l'assurance-chômage, avec quoi il paie loyer et bouffe. La dope et l'alcool dépendent des séances de quête dans les stations de métro; les gens montrent une incroyable générosité envers les hippies à cheveux longs qui ont pour principe de ne pas travailler et abîment leurs vêtements pour avoir l'air plus démunis qu'ils ne le sont réellement. L'alcool n'empêche pas Martin de pratiquer les poids et haltères et de se faire des muscles! Quand Martin et Roger virent une brosse ensemble, leur passage provoque des remous. Ils font tant de bruit qu'on les éjecte de la taverne. Pour se venger, ils cassent des vitres ou boxent les poteaux de téléphone. Toutefois Roger n'accompagne pas souvent Martin puisqu'il ne boit jamais pendant les périodes de travail et que, durant les weekends, il rejoint Clara à Québec ou l'accueille à Montréal.

Roger est resté fidèle à sa guitare et s'est équipé d'un amplificateur et de multiples gadgets à musique. Il habite rue Crémazie un deux-pièces et demie qu'il partage avec Gilbert. Les deux hommes ne boivent pas beaucoup, mais leur appartement est négligé, sent le renfermé comme celui de vieux garçons. Ma première semaine à Montréal me permet de me faire une idée des ressources familiales à ma disposition et d'épier Martin qui m'initie au rythme de la vie citadine. Je dois lui obéir comme un petit chien, quêter avec lui, faire semblant de découvrir les secrets de l'existence et surtout ne jamais démontrer quelque expérience en quoi que ce soit. Le copain régulier de Martin s'appelle René, un de nos cousins gaspésiens. Ensemble ils courent les filles, boivent et se droguent, font les quatre cents coups.

Dans le but de compléter mon éducation, ils me présentent une fille qui m'emmène chez elle. Elle est grande, mince et jolie, se déclare lesbienne et se montre extrêmement brutale en amour: elle veut copuler, un point c'est tout. Son coeur et ses caresses, elle les réserve à sa petite amie pour laquelle elle me quittera aussitôt qu'elle en aura fini avec moi. Plutôt décontenancé par tant de désinvolture, je prends mes cliques et mes claques et quitte les lieux, le coeur gros de frustration, de révolte et de confusion. Pour ne pas avouer ma déconvenue à mes frères en rentrant au milieu de la nuit, je me promène interminablement dans les rues de Montréal, reprenant le fil de la maudite réflexion qui coince mes pensées: changer de vie, gagner les hauteurs de mon rêve.

Hélas, le contraire se produit: je me traîne lamentablement de trottoir en trottoir, quêtant ma dope dans la rue, la nourriture dans les presbytères, couchant à la belle étoile sur le Mont-Royal, pleurant et méditant sur les sept péchés capitaux soigneusement déguisés par une société tortueuse. Alors j'oppose au paysage obscène des hommes le ciel, les étoiles, le soleil, les oiseaux. Quelle torture à mon âme qui chemine à travers les égoûts de la vie alors que j'ai tellement besoin d'air pur. D'abondantes suées couvrent mon corps qui veut éclater, je veux mourir et je veux vivre en même temps. Ma solitude est totale. Je refuse les relations sexuelles, recourant à la masturbation lorsque je n'en peux plus. J'ai d'ailleurs abandonné les soins personnels: plus de toilette, des vêtements sales et malodorants, une allure de mendiant et de voyou. Ma vie de clochard estival tourne en rond: j'obtiens des drogues grâce à des prescriptions de valiums et d'anti-dépresseurs. Je chaparde des pilules contre la grippe sur les tablettes des pharmacies pour économiser mes sous. Je ne dors pratiquement plus et ma conscience de vivre se dilue dans un nowhere oppressant.

Mes déambulations incessantes m'éloignent de moi au rythme d'un été sans commencement ni fin, m'éloignent des autres qui ne m'apparaissent plus que sous des formes extrêmement confuses et menaçantes: des ombres me suivent sur les talons, m'espionnent derrière les portes. Des voix complotent contre moi, dans les murs ou les tentures. Je détecte des micros et j'évite pendant des heures de prononcer une seule parole qu'on pourrait enregistrer. Par moments je me dédouble et m'espionne moi-même, je me prends en filature. Une peur incontrôlable, immense, se développe à l'ombre de mes doutes. Où que je sois, seul ou parmi les autres, je suis enfermé dans une cage humaine, où l'espoir est noir et livré aux fantômes. Je bouge avec difficulté, ma tête se remplit de visions cauchemardesques. Je crois que si quelqu'un me touchait du bout d'un seul doigt je me désagrégerais, car le vampire a dévoré le contenu de mon corps et ma peau n'est tendue que sur du vide...

Effondré dans le parc Lafontaine hier, j'ai essayé de répondre à mes agresseurs, avec mes mots secrets:

Seul avec la solitude
au fond de l'abîme,
dans la tombe de l'ennui
aveugle à la vie
où vais-je?

poursuivre ma route me dévore
reculer m'immole sans pitié

je sombre dans l'attente
je ne vois plus rien devant moi
le silence me frappe inexorablement

vie éteinte
chaque instant perdu
qu'est-ce donc qui vient m'éveiller

et me pousser sur la route
aveugle et possédé comme un chercheur d'or

238

L'été achevé, je suis sans abri et sans ressources. Je demande l'hospitalité à Roger qui m'accueille avec son habituelle générosité. J'habiterai donc avec lui et Gilbert le temps nécessaire à la chasse à l'emploi et à l'organisation de ma propre routine. L'ambiance chez eux est très différente de chez Martin. Les deux hommes travaillent durant la semaine. De plus Gilbert ne boit pas, il aime mieux fréquenter les danseuses topless et a des frères et des soeurs à Mascouche qu'il visite fréquemment. Roger a sa Clara et je me fais une règle de ne jamais rentrer ivre au bercail. Roger me fournit des sous pour l'autobus, la nourriture et en guise d'argent de poche. J'ai un frère en or malgré son caractère maussade et possessif. Tant qu'on le respecte, il montre beaucoup de diplomatie et de gentillesse.

Gilbert possède un lit, Roger occupe le divan et je me retrouve sur le tapis. Cette hiérarchie m'agace un peu et je déçois mes hôtes en refusant d'assumer le ménage, la vaisselle ou la lessive. Pendant nos quinze jours de voisinage, j'essaie de dissimuler le mieux possible mon tourment intérieur. Je ne crois pas que ce genre de problèmes les intéresse. Ils ont les leurs et je garde les miens. Devant eux, je m'abstiens de m'enivrer et de consommer de la drogue; ils veillent sur ma santé et ma moralité.

J'ai trouvé un emploi dans une fabrique de textiles. L'emballage exige peu d'effort physique ou mental, mais je parviens quand même à bousiller le travail par distraction ou absence. Je multiplie les accidents et commets quantité de bévues. Dès ma première paie, je loue une petite chambre aux murs sales, meublée misérablement, sur la rue Saint-Hubert. Pareil refuge ne m'aide pas à voir la vie en rose. Et dehors il vente, il pleut, il fait froid. Une tristesse infinie baigne le peu d'âme qui me reste.

Après trois semaines d'un rendement plus que douteux, je suis congédié. Mes inattentions, jointes à ma totale insociabilité, découragent mes compagnons de travail. Je m'en méfie d'ailleurs: ils répandent des ragots derrière moi et méditent de me blesser et de me jouer de sales tours. Dans la rue, les passants constituent une menace perpétuelle et je m'enferme peureusement dans ma chambre, marchant de long en large, ou la tête sous l'oreiller qui étouffe mes cris. Les murs sont pleins d'oreilles, on veut me transformer en robot, me sucer mon sang. Je vis entouré d'ennemis obstinés à qui je fais de longs discours qui découragent leur acharnement à me rendre fou...

Dans la semaine de mon renvoi, je trouve un autre emploi dans une manufacture de chemises. Je passe mes temps libres dans les magasins à étudier les systèmes de son, les marques, leurs caractéristiques, leur rendement. À force de fureter d'un magasin à l'autre, j'apprends quantité de détails sur leur fonctionnement, au point d'en imposer aux vendeurs eux-mêmes.

Je fréquente quelques personnes, dont mes cousins, les frères de René, et quelques clubs de basse catégorie tel l'*Ostie d'place* rue Saint-Denis. Si je change de chambre chaque semaine, je demeure continuellement rue Saint-Hubert. Au fond de moi, la pagaille est complète; je passe du rire excessif à la crise de désespoir avec la plus grande agilité. Je perds le contrôle de mes actes quotidiens et, quelque part en moi, perce un intense besoin d'amour. Il m'arrive fréquemment de quêter mon repas dans un presbytère mais je donne mon argent aux mendiants sans compter. La ville tourne autour de moi, avec ses tentacules puissants, ses bouches de sangsues; la drogue ne sert plus à rien contre elle, je suis pris au piège, j'étouffe...

Oh! que quelqu'un m'ouvre les bras! Il faut que des bras me tirent du trou noir où je sombre, de l'obsession sauvage et soudaine de violer une fille. Oui, si je violais une fille, je serais soulagé, allégé. Je marche, je marche de plus en plus vite, ma tête vibre, je marche au fil d'heures affreuses, la tentation obscène en tête. Soudain, dans la petite rue déserte, j'aperçois la fille seule, très jeune, je la suis d'abord à distance puis m'en rapproche sournoisement. Il ne faut pas qu'elle pense à s'enfuir. À l'entrée d'une ruelle sombre, je saisis rudement son bras, je la traîne de force et, au moment où

240

j'aperçois devant moi son petit visage pathétique, je fonds en larmes et la libère en m'excusant...

Qu'est-ce qui m'attend après cet échec sinon la mort? Je m'engouffre dans le métro pour me jeter devant le train. Rien, je ne peux pas bouger un pied vers le néant. Chaque fois que j'ai rêvé de suicide, je suis resté sur ma faim, impuissant à provoquer la mort. La même chienne me guide cette nuit, à la fois tendre et menaçante, et mon besoin d'amour me poursuit. Si je ne meurs pas, il faut qu'un être bienfaisant apporte une réponse à mon appel lancinant. Alors j'emboîte le pas à l'homme bien élevé, élégant et soigné qui m'offre un billet de vingt dollars pour un peu de présence et de sexe. Seulement, moi, je ne lui compte que le sexe et m'enfuis...

Depuis que j'ai quitté Roger, j'ai changé de piaule et de job une dizaine de fois. Ou l'on me renvoie ou je quitte de moi-même. Je multiplie les rencontres qui tournent mal. Mes facultés de jugement et de discrimination se sont tellement affaiblies que la possibilité de dialogue m'échappe. Envers moi-même je n'éprouve aucune pitié. Si quelqu'un me fait un compliment, je crois qu'on tente de m'imposer l'évidence de ma nullité, rien d'autre. En moi j'étouffe de silence et parle seul à haute voix pour peupler ma solitude. Je m'étourdis de dialogues obsessifs dont j'assume les deux voix, déblatère sans suite et sans fin, enfermé dans mon silence noir, dans mon inapaisable conflit. Autour de moi l'esprit des Fêtes anime une foule énorme excitée par la joyeuse perspective des retrouvailles familiales et des échanges de cadeaux. À mes yeux cette période révèle la cruauté de l'existence, charriant plus d'ennui et d'amertume que le reste de l'année. Dans l'état où je suis je n'envisage pas de visiter ma famille qui remarquera à quel point j'ai dépéri. Je ne peux pas davantage supporter la solitude à une époque qui rapproche les hommes les uns des autres.

Mon récent emploi consiste à ranger des chemises sur des supports chez Mr. Jeff, manufacturier de vêtements pour dames et messieurs, à laver les planchers et vider les poubelles. Même ces tâches minimales doivent m'être dictées car je ne suis capable d'aucune décision. Je reconnais qu'il est au-dessus de mes forces de prendre la moindre initiative. Autant que possible je fuis les autres employés, ne consommant jamais mon repas dans la pièce réservée à cet effet. Je m'isole dans quelque coin, attendant la fin du dîner. Mon problème majeur est d'arriver à temps chaque matin. Dans les ténèbres de ma conscience, je refuse de céder à l'appel des exploiteurs, des maîtres, des détenteurs du pouvoir sous quelque forme qu'ils m'apparaissent. Je ne veux pas assumer la relation d'obéissance et de servilité qu'on tente d'établir avec moi. Aussi suis-je sans cesse à la recherche de rapports affectueux et libres avec les autres.

Le soleil brille. Il neige à gros flocons inusités sur la ville. Je m'amuse à faire du pouce, à me laisser trimbaler d'un bout de la ville à l'autre, par désoeuvrement sans doute, mais avec le secret espoir de trouver quelqu'un à qui parler. Lorsqu'un volontaire se pointe, je lui fais l'article, pour m'apercevoir très vite que mon discours de jeune philosophe préfabriqué ne l'intéresse pas. Alors je passe à un autre.

La Camaro blanche m'a embarqué en face du terminus Voyageur. Mon petit numéro jeune-homme-dynamique-et-intelligent doit être au point après les exercices que je me suis envoyés! Lui me demande mon nom et mon âge, question qui me rappelle subitement que j'aurai dix-huit ans le mois prochain. Lui en a vingt-sept. Je remarque sa timidité, ses belles manières, son humour et son immense pouvoir d'écoute. Quelque chose m'avertit qu'une vive sensibilité se cache sous ce vernis et je commence à regretter d'être rendu à destination. En montant dans le véhicule, n'ai-je pas précisé que je me rendais coin Mont-Royal? Stratégie oblige...

Il m'offre une bière à son appartement et j'accepte. Ma loghorrée verbale cherchait une oreille complaisante, je ne la laisserai pas se refermer. Durant le trajet, je jase à perte de souffle sur n'importe quoi, emporté par le seul mouvement de la parole, faisant jaillir les idées, les images qui trottent sous mon crâne. Je parle comme une mécanique dont on ne retrouverait plus l'interrupteur, stimulé par la crainte que le dialogue ne s'effondre dès que nous entrerons chez lui. Je connais les exigences de la couchette qui ont pour effet de tarir les autres formes de rapports.

Raoul habite Rosemont, dans un immense bloc appartements d'une rue chic, un édifice blanc, impressionnant dans ce quartier de modeste réputation. L'appartement est vaste, richement décoré et meublé avec un goût délicat. Le salon contient un fabuleux système de son qui attire immédiatement mon attention et qu'on m'autorise à examiner. J'en profite pour étaler mes connaissances sur le sujet, sans me demander si je n'abuse pas de la patience de mon hôte. Il apporte la bière promise, il écoute mon intarissable monologue à travers lequel il ne glisse que de courtes phrases destinées à me remettre sur la voie lorsque je déraille. Il ne semble pas vouloir arrêter ma boulimie, ni juger ni surtout condamner d'une façon intempestive les idées qu'il ne partage peut-être pas. Sans sourciller il accueille le procès social qui me tranche la tête et le coeur en deux parties antagonistes. Pourquoi la vie présente-t-elle deux visages irréconciliables: gagnant-perdant, patron-employé, riche-pauvre, l'un dévorant l'autre et le livrant à l'enfer de l'échec? Je refuse de mendier des miettes de bonheur et d'amour, de manger dans la main avare des puissants. N'ai-je pas raison?

Bien sûr que j'expose aussi mon plan de réforme de telle société: un lieu de liberté et d'égalité où l'exploitation des démunis est impensable; chacun sa part de beauté, de soleil et de tendresse, un monde de rapports et d'échanges chaleureux, de main tendue, d'existences

243

partagées... Raoul écoute sereinement, il se révèle un ange de patience; les heures filent et je continue de cogiter à voix haute, peu soucieux de lui laisser la parole car si je m'arrête, j'ai peur de tomber en panne avant d'avoir totalement vidé mon sac.

Enfin, beaucoup plus tard, Raoul a trouvé le courage de m'interrompre pour une visite de l'appartement. Je sais à quoi il veut en venir, mais je tiens jusqu'au bout mon rôle de jeune ignorant. Jusqu'au bout, c'est-à-dire jusqu'au moment où il formule la proposition que je ne peux décemment refuser, même si je me sais incapable d'avoir désormais des rapports homosexuels satisfaisants. Il se fait si timide et hésitant que je ne pourrais en discuter froidement avec lui. Je ne crois pas pouvoir lui donner la qualité d'exécution qu'il mérite, mais à quoi bon temporiser ou me défiler? Si je fais l'amour avec lui, même mal, peut-être m'accordera-t-il une autre séance de défoulement verbal?

Eh bien, il accepte. Devant un café, je m'abandonne à des sujets plus graves, la mort, l'injustice, l'aberration politique. Plus je parle désormais, plus je resserre le noeud de ma souffrance, par le biais de cruels souvenirs d'enfance et d'adolescence. Je dévoile le visage honteux de mon enfance, le viol dont j'ai été victime, l'incompréhension où j'ai baigné et nage encore. Raoul écoute, immobile, très silencieux, sans interruption importune. Il n'essaie pas de profiter de mes confidences, de ma faiblesse si mal cachée derrière ce réquisitoire. Il n'exprime pas son opinion, il ne s'immisce pas dans ma conscience afin d'y redresser mes jugements. Peut-être sent-il à quel point je suis malheureux, mais il garde ses distances. À dix heures, je n'ai pas encore levé le siège et Raoul commande une pizza. Il ne fait pas de cuisine à son appartement et prend ses repas au restaurant. Je le préviens que je n'ai pas d'argent; il se charge de la facture, en hôte poli et attentionné.

À minuit et avec regret, je songe à partir. J'aimerais savoir avant de le quitter le métier que Raoul exerce dans la vie. Il me donne les indications suivantes: tel édifice de la rue Saint-Hubert, en face du terminus

Voyageur, un tableau affiche les noms et professions des occupants. Je le remercie et nous nous serrons la main. Oui, Raoul souhaite me revoir, mais que puis-je promettre à aucune personne, moi dont la vie ne tient qu'à un mince fil? J'ai accaparé son temps, son attention, son hospitalité, mais l'accueil n'a pas été aussi futile et gratuit qu'on le croirait. Je rentre chez moi envahi de pensées constructives, bourré d'énergie, ayant évacué la plus lourde part de mes problèmes. Je continue la réflexion amorcée avec mon interlocuteur, bilan que j'essaie de traduire sur papier avec des mots insuffisants et maladroits. Je m'installe sous la lampe, au son de la radio AM, et j'écris, j'écris sans repos, chiffonne la page, recommence, pour finalement m'endormir sur le texte inachevé. Au matin, je peux lire ceci:

J'ose affirmer que dans la société où je vis actuellement, un amour sincère et vrai peut encore exister. Un amour qui soit un engagement envers les autres. C'est dans ce sens qu'il faut respecter les autres, leur tempérament, leur mode de vie. La vie est une histoire d'amour dont, chaque jour, on parcourt un épisode, afin d'augmenter sa propre valeur, égoïstement, sans souci des autres. Quelle tristesse! Je m'abandonne à cette tristesse qui est faite de tous les épisodes mauvais ou malheureux de mon existence quotidienne. Je veux prendre conscience de ma vie intérieure, afin d'éviter les obstacles qui menacent mon cheminement. L'engrenage tourne inlassablement. Qu'il s'arrête et je deviens un mort en sursis. Qu'il m'entraîne et j'aurai la force et la sagesse d'aller vers Dieu. Que je m'ouvre à la vie, et elle viendra à moi et se donnera à la mesure de mes bras grands ouverts...

Même si je ne comprends pas trop pourquoi j'ai écrit ces lignes, car mes pensées sont revenues dans leur moule habituel, si étroit, si piégé, je conserve la feuille de papier griffonnée dans un moment de plénitude. Face à la réalité, à l'horrible et malsain ennui quotidien, sans ouverture sur une autre dimension de l'univers, je je trouve appui nulle part. Même la drogue dont j'ai trop abusé ne produit plus ses feux d'artifices. Visions et hallucinations lugubres naissent d'elles-mêmes, sans provocation extérieure. J'essaie de rester sobre pendant le travail, mais je n'ai pas la volonté claire de me soigner; je ne cherche qu'à éviter les inconvénients routiniers, blâmes, congédiements, accidents.

Je suis toujours à l'emploi de Mr. Jeff à la veille d'affronter la période des Fêtes. On organise la traditionnelle partie de bureau dans un restaurant de la rue Fleury. Occasion unique de renouveler ma garde-robe qui ne contient que des guenilles, le vêtement étant le dernier de mes soucis. J'achète pour quelques dollars plusieurs chemises Mr. Jeff et, grâce à un client de la manufacture, obtiens à rabais un élégant habit de velours chocolat. Je me fais tailler les cheveux à la hauteur des oreilles et choisis une chemise jaune dont le décor offre un extrait du paradis terrestre, Adam et Ève, la pomme et le serpent en grande conversation dans mon dos.

Une fois l'effet de mon arrivée produit auprès des autres employés, je prends place auprès d'un gars du genre muet afin de ne pas être obligé de faire la conversation. Autour de nous les groupes s'amusent, la musique crée une ambiance qui me bouleverse et m'indispose, car elle souligne mon isolement. Aussitôt que j'en ai le courage, je précipite mon départ en excusant par un malaise persistant ma fuite prématurée. J'ai envie de boire, de payer une tournée à des inconnus, cadeau que je fais à la boîte à chansons du Vieux-Montréal, le Saint-Vincent. Mes poches sont bientôt vides à ce petit jeu, et me voilà à essayer de revendre à prix modique un complet de velours chocolat neuf dont personne ne veut...

Irai-je ou n'irai-je pas à Québec pendant les Fêtes?

La question se pose et je dois la résoudre. Avant de prendre ma décision, j'éprouve le besoin de me confier encore une fois à l'oreille complaisante de Raoul. Je me rends à son bureau; intimidé par le regard de la secrétaire, je fixe le plancher en attendant mon tour, tourmenté par le soupçon au sujet d'un homme que je connais bien peu. Il ouvre la porte, il a l'air content de me voir et m'invite à souper ce soir au restaurant, offre que j'accepte aussitôt car j'ai besoin de sa présence, de sa patience et de sa tolérance pour ne pas crever dans mon trou noir.

Ce soir j'aurai vraiment envie de faire l'amour avec lui par gratitude, impulsivement, mais je constate que, malgré mes efforts, je ne parviendrai pas à me transformer en homosexuel. Aussi, par honnêteté, et malgré la hantise de perdre son amitié, m'obligerai-je à révéler à Raoul ma véritable nature, lui confiant naïvement qu'avec le temps, je m'habituerai sans doute à cette pratique. Lui ne dit rien. Aucun argument en faveur de la pratique homosexuelle, aucun reproche alléguant que j'aie joué un jeu dangereux, aucune pression sur mes nerfs ou mes sentiments. Raoul conserve dans le discours une dignité, un calme et une neutralité bien au-dessus de mon âge et même du sien. Il répète que sa porte m'est ouverte et que je reste libre de la franchir dans un sens comme dans l'autre. Pour la première fois un être humain me laisse le choix: comment ne pas éprouver une gratitude infinie envers lui?

Finalement, je suis descendu à Québec, en complet de velours chocolat, et j'ai passé deux jours avec ma famille. Le clan au complet y était, même Damien et Colette, son amie, chacun égal à lui-même et moi, secrètement tendu et angoissé parmi eux. Maman est aux oiseaux car sa couvée a répondu à l'appel. Quant à moi j'essaie d'étourdir mon auditoire en jonglant avec mes projets, mes pensées et les mots. Avant de partir, j'ai soldé mon complet pour trente dollars à Damien. Je suis impatient de quitter le nid irrespirable, convaincu d'avoir encore une fois gaspillé la précieuse énergie qui me reste. Je me souviens d'aboir bu, fumé, mangé, raconté des histoires, gonflé des ballons, mes éternels ballons.

Que s'est-il passé dans ma vie, entre le 27 décembre 1975 et avril 1976? J'ai perdu mon emploi chez Mr. Jeff et suis tombé dans un immense mais étouffant trou noir dont je n'ai pas gardé la moindre parcelle de souvenir. Un jour j'ai griffonné le poème qui suit sur un bout de papier, sans doute pour alléger la pression de mes contradictions:

Je vais à l'Inconnu inexplicablement
mains tendues vers lui
étouffant
l'amour en moi

Pourquoi chercher l'enfance perdue
plutôt
que l'avenir
et ses offrandes

Combien de temps encore
à pleurer sur mon sort
à gémir sous les coups multipliés
Il faut que j'avance
comme un aveugle qui flaire
sa route
aux odeurs heureuses
qui viennent de loin
Je ne veux plus rien faire

seuls les immobiles
ne commettent pas d'erreurs
leur existence sera l'unique
impair s'ils n'ont rien essayé

248

Mais suis-je de ces élus
Comment savoir qui je suis
et commencer demain
à grandir
à l'envergure de mon idéal
dans la lutte généreuse
de chaque jour?

Pourquoi serais-je triste
si chaque effort augmente
et chaque jour assume
ma perfection d'oiseau?

Quatre mois de nuit noire, sans peine ni mal, sans mémoire ni fantômes menaçants. Je n'habite plus la même dimension du temps que les Autres; aussi ai-je lâché mon corps dans la cité, seul et sans guide.

Je suis allé saluer Raoul que je n'ai pas vu depuis les Fêtes. J'essaie de reprendre pied sur la planète mais je digresse sans cesse: c'est-à-dire que je tente d'utiliser ma machine à mensonges et à esbroufe pour le convaincre de mes capacités. Mais j'aime sa façon de compléter ou corriger mes vues, sa sensibilité, sa clairvoyance. Mon seul problème avec lui vient de mon incapacité à vivre l'homosexualité de nos rapports. Je ne veux avoir avec lui que des relations d'interlocuteurs branchés sur le même monde sans guerre, ni haine ni destruction.

Mon trou se creuse encore et je m'enfonce, à coups de petits tourbillons: emploi, piaule, drogue, constamment différents et sans consistance, changements perpétuels qui m'étourdissent. Je tourne en rond dans mon trou. Je sens que ma résistance se désagrège, que la tension générée par cette course immobile gruge l'élan en moi. Alors je rachète pour soixante dollars de mescaline que je mange à la cuillère, en route pour le voyage définitif et libérateur.

Un peu plus tard, alors que je rêvasse tranquillement en savourant mon *trip*, voilà qu'elles arrivent, au
son de la chanson de François Dompierre intitulée «Sau-
te-Mouton», de plus en plus nombreuses et envahis-
santes. La musique semble les engendrer elle-même, les
stimuler à me charger. Épouvanté par leur invasion et
leur harcèlement, je ramasse mes petites affaires et descends en trombe dans la rue où elles réussissent à me
rejoindre, les maudites blattes! Je ne réussis à m'en
défaire qu'en prenant le métro. Hélas, un accident
épouvantable m'y attend: le métro a quitté les rails au
moment où j'ai débarqué, s'est précipité sauvagement à
ma poursuite sous les yeux impassibles de la foule qui
observe notre course. Je finis par échapper au bolide en
émergeant dans la rue, mais — ô horreur! — je retrouve
mes bataillons de blattes en train de m'attendre patiemment. Suffocant de terreur, je cours comme un fou,
écrasant les insectes par centaines, essoufflé, hors de
moi. Je ne sais quel instinct m'a guidé jusqu'à l'hôpital
Saint-Luc; je ne me rappelle pas m'y être rendu, ni à qui
j'ai raconté l'épouvantable marathon, mais...

Le fait est que je suis à l'hôpital, et que j'y suis venu
par mes propres moyens; qu'on m'a conduit, après un
lavement, à l'aile psychiatrique; que j'ai été déshabillé
puis revêtu d'une chemise. Après une journée de repos,
je quitte mon refuge et rentre rue Saint-Hubert. Pris de
la peur superstitueuse de devenir fou — cette hantise de
mon enfance — je jette dans la cuvette des toilettes le
reste de la drogue et la fais disparaître.

Au début du mois de mai — je me souviens vaguement avoir rencontré Raoul une deuxième fois en avril
— je m'inscris à l'assurance-chômage afin de me consacrer à la réflexion sans être tracassé par le manque de
revenus. Mais l'abandon complet de la drogue devient
vite un martyre: crampes, maux de tête, haut-le-coeur,
visions effrayantes m'obligent à temporiser. Je recommence à fumer la cigarette et augmente les intervalles
d'abstinence entre mes rations de drogue mais sans y
renoncer drastiquement. J'emploie mes loisirs à rafisto-
ler des téléviseurs et des radios usagés. Cette occupa-

tion me calme et me détend, même si je n'obtiens pas de succès.

J'ai acheté un vélo chez un receleur pour la modique somme de vingt dollars. Ce copain improvisé va me permettre de m'évader en dépensant mon énergie et mon agressivité. Je me promène inlassablement dans les parcs, évitant les zones d'isolement; je sais que je peux à chaque instant céder à l'omniprésente tentation. Le soir je m'engouffre dans les cinémas, visionnant les films d'aventures qui n'exigent pas de trop grands efforts de concentration.

Je développe aussi l'habitude de rendre service aux gens qui me paraissent en avoir besoin, multipliant les occasions de prendre contact, d'essayer mes différentes théories sur de multiples cobayes. Je les essaie aussi sur les écureuils des parcs à qui je distribue des cacahuètes. Je joue avec les chiens qui veulent bien de mes caresses et de mes sermons. Je cherche bonheur et espoir et grappille les miettes du confort d'autrui. Autant je vise à imposer l'image de mon utilité et de mon importance sociale, afin de ne jamais être seul, autant je me dérobe à la perspicacité des autres. Le jeu me remplit de vaniteuse satisfaction, comble mon besoin de pavaner mon meilleur personnage, le moi que j'ai rêvé d'être et que je feins d'être réellement devenu. Évidemment je n'ai pas assez d'endurance et de vigilance pour soutenir longuement tel rôle et je dois me débrouiller pour limiter les séances à la grâce du moment. Enfin je reste conscient que ma vie n'est qu'un jeu, que la réalité m'échappe toujours...

Le besoin de drogue alors devient aigu: je tremble, mon corps est traversé de frissons et mon sommeil, de cauchemars. Lorsque mes expéditions à vélo ne réussissent pas à exorciser le malaise, j'achète du pot ou du hasch — rien d'autre. Mais la chimie absorbée depuis trois ans a inscrit sa loi dans mon corps et me mène la vie dure. Je me bats contre une partie de moi-même pour l'autre partie, toujours aussi profondément désaccordées.

251

La vie vaut-elle d'être vécue
pour quelques faiblesses
et quelques possibles
inaccessibles

Je suis plus que moi
maintenant
par la vérité
de mon désir d'être
des possibles
amour et devenir

amour et avenir
à moi offerts

Que ne puis-je réveiller
mon âme dormante
qui se lamente en songe?

Que ne puis-je soumettre
l'ennemi que je suis
au coeur de mon être
divisé?

Fin mai, au cours d'une balade rue Saint-Hubert, je fais la connaissance de Florent Chevalier, un Français de France, et de sa famille. Jurant et soufflant, il s'escrime à transporter un matelas à l'étage de sa maison de chambres. Comme j'en ai pris l'habitude ce printemps, je m'arrête pour lui donner un coup de main. Chiâlant, critiquant, engueulant l'univers, y compris moi et ses enfants qui l'ont abandonné à la corvée, il apprécie à sa manière le service rendu et me raconte par bribes savoureuses son arrivée au Canada et son installation dans un minable deux-pièces et demie avec une femme et trois gosses. Après bien des péripéties, Florent a fait des sous dans les assurances et financé l'achat d'une première maison de rapport.

Caustique et fort en gueule, il jase sans arrêt jusqu'à ce que le maudit matelas soit enfin à sa place. Informé de l'endroit où je demeure, il m'offre une chambre dans sa maison, une chambrette temporaire à l'étage en attendant que soit libérée celle du rez-de-chaussée qui est magnifique et très vaste. Marché conclu, je cours chercher mes affaires à mon ancienne piaule et je m'installe.

Je rencontre les deux filles de Florent le soir même, dans l'escalier extérieur où je me suis assis pour regarder passer les gens. Nicole est un beau brin de fille, aux cheveux châtains et aux yeux bruns, et la vue des mâles semble l'exciter au plus haut point. Elle flirte les passants, mais sans vulgarité. Elle multiplie les compliments et les invitations d'une façon charmante. Ses quatorze ans lui donnent le droit de se conduire encore en enfant gâtée et on ne la prend pas trop au sérieux. Lina, sa soeur de treize ans, est plus courte et plus ronde et montre de la jalousie envers l'autre, mais se conduit avec plus de caractère et de maturité.

Évidemment la beauté de Nicole m'impressionne et je m'efforce de n'en rien laisser paraître, car j'aime beaucoup les deux soeurs, évidemment trop jeunes pour être fréquentées. Je rencontre aussi Jean-Marc, quinze ans et l'aîné de la famille Chevalier. Il est discipliné, sportif — boxeur amateur dans une équipe québécoise — et de comportement responsable. Amateur de Bach et de Mozart, il se montre très studieux, et attentif auprès de sa mère qu'il semble préférer à Florent. Enfin il y a Didier, huit ans, né au Québec celui-là, un violent qui a déjà assimilé l'art d'obtenir ce qu'il veut, de qui il veut et quand il le veut.

La maman s'appelle Colette; petite rousse mince et affectueuse, extrêmement active, elle accomplit sans aide les tâches ménagères, va au marché quotidiennement s'approvisionner en fruits et légumes frais et en pain. Elle prépare la nourriture pour les siens, dont le menu végétarien de Jean-Marc. Femme intelligente, elle trouve le moyen de s'intéresser à l'actualité, de lire et de discuter. Elle me manifeste une affection que je lui rends volontiers. Avec elle je peux parler aussi franchement qu'avec Raoul des sujets qui me tiennent à coeur, sans dépasser les limites que je me suis fixées.

Après trois semaines à l'étage avec les chambreurs de dernière catégorie (robineux, chômeurs, etc...), l'accès à la grande chambre du rez-de-chaussée m'émerveille. Immense, le plafond est décoré de boiseries. Le mur côté rue est percé de trois grandes fenêtres en demi-lune et voilé de plein-jour blanc. La cuisinière, le réfrigérateur, les meubles de bois verni luisent, aussi propres et brillants que les murs. Je partage une salle de bains en tuiles, avec fenêtre en vitrail, avec le seul autre locataire du rez-de-chaussée, le Marocain Mohammed, étudiant en mécanique et fieffé coureur de jupons.

Emménager dans une chambre semblable signifie beaucoup de choses pour moi, mais pas l'abandon d'un style de vie pour un autre. Je pédale une grande partie des journées, mais je fume aussi ou avale une capsule de mescaline pour parer au plus pressé. Chaque matin, je me propose un défi à relever, physique surtout, je me rends utile autant que possible. Je commence à acheter des livres afin de mieux me connaître et d'activer ma guérison. Mais je suis tellement ignorant de mon propre fonctionnement que les révélations de mes lectures ont failli m'achever. Non seulement elles me font découvrir mes maladies mais elles m'en rendent responsable! J'abandonne la psychologie appliquée pour me consacrer aux biographies des héros et des grands hommes, tels Lincoln, Dale Carnegie, etc. À vrai dire, je n'en termine aucun. Je n'en lis que des bribes, retenant des détails avec quoi je parade jusqu'au moment où je me fais tancer par mieux informé que moi. Ah! ce besoin maladif de jeter de la poudre aux yeux...

Le soir je rentre dans mon trou noir où je suis seul avec mes fantasmes et mes fantômes. Pour reculer le moment de m'isoler, je prends l'habitude d'aller flâner Place Jacques-Cartier, de côtoyer les jeunes anarchistes qui s'y regroupent pour fumer, jouer de la musique et recueillir dans un étui à guitare les oboles des promeneurs — trente à quarante jeunes gens, protestataires et critiques de la société, de ses lois et structures qui transforment en voyous et en ratés la jeunesse prometteuse du Québec. La police se montre tolérante et tâche d'éviter de provoquer la bagarre. Je suis content de figurer parmi ces jeunes qui me délivrent d'une certaine amertume et de l'isolement, du moins momentanément. Raspoutine, à vingt-cinq ans, universitaire et fils de famille cossue, représente un chef de file parmi nous. À son image philosophe amoureux de la vie pendant le jour, révolté sur la place publique le soir, je réussis presque à concilier mes deux moi et à équilibrer leurs affrontements.

Le job de chef-cuisinier m'a été adjugé au départ de madame Chevalier pour la France où elle effectuera une tournée d'un mois chez ses parents. Je lui succède auprès de Florent et de ses quatre enfants. Je suis nourri et reçois un salaire pour ma peine. Or, depuis que j'essaie d'émerger de mon trou noir, je me suis imposé la discipline stricte des trois repas par jour et j'ai souvent fait goûter à Florent mes plats favoris. Excepté Jean-Marc et Didier la famille apprécie ma cuisine à laquelle je consacre à peu près quatre heures par jour.

Le retour de madame Chevalier en août met fin à mon emploi et à mon salaire, mais me permet de passer certaines journées à l'extérieur de Montréal, aux environs de Mascouche et de Terrebonne. Avec mon vélo et un en-cas, je passe le temps à me promener et à écouter les chants des oiseaux, à rêver au bord des rivières, à me rapprocher de ma vraie vie, au sein de la nature. J'y fais sans me lasser le procès de la société abusive et destructrice, et mets au point celle que je rêve de bâtir moi-même si on me laisse ma chance.

Cependant mon trou noir ne cesse de happer mes espoirs et mes forces. Je me vois acculé à la solitude, à l'incompréhension, à l'impuissance. J'ai abandonné mon groupe d'anarchistes à leur passive ambition et compris qu'il me faudra toujours refaire seul mes parcours intimes. Même Raoul qui, à ma dernière visite, m'avoue son amour et me propose de vivre avec lui, exige de moi une mesure que je ne peux lui consentir: ma répugnance à vivre avec un homme dépasse les sentiments de respect et d'admiration que je lui voue. Mais pourquoi faut-il que je sois incapable de répondre à l'affection que l'on m'offre, alors que je recherche désespérément une nourriture pour mon coeur? Cet homme merveilleux, sensible et lucide, je le déçois et le rends malheureux, sans même savoir pourquoi. Et je pleure comme un enfant dépossédé parce que je crains de perdre mon seul véritable ami...

Non, au début de cet automne 76, je n'ai plus d'espoir, plus d'énergie de rechange. Je suis plus seul que jamais; l'école a repris mes compagnons estivaux, Jean-Marc, Nicole, Lina, Didier. Rien devant moi pour me guider ou me motiver, j'ai peur de chaque minute à vivre. Une sorte de paresse m'habite, grand dormeur amorphe, et m'empêche de fournir l'effort le plus élémentaire pour me sortir du pétrin. Dans mon trou noir j'arrive à peine à respirer, et au prix de quel supplice!

La tentation de l'oubli est lancinante mais je crains trop les conséquences d'une autre embardée dans la drogue et l'alcool pour m'y soumettre. Il faut croire qu'il me reste encore un mince filet de volonté et d'intuition — dont je ne perçois que vaguement la frêle lueur — car, à la veille de rencontrer Maryse, ma petite étoile, je n'ai pas encore totalement renoncé à ma quête.

CHAPITRE 6

Maryse

Je me souviens d'avoir vu Maryse au moins une fois place Jacques-Cartier durant l'été. Peut-être le minuscule souvenir m'a-t-il ramené en ce jour d'octobre sur la place alors qu'elle s'y trouve? Elle est accompagnée de deux amies qui sont aussi deux soeurs, Solange et Rita, et du mari de Rita. Moi, je suis venu avec un copain de l'été dernier; je ne vois que Maryse, sa fraîcheur, sa joie de vivre, son rire, ses grands yeux verts brillants. Elle semble avoir été créée pour le plaisir, le jeu, la beauté, le succès. Assis sur le muret du parc de stationnement, nous parlons à perdre haleine tandis que le froid nous gagne. Maryse soudain se plaint d'avoir froid. Alors, d'un geste spontané, je saisis ses mains que je frotte dans les miennes, souriant et provoquant, malgré des rougeurs intempestives, son adorable sourire de petite fille.

Peu à peu nous nous sommes mis à geler comme des rats et Bernard, le mari de Rita, nous a invités à prendre un café chez lui. Pour me persuader d'accepter, on ajoute l'invitation à coucher, car l'heure et la distance ne conviennent pas à mes moyens de transport. Malgré la peur qui me poigne au ventre, je me laisse convaincre et emmener à Laval avec les autres. L'atmosphère est au rire, à la jeunesse, à une insouciance qui m'entraînent malgré le secret odieux qui gèle ma propre pensée. À cette époque mémorable de l'Histoire du Québec, l'essentiel des conversations sérieuses tourne autour des élections et d'une possible séparation de la province du reste du pays. Nous n'y échappons pas en ce soir d'octobre, plein d'amitié et de déraison.

Mais avec Maryse, j'amorce un dialogue plus près du coeur. Autour de la table de cuisine, réchauffés par un excellent café, nous abordons le monde complexe des sentiments. Maryse semble aussi timide sur ce sujet que sûre d'elle-même sur des sujets plus généraux, et rien n'est vraiment facile pour moi qui suis bourré de complexes et de craintes stupides. N'ai-je pas peur de dormir dans une maison inconnue, au milieu d'étrangers que je réveillerai peut-être avec mes cauchemars?

Au matin, cependant, onze heures environ, j'avais merveilleusement dormi et m'étonnais de la présence de gens en robe de chambre en train de préparer le petit déjeuner avec une bonne humeur et un appétit apparemment inépuisables. Content et mal à l'aise, j'observe, j'écoute et je me tais, essayant de mettre de l'ordre dans mes impressions. Je suis peu habitué à ce genre de compagnie, au climat de détente et de confiance qui règne entre nos hôtes et leurs invités et je me pose d'encombrantes et nombreuses questions. Le rire m'est peu familier et je m'y apprivoise lentement, avec précaution. Tout à l'heure, dans la cour où nous sortirons pour jouer au ballon, je l'aurai retrouvé, aussi frais et spontané que celui d'un petit garçon.

Un peu plus tard, je suis parti me promener dans les rues de Laval avec Maryse. Sa timidité et ma crainte de réveiller des fantasmes importuns m'empêchent de lui avouer que je suis tombé en amour par-dessus la tête avec son innocence et sa naïveté enfantines. Nous nous parlons de nos goûts, de nos occupations; elle me décrit sa famille, ses amies, ses activités sportives (patin artisti-

258

que et ski alpin). Je parle moins de moi, et pour cause. D'ailleurs je ne pense qu'à l'embrasser et, lorsque je lui en demande la permission, elle me dit oui et je l'embrasse à plusieurs reprises, content de vérifier la nature du bouleversement qui me secoue dans un branle-bas de tremblement de terre. J'ai tellement besoin de Maryse! Elle m'est sûrement envoyée par le destin pour m'aider à franchir le trou noir.

Lorsque je quitte Laval, j'ai son numéro de téléphone dans ma poche et le coeur en folie. J'ai envie de crier mon amour à tue-tête, même si Donald me décourage de fréquenter une fille aussi jeune, trop jeune pour les relations sexuelles. Moi qui ne suis pas prêt pour ce genre de rapports, je m'en balance des arguments bornés de Donald. Dès lundi, je fixe un rendez-vous pour le samedi suivant et Maryse promet de venir; avec conviction je lui affirme qu'elle ne court aucun danger avec moi.

Dans l'attente du grand jour, je ne pense qu'au samedi et cette pensée, si elle ne m'empêche pas de recourir raisonnablement à la drogue — une fois tous les deux jours, autrement je craquerais — me permet d'éviter les autres pièges. Je consacre mes loisirs à la musique et à la télé — et je passe les après-midis dans les grands magasins, à examiner les systèmes de son...

Maryse est venue, timide et craintive. Je réalise par mon propre comportement que nous avons peur l'un de l'autre, que nous ne nous connaissons pas et que mes souvenirs personnels me gênent considérablement pour recevoir une fille dans ma chambre. Pour la rassurer, je me livre à des récits, farces et propos bouffons, juste pour me distraire et pour la faire rire. De plus, nous avons droit aux visites successives de Nicole, de Lina et de Jean-Marc dévorés de curiosité envers mon invitée. Je l'emmène finalement en promenade dans le parc Lafontaine, sous un soleil éclatant. Moins loquace qu'en nombreuse société, Maryse n'en demeure pas moins pleine de fantaisie et d'humour, joyeuse et sensible. Nous nous jetons des feuilles mortes à la figure, pour le jeu, pour le rire, pour ce monde d'enfance et de soleil que j'ai envie de partager avec elle, moi qui ne l'ai pas connu à son âge ni même avant, du moins de cette façon-là.

Je constate bientôt que l'entrée de Maryse dans l'intimité de mon existence n'y a pas apporté que de l'agrément. Non par sa faute, car ses visites hebdomadaires m'ont fortifié et aidé de bien des façons. Mais au bout d'un mois de fréquentations, je peux noter des changements dans l'attitude de Florent et de ses enfants à mon égard. Primo, on me reproche de sortir avec une enfant. Secundo, Nicole est jalouse et me boude. Tertio Lina s'est fait un copain et ne s'occupe plus de moi. Enfin au début de novembre, je reçois un avis de Florent: je dois céder ma belle chambre, redécorée entièrement par mes soins et à mes frais, à la famille en mal d'expansion. Florent m'offre une chambre à l'étage, une piaule de robineux, lugubre et déprimante, inconscient du tort moral et affectif qu'il me cause en m'éloignant d'une famille que je considérais un peu comme la mienne. Le lien que je croyais solide se désagrège et me voilà reparti à la recherche d'un coin à moi et de quelque amitié... avec les cent cinquante dollars de Florent en guise de dédommagement.

J'ai loué un deux-pièces et demie, rue Duluth, au-dessus d'un salon de coiffure, et j'y entre le coeur en morceaux et les yeux noyés de larmes. J'espère que Maryse, au moins, ne m'abandonnera pas, car mon écoeurement universel ne me dit rien de bon. J'ai de plus en plus conscience de ma faiblesse, de l'inertie de mon corps et de mon esprit. Les garçons de mon âge étudient, font du sport, ont des amis et un gagne-pain. Moi, je suis à la remorque d'une société que j'exècre et qui ne veut rien savoir de moi. Étranger en moi-même, comment ne le serais-je pas aux yeux des autres? Mon passé me ronge et mon avenir m'épouvante. Quel est donc cet effrayant voyage qui n'en finit plus et ne mène nulle part? Et la désolante manie que j'ai de me déguiser pour ressembler à un autre — celui que je veux être, que j'aspire à être, et qui m'empêche de bien voir qui je suis réellement! Comment émerger de mon maudit trou noir?

Cet effort de sincérité avec moi-même m'a conduit chez le psychiatre qui fait l'erreur de me prescrire des pilules et puis, bonjour. Chez moi qui tente de me soustraire au pouvoir de la drogue, l'intervention déclenche une crise de mauvaise humeur et de révolte: pourquoi donc n'essaie-t-on pas de me comprendre? J'implore du secours, de la pitié, mais nulle oreille ne recueille mon appel. Seul, je suis plus seul que jamais, avec l'épouvantable désir de vivre qui me tenaille et me martyrise. Au secours! Au secours! Je sombre. Il fait froid et gris. Ma vie s'en va, et je suis incapable de la rattraper. À quoi bon d'ailleurs puisqu'elle ne contient que du vide, un trou, un grand trou noir et vide.

J'ai dix-huit ans, je vis en appartement loin de ma famille; aux yeux de Maryse, je suis un garçon différent des autres, non seulement par mon comportement mais à cause des idées que j'exprime. Je l'enquiquine avec la morale que je lui sers; elle veut vivre ses propres expériences et, en enfant gâtée par une existence matérielle confortable, elle n'a pas peur de la vie.

Monsieur Dubuc, son père, est un homme d'affaires et propriétaire d'une compagnie qui siège dans le Vieux-Montréal. Il est très occupé et, à la maison, se révèle un fanatique du sport télévisé. Proche de ses enfants, il leur accorde beaucoup de confiance; il considère l'humanité en général avec bienveillance. Peu bavard, il discute rarement, se concentrant, en homme d'action, sur les gestes concrets et la communication directe. Madame Dubuc est grande, belle avec ses cheveux châtains et ses yeux d'eau sombre. Avec ses enfants elle manifeste une patience angélique. D'ailleurs ni le père ni la mère n'ont jamais frappé leurs enfants.

Je ne parviens pas à les imaginer à travers les babillages de Maryse, aussi serai-je surpris au moment de les rencontrer. Pour l'instant, Maryse et moi allons au cinéma ensemble, en promenade dans les parcs. Parfois nous écoutons de la musique à mon appartement. Nos privautés se bornent à de chastes baisers, comme elle peut s'en permettre à quatorze ans. De mon côté, je pense trop de mal du sexe pour lui en révéler les secrets et les détours. Son âge me rend mal à l'aise au moment de me confesser moi-même. Si je lui avoue que je fume un peu, que je consomme une pincée de mescaline de temps à autre, elle juge mon comportement normal et inoffensif. Je lui tais mon passé et mes excès pour ne pas l'inciter à m'imiter et pour cacher ma honte à son regard innocent.

Elle tient mordicus à une rencontre entre moi et ses parents. Dire ce que je ressens à la veille de les affronter ne m'est pas facile. Autant je crains les préjugés de classe, autant je me méfie de l'enthousiasme juvénile de Maryse, fière de présenter son copain de coeur. Elle parle de ses parents et de moi avec trop de confiance pour ne pas m'inquiéter. Savoir qu'ils ne me mangeront pas ne suffit pas à me calmer.

Pourtant l'événement se passe bien. Je rencontre Simon, seize ans, le portrait de son père; Noëlle, huit ans, le sosie de sa soeur et par conséquent de la mère. Aussitôt Noëlle nous colle aux talons, et bien que Maryse cherche à l'éloigner, je m'acharne à défendre la petite, assimilant sa déconfiture aux frustrations de mon enfance. Je ne peux pas dire que Maryse se montre très réceptive à mon analyse psychologique, mais moi, j'y

262

crois dur comme fer. J'ai conservé de bien mauvais souvenirs des brimades de mes frères et soeurs, échecs qui me rendent un peu trop attentif, aux yeux de Maryse, aux caprices de Noëlle. Je raconte des histoires à la petite fille et me moque des protestations de Maryse qui s'indigne de mon procédé et vilipende mon encombrante compassion.

Mais en somme le contact redouté s'est fait sans problème et me voilà introduit dans une famille charmante. Le salon est orné d'un foyer et j'adore cet intime et chaleureux éclairage. La présence du feu me calme et me rassure. Souvent, le samedi soir, les parents et Simon sortent, et Maryse et moi gardons Noëlle. Sauf à ma première visite, je recours à la mescaline et à la cocaïne en petites quantités afin de tenir le coup. Je suis incapable de stopper la machine. La drogue me sécurise et me donne confiance dans mon rôle de gentil garçon. Grâce à elle, je combats mon pessimisme et mon angoisse. Maryse aime une image trompeuse et je suis parfois pris de jalousie envers moi-même au point de me sentir mal dans ma peau. L'image aimable me culpabilise et parfois je me laisse aller à des impulsions contraires, afin de remettre dans mes idées un ordre plus familier et véridique.

Évidemment personne n'y croit et je me retrouve au centre d'un duel que je dois régler moi-même. Je me reproche l'hypocrisie qui me pousse à plaire alors qu'intérieurement je veux détruire et recommencer à neuf. Lorsque nous veillons chez Maryse, je joue aux cartes ou au monopoly avec elle; je ne m'intéresse pas à la télévision anglaise et je n'aime pas le sport télévisé.

J'apprends à la connaître chaque semaine davantage. Elle est intelligente et sérieuse quand elle discute, pleine de sensibilité et de douceur sauf si je la pique au bon endroit. Je découvre peu à peu sa sensualité, avec une certaine crainte d'ailleurs, car elle est très habile à caresser et prodigue de son amour. La peur d'être surpris par l'un ou l'autre des membres de sa famille limite heureusement ses manifestations de tendresse. Je ne voudrais pour rien au monde mécontenter ses parents qui se montrent merveilleusement ouverts et généreux. Il m'arrive de la réprimander quand elle émet des critiques à leur sujet. Je ne sais pas quelle fortune j'aurais donnée pour avoir des parents semblables.

Maryse fréquente une école privée anglophone, pratique le patinage artistique avec énormément d'intérêt. Mais mon entrée dans sa famille est surtout restée liée, dans mon esprit, à la confrontation politique de 1976 qui met en présence Robert Bourassa et René Lévesque en tant qu'adversaires sur la scène québécoise. Madame Dubuc vote libéral; monsieur Dubuc, Maryse et Simon sont des fanatiques du Parti québécois. Les discussions surgissent nombreuses et mouvementées et je refuse de m'y mêler parce que je n'y crois, comme à la religion, que pour souhaiter leur abolition pure et simple. Je me fais traiter d'anarchiste, bien entendu, mais je garde mes convictions pour moi.

En novembre, Maryse me harcèle pour que je l'emmène chez Martin. Elle m'a présenté sa famille, donc je dois lui rendre la politesse avec les miens accessibles à Montréal, c'est-à-dire Martin. Il habite toujours sa piaule rue Saint-Hubert et je me résigne à y conduire Maryse. La chambre empeste l'encens et le patchouli. Entre lui et Maryse, la sympathie s'installe très vite: elle est si jeune qu'un rien l'amuse et Martin ne manque ni de gadgets ni de verve. Il s'occupe d'elle et lui fait des démonstrations drôles qui la font s'esclaffer.

Mais son succès n'améliore pas les sentiments hostiles que j'éprouve en sa présence. Ma frustration remonte si loin dans ma mémoire qu'un éclat de rire de Maryse ne saurait en éteindre la brûlure. Je me renfrogne ou me montre acerbe vis-à-vis de mon frère, mais je n'expliquerai pas à la petite fille surprise pourquoi je ne veux rien concéder à un homme qui m'a repoussé chaque fois que j'ai eu besoin de lui. On ne raconte pas ce genre d'histoires à une fille qui ne connaît pas de rivalité destructrice avec ses frère et soeur. Nous quittons Martin pour rentrer à mon appartement. Je n'ai pas d'argent pour emmener Maryse au restaurant, aussi mangeons-nous à la maison. Quoi répondre à mon amie qui se demande où diable je peux bien dépenser mes sous, moi qui n'achète ni vêtements ni disques ni rien?

Je n'ai pas envie d'accorder à ces contradictions une réelle importance. Seule compte l'existence de Maryse dont je suis amoureux; sa présence et sa chaleur me nourrissent et lorsqu'elle est près de moi, elle accapare la totalité de mes pensées. Ce soir j'ai envie qu'elle s'étende auprès de moi sur le lit, non pour lui faire l'amour — ses récents quinze ans me la font considérer comme une enfant — mais pour la sentir proche et capter la chaleur de son être. Mais elle a peur et se fige aussi raide qu'un bâton de glace. Elle qui ne ménage pas les caresses lorsque nous dansons, se tient rigide et froide, et ne se détend que lorsque je la raccompagne enfin à la station Mont-Royal où elle prend le métro.

Nous nous voyons une fois par semaine, pendant le week-end. Je lui téléphone de la taverne du coin et nous prenons rendez-vous. Parfois nous allons au cinéma: nous avons vu L'Exorciste ensemble et failli mourir de peur chacun de notre côté. Parfois j'accompagne les Dubuc à la montagne où ils vont faire du ski en famille. Dès le début de décembre le week-end est partiellement consacré au ski. Désargenté au possible, je prétexte le manque de goût pour ne pas louer l'équipement qui me permettrait de glisser sur la pente à côté de Maryse. Voilà, ils sont riches et je suis pauvre. Non je n'accepterai jamais la charité d'eux. Je me contente d'observer les skieurs et de faire une promenade de temps en temps dans les sentiers enneigés. Ils sont heureux et sains, et je ne le suis pas. Ils possèdent la beauté, l'intelligence, la fortune: qu'est-ce qu'un avorton comme moi fait dans leur entourage? Il m'arrive de pleurer au cours de mes promenades solitaires; je prends malgré moi la mesure de la distance qui nous sépare et de l'étendue de ma convoitise.

Mon désir est-il la seule richesse que je possède? Oui, je veux grandir, devenir un homme digne de ce nom, prendre ma part d'un monde de bonheur et d'harmonie. Le décor est beau, la nature généreuse, ces enfants et ces chiens qui s'ébattent librement, n'existent-ils que pour me torturer et exciter ma jalousie? Une existence facile et pleine de lumière m'est-elle à jamais interdite? Et qui donc a décrété que je vive dans la sombre basse-cour, moi qui porte des désirs d'aiglon au coeur? Pourquoi la vie dédaigne-t-elle mes efforts et mes appels? Alors que je devrais partager le rythme de telles journées, pourquoi resté-je à l'écart, divisé et meurtri, esclave des illusions de la drogue?

Maryse recherche mes encouragements, même sur la piste de ski. Elle réussit par son rire et sa fierté naïve à me communiquer un peu de la joie qu'elle irradie, et je m'en délecte afin de passer à travers les pires épreuves. Au moment du repas, par exemple, je dois mentir pour éviter l'humiliation de me faire payer à souper. Je prétends que j'ai grignoté toute la journée, je ne veux pas vivre l'intolérable frustration que la charité, sous quelque forme qu'elle se présente, m'inflige. Maryse voudrait que je me sente à l'aise dans sa famille, que je m'affiche plus ouvertement son copain de coeur, mais j'en suis viscéralement incapable. Je me cache pour l'embrasser et je refuse de discuter mes problèmes d'argent.

La proximité des Fêtes, encore une fois, avive ma tristesse. Je deviens maussade à la pensée de descendre à Québec, de revoir ma mère, mes frères et mes soeurs, de jouer le jeu détestable que je m'impose parmi eux. Je me sens d'ailleurs de plus en plus mêlé, même avec Maryse dont les manifestations amoureuses m'inquiètent. Nos privautés deviennent de plus en plus intimes même si nous gardons nos vêtements pour nous y livrer. Je résiste mal à la tentation de ces caresses qu'elle provoque et encourage par ignorance de son corps. Mes sermons sur l'amitié se perdent dans des rencontres sensuelles chaque jour plus exigeantes. Je ne veux pas que Maryse s'attache au drogué sans avenir que je suis, mais j'ai faim, moi aussi, de son corps. Elle ne se doute pas que nos petites séances privées m'excitent et me laissent sexuellement insatisfait. Je refuse d'oblitérer sa vie par des rapports sexuels destructeurs, moi qui ai hypothéqué la mienne aux mains de violeurs inconscients. Autant je l'attire dans des bras avides de tendresse, autant je voudrais trouver le courage de l'éloigner avant que l'acte fatal ne soit posé.

Je fais un saut d'une semaine à Québec. Poussé par Maryse à tenter encore une fois le rapprochement, je m'y rends sans véritable espoir d'améliorer la communication entre ma famille et moi. Objet permanent de rebuffades, de moqueries, de contradiction et de mépris, j'en reviens déçu, désappointé, plus seul que jamais, en butte à mon désir de Maryse, incapable de me prendre en mains ou d'arrêter la moindre décision. Durant la semaine je ne fais rien, je stagne à l'appartement, je m'ennuie, je réfléchis, je paresse, je fume, je dors. Trop. Et même si je dors le matin, l'après-midi, le soir et des nuits complètes, je suis constamment fatigué. La télé et la radio ne retiennent pas mon attention. Je veux comprendre quelque chose qui m'échappe. Je m'agrippe à Maryse mais sans conviction, je ne peux pas réellement m'attacher à elle ni à quelqu'un d'autre. Combien de temps me reste-t-il à vivre? Où aller? Vers quoi?

J'essaie de décourager Maryse de me fréquenter en la malmenant affectivement: je ne la reconduis plus au métro, je prétends que nous ne sommes que de bons copains, affirmation qui provoque ses protestations et de dangereuses réconciliations. Elle essaie maintenant de me convaincre de passer la nuit avec elle. En janvier encore elle avouait avoir peur. En février, à mon tour d'avoir la frousse. Ce va-et-vient augmente mon trouble et la certitude que je ne pourrai jamais lui apporter le bonheur et la sécurité. Pour moi, enfin, les rapports sexuels signifient la fin de la jeunesse, de la joie de vivre et de la liberté. Maryse, au contraire, en parle avec une désinvolture incroyable, prétend que les filles de son âge couchent avec leur petit ami. Je m'obstine à lui faire entrevoir des problèmes, alors que je brûle d'envie de la posséder, ne serait-ce que pour me délivrer de la pratique obsessive de la masturbation.

À bout d'arguments et de volonté, je propose à Maryse que nous passions désormais les week-ends à la demeure de ses parents. Au sein de la famille, nous jouissons de peu d'intimité et nos loisirs sont occupés par les cartes, les jeux de société, la télévision. Chez elle, je dors dans son lit tandis qu'elle partage celui de Noëlle; une douce odeur imprègne les draps et, le matin, on me gâte en me préparant mon déjeuner. Ces petites douceurs me bouleversent; je ne suis guère habitué à être servi. Le mois de février retarde l'échéance d'une décision fatale puisque je passe les week-ends à Laval. Mais ce délai ne règle pas mon problème fondamental et ma dérive continue...

Je rends visite à Raoul une fois en février, dans le but de recueillir des encouragements. Je crois naïvement que mes efforts désespérés pour ne pas sombrer ont modifié mon image intime. Or Raoul m'affirme qu'il m'a toujours perçu aussi combatif et révolté, jugement qui me déroute. N'ai-je pas fourni un ahan surhumain dans le but de changer de vie? Serait-ce ma véritable et profonde nature que j'exprime à mon insu lorsque je manifeste le versant positif de mes pensées et de mon caractère? Cette visite à Raoul me déçoit momentanément: j'ai trop besoin d'avancer et de bouger le mal de place pour apprécier le piétinement apparent de mes efforts. Force m'est de retourner à Maryse et aux ressources intactes de sa jeune vie.

Au début de mars, nous avons une première relation, dévêtus, qui s'arrêtera avant la pénétration.

L'étonnement et la curiosité ravie de Maryse devant mon sexe en érection, l'innocence qui lui inspire des caresses passionnées, son naturel et sa simplicité ont eu raison de mes cent préjugés. Oubliant sa crainte d'être jugée niaise ou peu délurée, elle s'abandonne spontanément à ses découvertes et j'en ai les larmes aux yeux. Maryse m'aime et me le dit, et je l'aime aussi. Je suis à la fois transporté et écrasé par un amour qu'elle aimerait montrer à ses amis et dans sa famille. Je me débats sauvagement contre la tentation d'envahir les secteurs sacrés de sa vie, contre son enthousiasme et sa foi. Chaque contact avec des personnes nouvelles m'arrache le coeur. Je ne peux même pas l'accompagner gentiment dans les magasins; la vue d'une foule me crispe et m'énerve. De plus, je n'aime pas le trajet de notre relation amoureuse. J'ai besoin de Maryse pour reconquérir l'image perdue de l'enfance que j'aurais dû avoir, non pour devenir un homme. L'homme que je serai ne s'accrochera à personne pour se raffermir. Mais Maryse se moque du Yannick ombrageux que je dévoile: elle ne croit qu'au garçon qu'elle aime. Elle rit de mes confessions de drogué-raté-malade et réduit mes scrupules à leur dimension réelle, c'est-à-dire les doutes d'un jeune homme en train de muer en adulte.

Durant le mois de mars, je lui tiens un discours à double tranchant. Je l'aime comme un fou, je refuse de la perdre d'un côté; de l'autre je refuse de l'entraîner sur la pente où je dévale à haute vitesse. À la mi-mars, je prends la décision de *casser* avec elle. Maryse pleure et proteste si obstinément contre ma volonté que je pleure bientôt avec elle; nous réitérons nos serments d'amour et je propose que nous cessions de nous rencontrer pendant quelque temps. Nouvelle crise de larmes, Maryse m'étreint et mon coeur veut sortir de ma poitrine tellement je souffre. Dois-je accepter le sacrifice de cette vie, moi qui ne suis plus en mesure d'occuper raisonnablement mes journées? Belle et douée, elle n'aura toujours que l'embarras du choix. Plus nous approchons de la station de métro où je la laisserai, plus mon choix m'apparaît juste. Je dois libérer Maryse de mon emprise, empêcher qu'elle gâche la meilleure partie de son existence à croire au miracle. Je promets de lui téléphoner et de réfléchir afin de ne pas faire d'erreurs...

Mais que j'ai mal, ce soir-là, en rentrant seul à mon logis, à évoquer les merveilles de son affection, de sa joie et de sa confiance en la vie! Je pleure un fleuve de larmes jusqu'à l'assèchement de mes glandes puis, enragé par l'impuissance où je m'enfonce, me mets à briser les objets qui me tombent sous la main. J'arrache les couvertures de mon lit et les lance dans un coin, je piétine les disques, vide la bibliothèque dans un grand balayage des étagères et des surfaces des meubles. Une fois la crise passée, l'état de mon appartement me dégoûte car je hais le désordre. Je me fais honte et horreur. Quel est donc le sale individu qui souille le visage qu'il touche, et distribue à des innocents la souffrance qu'il est incapable de porter lui-même? Je suis un monstre et n'ai pas mérité de vivre. Je suis un lâche qui a depuis longtemps cessé de supporter sa propre cause. Ne suis-je pas trop mesquin même pour m'enlever la vie et rendre au néant l'épave qui appartient au néant?

Quelques jours après ma rupture, je me réfugie chez Raoul, décidé à revoir mes positions quant à l'homosexualité et à orienter mes efforts vers cette forme de relations. Je suis venu délibérément faire l'amour avec un homme qui m'aime et me l'a dit, et déverser sur lui le trop-plein de mon désir frustré. Je ne sais pas si Raoul m'a cru, s'il a ressenti le même vertige que moi. Mais lorsque je suis parvenu à l'éjaculation, retrouvant les réflexes du temps de la prostitution, je me suis rhabillé et je l'ai planté là, après lui avoir soutiré de l'argent. Avec cet argent, j'ai acheté de la mescaline et du l.s.d. que j'ai absorbés dans l'espoir de mobiliser assez de courage pour mourir. Mais la drogue ne donne pas la force qu'on n'a pas déjà dans le ventre. Lâche je suis, lâche je reste à travers l'angoisse et la révolte qui me dévorent. Je veux me débarrasser de ma maudite souffrance, et d'anciens réflexes de vandale me poussent à endommager les voitures avec un bout de métal. Si

270

j'avais un revolver ou une bombe, je m'en servirais pour détruire, blesser, tuer si possible.

J'appelle à l'aide mais la Société se dérobe à mon appel. Elle me garde au pied du mur de l'épouvante, où me guettent la maladie et la mort. Le spectre adorable de Maryse disparaît absorbé par le mur. Pourquoi l'ai-je laissée partir? Pourquoi n'ai-je pas lutté pour cette chose inouïe qu'est un amour partagé? Indifférent à ma propre misère, n'ai-je pas renoncé à m'apporter le secours nécessaire à une libération? Un être humain a-t-il le droit d'écourter les sursis que la vie lui accorde?

J'ai besoin d'un conseil et Raoul ne peut me le donner sans se briser le coeur. Qui donc me l'offrira, à moi qui ne connais âme qui vive dans cette énorme métropole? Martin. Martin est le seul être familier parmi la foule qui déferle d'un bout à l'autre de la ville, inlassable et inaccessible. Je suis tellement à bout de ressources que je conte ma peine à Martin; il me suggère de renouer avec Maryse. Je demande aussitôt la permission de me servir de son téléphone et j'appelle... Ignorant les signaux de mon frère, je reste accroché à l'appareil pendant trois heures avant de me résigner à prendre rendez-vous et raccrocher. Je sais seulement que je ne peux ni vivre ni progresser sans elle, que son aide me manque, que je n'ai pas le cran de détourner le destin qui nous a réunis.

J'attends avec une impatience et une émotion sans bornes son apparition au seuil de la cuisine, et je discerne à travers la petite fille qui se détache d'elle la femme qui commence à dessiner son visage et ses gestes à venir. Nos retrouvailles me ramènent de l'enfer où je m'enlisais, dans un flot de paroles dont la cohérence m'étonne après la crise de la veille. Je précise ma décision de ne pas lui faire complètement l'amour — de ne pas la déflorer, quoi! — mais nous ne nous priverons pas du reste. Nus et jeunes, nous nous abandonnons à la découverte de nos corps et de notre sensualité, elle surtout qui est si saine et vraie devant l'amour. Caresses, baisers, jeux et paroles. Maryse insiste pour me faire éjaculer en me masturbant et je suis bien obligé de vaincre

271

ma gêne et les réticences que le sexe m'inspire. Je ne parviens pas à m'habituer à l'aisance joyeuse de Maryse, au bien-être qu'elle m'apporte, à la science dont elle se sert d'instinct, sans le moindre complexe. Elle s'offre le plaisir d'apprendre le sexe, avec l'innocence d'une enfant qui n'a pas subi la sale initiation du viol. Comment se fait-il qu'une petite fille de quinze ans doive m'enseigner que le sexe est bon et innocent? À quoi riment ma propre expérience et ses sinistres trémolos? L'éjaculation enfin obtenue arrache un petit cri de surprise à Maryse, mais aucun mouvement de recul. Elle pose d'innombrables questions sur le plaisir éprouvé et sur celui, hypothétique encore, de la femme pénétrée. Fière d'avoir donné un tel plaisir, elle tente d'imaginer celui qu'elle vivra lorsque son tour viendra. L'amour en elle est joie et clarté en ce moment béni où la sincérité me tire les larmes, de gratitude et de remords mêlés. Hélas en moi subsistera l'angoisse, car la révélation de l'amour vrai multiplie la distance entre nous.

Ma réflexion sur nous tourne vite à la torture. À mes yeux je suis l'exploiteur de la petite Maryse énamourée. Je profite de son ignorance pour obtenir le plaisir qu'une fille de mon âge me ferait payer le juste prix. La honte m'écrase inexorablement et me rend parfaitement malhonnête vis-à-vis de Maryse que j'accable de reproches et de semonces. Elle se défend avec force, s'obstine, argumente afin d'obtenir que nous poursuivions l'expérience. En avril, je sais où elle veut en venir et pourquoi elle accueille mes engueulades sans baisser pavillon: elle veut que je lui fasse connaître la joie amoureuse.

Mais nous sommes morts de peur et l'anxiété me rend impatient. Veut, veut pas. Je suis d'une incompétence navrante pour la guider dans son cheminement vers le plaisir, car celui-ci passe par une douleur qui me fait autant peur qu'à elle. Un dernier scrupule me retient de tenter de la sécuriser suffisamment pour franchir l'étape finale de nos rapports. Son chagrin et ses larmes sont ceux de la petite fille qu'elle se défend d'être et qui redoute qu'on la répudie si elle n'apporte l'ultime preuve de son amour. Au fond je ne souhaite pas triompher de son hésitation ni m'attacher irrémédiablement à une jeune fille dont je deviendrais responsable. Qu'elle pleure, ma chère petite amie, même si je demeure coupable de ses larmes et de ses doutes.

J'ai de moins en moins de résistance et d'énergie à mettre à la conquête de ma vie. Un étau se referme sur moi, pire que la drogue, l'impuissance à réaliser mon rêve d'aigle, l'espoir qui me garde à flot depuis des années. Ce mois-ci, je cesserai de recevoir des prestations d'assurance-chômage; bon gré, mal gré, je dois retourner sur le marché du travail et reprendre le collier. Je suis devenu tellement inconsistant que l'idée d'une responsabilité de gagne-pain me bouleverse. Désormais dégoûté des risques du métier de voleur, je n'ai pas le choix. La seule perspective de la prison me donne des sueurs froides.

Je prends donc le chemin de l'usine — je ne sais même plus laquelle — malgré le sentiment de vivre en esclavage lorsque je gagne ma pitance. Horrifié par la soumission aux règlements, hostile au système, révolté et effarouché par le temps perdu à bouloter misérablement, je désespère de joindre les deux bouts du fil auquel ma vie est suspendue. Au fond de moi s'estompe le paysage magique, magnifié par le soleil, qu'imagine l'aigle emprisonné dans la basse-cour. Qu'est-ce donc qui l'empêche de se jeter, les ailes largement déployées, dans l'infini tracé dans le secret de ses gènes? Ô pusillanimité de l'oiseau qui se laisse apprivoiser par la laideur, l'espace limité, plutôt que d'affronter son vrai destin!

Vouloir vivre suffit-il à effacer la lâcheté? J'ignore pourquoi je suis ce que je suis, pourquoi mes yeux ne captent du soleil qu'une lumière affadie qui ne réchauffe pas. Je ne sais pas s'il faut suivre cette route affolante dont le tracé se perd dans des broussailles sans fin. Je veux mener ma vie, mais aucun gouvernail ne me protège de l'errance. J'implore de la pitié mais n'en éprouve point envers les êtres qui flottent autour de moi. La preuve: je me laisse peu à peu déroger au principe qui m'a guidé jusqu'ici tant bien que mal dans mes rapports avec Maryse. En dépit de mes sermons, elle a commencé à sécher les cours pour que nous nous voyions durant la semaine et moi, à m'absenter du travail pour la même raison. Nous nous promenons bêtement dans le centre d'achats de Laval et je sais que j'ai perdu le contrôle des événements. Maryse se moque éperdûment d'une morale que je ne respecte pas, et elle a bien raison. Mais qu'elle ait raison n'arrange pas ma conscience où l'amour que je lui voue continue à lutter avec ma faiblesse et mon égoïsme.

Il ne me reste qu'une solution si je ne veux pas que le cercle vicieux infernal se referme sur nous: la quitter définitivement et lui rendre tolérable la séparation. Il faut que je me retire de sa vie puisque sa générosité me fait une trop large place dans la sienne.

En mai finalement, nous nous sommes quittés. Maryse elle-même a reconnu que notre amitié se détériorait à force de buter contre des empêchements. J'ai commencé par refuser de la recevoir à l'appartement, interdiction qui l'a vexée mais qu'elle a comprise. Puis j'ai refusé de coucher chez ses parents pour assurer la distance entre elle et moi. Je maintiens les appels téléphoniques et, au début du mois, quelques visites diurnes chez elle. La famille Dubuc possède un chalet dans les Laurentides et Maryse prétend avec raison qu'une excursion en pleine nature nous reposera de la ville et nous changera les idées. Nous en avons drôlement besoin. La journée débute par une bouderie qui ne semble alarmer personne, sauf moi bien entendu. Au fond de moi, je sais que je m'engage sur une voie de non-retour et Maryse suit de près la manoeuvre d'évitement que je suis en train de mettre au point.

Je ne suis pas plus fier de moi qu'il le faut, mais j'ai au moins la fermeté de ne pas reculer devant l'échéance. Je me détends mieux à Saint-Donat, en pleine nature, parmi le soleil et les oiseaux, en paix avec moi-même sinon avec les autres. Je souhaite laisser à ma petite chérie le souvenir d'une journée parfaite de fraternité et de communion dans la beauté d'un univers qui nous a été donné dans l'inégalité et la diversité. Je me sens vraiment très heureux sur le chemin du retour lorsque Maryse murmure qu'elle a aimé la journée et voudrait que toutes les autres lui ressemblent, indéfiniment. Je comprends que je la laisserai sur ce souvenir nostalgique, plein d'espoir et d'amitié. Ainsi elle réintégrera le cercle protégé de son existence et s'évitera d'apprendre un jour que la place qu'elle m'y creusait ne me convenait pas.

Le reste du mois de mai confirme mon appréhension: il faut nous séparer sans espoir de retour. Je ne suis pas suffisamment généreux pour éviter à Maryse le partage de la facture finale: au téléphone je me laisse aller à la critiquer avec une stupide cruauté. Je lui ferme la ligne au nez. Je lui enlève une à une ses illusions sur le gentil garçon qu'elle a cru digne d'elle et de ses premiers élans d'amour. À la fin de mai, parmi l'éclatement des bourgeons, notre dernière promenade ressemble pourtant à une promenade d'amoureux paisibles en veine de découvrir la grande ville ressuscitée. Un dialogue plein de gratitude et d'émerveillement nous a permis de nous remercier l'un l'autre de notre amour et du chemin parcouru ensemble. Mais il y a plus de silence que d'habitude entre nous. Je retiens dans ma gorge la poussée de mes sentiments et de mes sanglots. Je ne veux pas craquer devant elle. Je ne veux plus céder à la pression forcenée de mon amour ni du sien. Oh! qu'il arrive, ce maudit autobus afin que je puisse respirer et cesser de m'accrocher à l'infime sursis. Oh! ne plus entendre la petite voix noyée de larmes et de tendresse. Ne plus exister. Ne plus supporter le poids de ma chair qui s'écroule...

Je me suis réfugié dans le parc voisin pour y pleurer mon saoul, seul sur un banc vide, et regarder en face la solution à mon échec: la mort. Maintenant que Maryse est en sécurité auprès des siens, je peux mourir. Et je me jure qu'elle ne l'apprendra jamais.

Oui, mourir. Je ne rentre pas chez moi ce soir, car j'ai une décision à mûrir, un projet à mettre au point. Mourir, oui, mais pas dans cette ville haïssable où l'écho de ma mort pourrait atteindre Maryse et blesser son oreille et son coeur. Je quitte le parc plongé dans l'obscurité et, zigzaguant à travers les rues assoupies, je gravis le Mont-Royal et décide d'y passer la nuit, assis au bord du précipice face à la ville. Mourir de douleur, de solitude, de totale incompatibilité avec la loi inhumaine qui régit la foule jusque dans son sommeil. Mourir pour faire la paix avec une existence que je suis incapable d'affronter et de comprendre. Ma disparition ne fera-t-elle pas un peu de place pour quelque âme en attente qui saura mieux que la mienne se faire respecter? Mourir physiquement. Ou mourir par extinction de la pensée. Je considère la formule qui donnera accès à la mort promise. Du haut de mon piédestal gigantesque, j'écoute le coeur métallique de la cité battre au ralenti. J'exerce une étrange domination nocturne sur cette ville qui, le jour, m'impose son cirque et son hypocrite endoctrinement. Et je l'affirme avec la dérisoire solennité de mes discours philosophiques, je préfère la mort à cette foire d'illusions.

Finie, la comédie. Métropolis, adieu. Et surtout, qu'on ne me regrette pas.

Mon plan de voyage n'est pas tracé, mais le détail est sans importance. À l'aube, ce matin, alors que je redescends de la montagne, j'ai déjà commencé à partir. Aller simple. On ne revient pas d'où je m'en vais, ce lieu n'a pas de nom sur aucune carte. On le détecte autrement. L'important est de partir, sans bagages, sans espoir, sans but.

Et pourquoi ne ferais-je pas au moins un heureux avant de filer? Je cours chez Martin à qui je cède pour deux cents dollars mon système de son coté à huit cents — et cela, malgré ses honnêtes protestations contre mon sens déviant des valeurs. Je lui refile également mon appartement dont j'ai déjà payé le loyer de juin. Les yeux ronds d'incrédulité, Martin accepte le marché. En veine de distribution, j'offre mon téléviseur à Roger. Offre acceptée. Je vends mes effets vendables et laisse à Martin le soin de disposer du reste. Et comment me débrouillerai-je au retour de mon petit voyage? s'inquiète mon frère que j'ai enfin réussi à inquiéter. Je réponds que je ne reparaîtrai pas dans le paysage avant bien des années. Difficile d'annoncer de but en blanc qu'aucun retour n'a été prévu; je ne risquerai pas la redoutable confidence dans ma famille. Voir le monde, refaire ma vie, tel programme devrait suffire à calmer la dormante conscience de Martin et de ses pareils.

Mes visites d'adieux ne seront ni longues ni très nombreuses. Mais je tiens à faire part de mon projet d'escapade autour du monde à Florent Chevalier et sa famille. Florent a acquis une vaste maison de chambres, coin Wolfe et Sainte-Catherine, et je lui demande d'entreposer deux ou trois cartons d'effets personnels auxquels je reconnais une valeur sentimentale. Il accueille mon escapade avec scepticisme et désapprobation, alors que ses enfants m'admirent et m'envient. Mais je suis sourd à toute voix extérieure et n'écoute que la mienne...

Une ultime visite à Raoul clôt ma ronde d'adieux. Lui ne critique pas, n'argumente pas. S'il pense que je vais me casser la gueule, il me laisse libre de mes expériences et je lui en suis reconnaissant. Il possède l'art de glisser de bons conseils qui ne font qu'effleurer la surface de mon âme sans la meurtrir. Parce que je vis un arrachement pénible et que j'ai envie de partager intimement mes derniers moments dans la ville, je propose à Raoul que nous fassions l'amour. Ainsi je crois lui rendre le confort dont il a entouré ma solitude et partager la sagesse profonde d'un accord même si j'ai décidé de ne pas en tenir compte. Lorsque je le quitterai, j'emporterai son aveu d'amour ainsi qu'un trésor inviolé qui stagnera dans un recoin perdu de mon coeur, inutilisable sinon pour le souvenir.

Enfin me voilà prêt à partir à l'aventure, dépouillé des liens qui m'attachaient à Montréal. J'ai un sac à dos, un sac de couchage, une radio payée deux cent cinquante dollars dans un moment d'euphorie. Mon pacson pèse une tonne; j'ai apporté des dizaines d'objets utiles à mes déplacements. En ce deuxième lundi du mois de juin 1977, je m'engouffre dans le métro, station Mont-Royal, direction Longueuil; je veux faire un crochet par Québec où terminer mes adieux avant de disparaître dans la nature. Je n'avais pas pensé que j'aurais de la peine à me séparer de Montréal, mais une fois planté sur le bord de l'autoroute 20, je dépose mon pacson et me tourne vers elle, le coeur étreint par l'image vive de Maryse. Pendant de longues minutes j'écoute, j'attends, je fixe la ville comme si c'était elle qui s'éloignait, qui rompait les amarres et m'abandonnait sur la route amère et sans retour. Ma conscience se réveille lentement, qui a choisi la mort plutôt que la dégradation ou le renoncement à un lointain idéal d'enfance. Avec fermeté je tourne le dos à la ville et marche, marche devant moi, chaque pas en avant consommant la rupture et ma fuite volontaire.

À Québec je distribue mes dernières paroles dans un concert général de mise en garde, de critique et de sombres prévisions. Je multiplie les prophéties à propos d'un petit aigle incongru élevé dans une basse-cour dont il songe à s'évader. Par la mort, oui, mais la mort choisie ne vaut-elle pas mille fois le confort et la fausse sécurité qui emprisonnent la basse-cour? Aux yeux des miens, je suis un gonfleur de ballons qui crèvent au moindre choc; pourquoi tenterais-je de les dissuader ou de corriger leur jugement? Seule la mort me permettra d'atteindre ma stature d'aigle et d'ouvrir l'espace où j'étouffe...

Allons, en marche. Le temps des adieux est clos.

CHAPITRE 7

Le voyage

Première étape: le Lac-Saint-Jean. Pourquoi? Je serais bien en peine de le dire. Aucune importance, d'ailleurs. Les directions se valent et je choisis de ne plus m'interroger. Je m'en vais au bout du monde. Mon pacson est beaucoup trop lourd et encombrant. Qu'à cela ne tienne: je le décharge sur le bord de la route afin de l'alléger. Je ne conserve qu'un pantalon, des sous-vêtements, des bas, un chandail, mon sac de couchage, plus quelques objets de toilette indispensables. Je garde aussi mon harmonica et ma bombarde, ma radio et une dizaine de cassettes. Ainsi lesté d'un excédent de poids, j'atteins Chicoutimi en pleine nuit, sous la pluie battante et bute à une auberge de jeunesse fermée depuis minuit. Je gagne le parc de la Place d'Armes où j'improvise mon coucher sous un abri qui me protège du vent et de la pluie. Mais je suis déjà complètement trempé, je dois changer de vêtements, tenaillé par la crainte d'être surpris par des policiers et arrêté pour vagabondage ou indécence. L'opération se déroule sans anicroche

279

cependant et je dors plus ou moins paisiblement dans mon sleeping-bag.

Au matin, forcé de faire beaucoup de marche à pied, je trouve ma radio vraiment trop lourde et décide de la liquider sur la rue en l'offrant pour une soixantaine de dollars. Je suis bientôt repéré par les policiers qui me rappellent que la vente d'articles dans la rue est interdite. Inspiré par l'instinct de la dernière chance, autrement je devrai abandonner l'appareil au hasard et sans compensation monétaire, j'expose mon problème aux policiers qui procèdent aux vérifications d'usage afin de déterminer si je suis bien le propriétaire de la marchandise. Puis alléché par mon offre, l'un d'eux décide de m'acheter l'appareil après avoir étudié la facture de mon achat et constaté l'excellence du marché. Je me débarrasse finalement des cassettes devenues inutiles sur un banc public et décide de ne pas poursuivre le voyage en direction du Lac-Saint-Jean. Des souvenirs détestables ont assailli ma mémoire, et je comprends que j'ai fait une erreur d'aiguillage. Le soir même, je suis revenu à Québec et déambule dans le quartier du Palais. Dans la vitrine du magasin Massicotte Sports, j'aperçois l'article qui devrait régler mes problèmes de logement, un magnifique teepee à toit renforcé, facile à transporter et à monter. Je n'aurai plus à me préoccuper de l'heure ou de la température. J'achète la tente et prends la direction du pont Pierre-Laporte, désormais branché sur la Gaspésie où j'irai faire mes adieux à mon père avant de prendre le large. Mon pacson allégé me permet de marcher sans fatigue, confort qui a son importance lorsque je dois patienter trois ou quatre heures avant d'obtenir un *pouce*.

Évidemment, je monte le même bateau à mes hôtes roulants qu'à mes proches et mes amis: je fais le tour du monde à pied dans le but de découvrir ma planète et d'accumuler de l'expérience. Je suis satisfait de l'effet que je produis. On me trouve intéressant, ambitieux et plein de courage et cette image me remonte le moral même si je me juge impitoyablement menteur et hypocrite. Mon aventure me permet de prendre connaissance des problèmes des autres, de m'apitoyer sur les malheurs de ceux qui me semblaient bien à l'abri, et d'utiliser mon répertoire de petites phrases consolatrices. Pourquoi pas? Si je sème un peu de réconfort sur ma route, qui s'en plaindra?

À Rivière-du-Loup où j'arrive au beau milieu de la nuit, je m'installe dans un boisé derrière une école. Il fait beau et le sac de couchage suffit. Au matin, le soleil me réveille et j'ai envie de déjeuner au bord du fleuve. J'achète du café et du pain grillé dans un restaurant et me rends sur la grève où j'allume un feu de branches sèches et de chiffons de papier. Quel bien-être et quelle liberté! Les flammes qui dansent sous mes yeux, le café ravigotant et, bientôt, la musique de l'harmonica qui me rappelle mon père. Il excellait avec cet instrument et je joue soudain avec le désir d'améliorer mon propre jeu.

J'ai le goût de rester ici un peu de temps, de courir pieds nus dans le sable, de faire ricocher des cailloux sur l'eau. Aussi ai-je repéré l'auberge de jeunesse afin d'y larguer mes amarres. La vieille demeure blanche fait face au fleuve, dans une rue à peu près déserte et bâtie de maisons anciennes. L'auberge déborde de jeunes voyageurs. Quelques-uns se font bronzer au soleil, d'autres chantent et jouent de la guitare en groupes fascinés. Certains quittent les lieux afin de poursuivre leur périple; d'autres s'installent... Je m'assois à une table pour observer mes semblables par l'âge, et leurs comportements si différents du mien. Ils communiquent entre eux avec une étonnante facilité, partagent aisément les questions et réponses où s'étale leur existence sans cachotterie. Moi, au contraire, je me réfugie dans une hypocrite réserve d'où je tente de percer le secret de leur santé. Quand je ne me surveille pas, je commets de bêtes impairs et je m'en mords les doigts. Ainsi, dans l'après-midi, lorsque j'ai dit à mon voisin que je ne voulais pas me faire casser les pieds par le jeune aveugle à la recherche d'un piano pour faire ses gammes... Eh bien, il l'a trouvé, le piano, et il en joue divinement. Il gagne sa vie en musique et ne fréquente les auberges de jeunesse que pour le plaisir de se retrouver en compagnie de gens de son âge.

La leçon m'a frappé en plein ventre. Je me crois supérieur aux autres parce que j'aspire à certaines hauteurs, mais je me laisse aller aux plus bas préjugés. Je sors me promener le long du fleuve, histoire d'oublier l'incident. Je n'aime pas la sensation que m'impose ma défaillance humaine, je voudrais tellement planer au-dessus de la mesquinerie. Comment agir en aigle avec des références de basse-cour en guise d'éducation? Je me déteste autant que je peux envier les jeunes gens réunis sur la grève autour des feux de camp. Ils boivent, ils fument, ils chantent, mais avec un naturel qui m'épate. Pour les rejoindre, moi, je dois attendre l'effet de la drogue ingurgitée, qui me rendra euphorique et plus liant. Je prête mon harmonica à un musicien et joue de la bombarde jusqu'à bout de souffle. J'oublie mes problèmes, mon plan macabre, mes peurs... Plus tard, je les retrouve pour m'inventer une histoire de maladie vénérienne et éloigner de moi une fille en chaleur. Effrayé par une possible délation de sa part, je ramasse mes affaires et vais dormir seul, sur la plage, à l'écart des autres. D'ici à ce que je quitte Rivière-du-Loup, je garderai mes distances avec l'auberge et ses occupants.

Je n'oublie pas que je dois aller voir mon père, à S... J'avance par bonds successifs vers le but: Rimouski, Matane où je fais une coûteuse consommation de pot et de hasch pour encourager et rallier un auditoire d'adolescents suspendus à mes récits et placotages. Je suis ivre et stone à la fois, de tequila et de dope, situation qui me fait rechercher la foule et la présence illusoire des autres. Conséquemment je me retrouve en pleine manifestation charismatique, avec déluge de musique et mouvement de foule. Je me laisse bercer par le bruit et l'atmosphère de la fête, synonyme pour moi de foire.

Je me rappelle avoir été sermonné par deux jeunes chrétiens en mal de conversions faciles, que j'ai menacés et harcelés à mon tour de propos blasphématoires avant de me ramasser, malade comme un chien, à l'auberge de jeunesse. Je me réveille avec des courbatures, des maux de tête et d'estomac, la bouche sèche, dans un

282

état d'épuisement qui constitue un sérieux avertissement. J'ai choisi de mourir, soit, mais je ne veux absolument pas de ce style de mort-là. Aussi consacrerai-je la journée à me remettre sur pied afin d'être en forme pour rencontrer papa demain.

Pauvre papa! Au moins pour lui maintiendrai-je l'illusion de santé et de réussite qu'il mérite de garder lorsqu'il pense à moi. Je brûle le temps à flâner dans les parcs, sur les berges de la rivière Matane, le long des quais. Un pêcheur me prête sa ligne et, aussi émerveillé qu'un enfant à sa première capture, j'attrape un maquereau. Je ne consomme aucune drogue de la journée. Mes repas habituels consistent en un mélange de croque-nature, de raisin sec, de noix de coco râpée, de brisures de chocolat, de gruau et de banane séchée au miel que je prépare dans un grand sac de papier, puis divise en sachets suffisant chacun pour un repas. De temps à autre, je me paie un hot-dog ou un hamburger, sans compter les déjeuners de l'auberge de jeunesse dont le coût est inclus dans le prix du coucher. Même à ce rythme-là, mes fonds baissent vite et la drogue indispensable est chère. Il me reste à peine une centaine de dollars dans les poches, un peu plus dans mon compte d'épargne de la Banque Royale — lequel doit en principe me dépanner n'importe où au Canada.

Entre Matane et S..., j'ai franchi en quatre heures un trajet qui demande quatre-vingt-dix minutes de voiture. Mais m'y voici enfin, après avoir traversé mon village en taxi, le coeur brassé par une marée de souvenirs. Je ne pense qu'à une chose: voir mon père avant de mourir, lui offrir une image agréable qu'il conservera après ma mort. J'ai la chair de poule et le coeur sens dessus-dessous en approchant de la maison où il écoule les années de silence de sa vie monotone.

Mon père a toujours la même chambre au sous-sol et je l'ai attendu au haut de l'escalier, guettant l'expression de surprise qu'il aura en m'apercevant. Oui, ses yeux ont pris d'éclat brillant et chaleureux dont je gardais le reflet en moi depuis ma dernière visite; mon nom qu'il a prononcé fermement s'est prolongé en un doux écho jusque dans mon ventre serré. La présence des autres pensionnaires m'incommode, mais lui reste calme et silencieux, la figure embrasée d'amour refoulé, les yeux agrandis et rendus plus profonds par le bonheur. Oh! bien sûr, je ne lui aurais rien dit de ma mort prochaine, au contraire je déploie devant lui de vastes projets, prétendant reprendre mes études à l'automne afin de me spécialiser en psychologie. Sous son regard étrangement perçant, je tiens difficilement en place. Ne va-t-il pas deviner le grand dénuement où je me trouve, le désespoir qui oriente mes pas vers le large? N'y tenant plus au bout d'une heure, je prétexte un rendez-vous au Mont-Saint-Pierre afin de prendre congé. Tandis qu'il m'accompagne vers la sortie, son regard pèse sur moi, il m'hypnotise et je romps le silence pour lui dire enfin combien je l'aime et l'aimerai toujours et promettre de revenir le voir. En même temps je voudrais me retrouver à l'autre bout du monde où échapper à l'aimant de son regard. Je brusque un peu le départ et me glisse à l'extérieur, les tripes brûlées par ce regard qui, je le sais, me suivra jusqu'à ce que je sois devenu invisible au tournant de la rue.

Cette scène d'adieux ramène douloureusement à ma conscience la figure tourmentée et triste de Maryse, ses larmes pareilles à celles que mon père retient sous ses paupières. Je marche, je marche à grands pas qui résonnent sur la route. Je saisis ma bombarde, ma petite compagne d'émotions et de rêves, et je joue en marchant et pleurant jusqu'à ce que la résolution se fasse jour. Une fois fixé l'objectif des îles de la Madeleine, je recompose mon image de jeune voyageur aventureux et léger qui utilise la trêve de l'été pour augmenter ses connaissances géographiques et découvrir son propre pays.

Je n'ai pas tellement de chance: j'avance d'une dizaine de milles à la fois, la tête encombrée de souvenirs d'enfance dans un paysage douloureusement familier. À huit heures du soir, je suis coincé à Rivière-à-Claude. À onze heures, un voyageur saoul comme une barrique me prend à son bord pour m'emmener à Mont-Saint-Pierre où j'arrive à minuit, complètement épuisé, mort d'impatience et de peur, mais à temps pour m'installer à l'auberge de jeunesse. Mon conducteur éméché, sacrant et grognant contre une épouse apparemment abusive, m'a donné la frousse en conduisant à la façon d'un Barbare perdu à l'âge de la machine et du code de la route. Adieu et qu'on ne se revoie jamais! Je monterai ma tente près de la rivière et dois emprunter une lampe de poche. Il y fait aussi noir que chez le diable et je m'enfarge partout. Une fois le montage terminé, je rejoins les jeunes qui veillent autour d'un énorme feu de grève et décide de rester avec eux. Je suis à jeun depuis la veille mais pas question de carême: mes hôtes fument et m'offrent à fumer. À mon tour je distribue du hasch et lie conversation. Le groupe m'ennuie rapidement et je m'éloigne bientôt pour rejoindre un autre groupe de jeunes gens plus âgés avec qui le dialogue se présente plus riche et convaincant. Je bois beaucoup et consomme suffisamment de drogue pour oser sortir ma bombarde et y aller de mes accompagnements et de mes rigodons.

J'ai dois avoir atteint le degré de susceptibilité optimal lorsque l'incident se produit: un garçon a entamé soudain la Marche de *Sacco et Vanzetti* que le chœur a reprise. Je suis aussitôt submergé par un tourbillon d'émotions incontrôlables qui me donne la frousse. Je quitte le groupe en catastrophe, à la course, étouffant et explosant, hors de moi. Avec une déchirante précision l'affreuse petite voix insinue que l'heure de ma mort est venue, ses mots picorent mon cerveau, provoquant une peur indéfinissable qui me propulse vers l'auberge, en quête de secours et de lumière. Les forces de l'obscurité m'épouvantent. Je m'écrase à une table, trempé de sueur, et demande du café comme un viatique. On m'en apporte que j'avale rapidement puis je cours à la salle de bains m'asperger la tête d'eau froide. Mon *trip*

285

éveille la curiosité et je révèle la vision que j'ai eue de ma mort, sans oublier de m'excuser d'avoir dérangé le repos des dormeurs.

Force m'est de réfléchir à ma volonté présumée de mettre fin à mes jours. Mon rêve de quitter cette vie pour m'éveiller dans une sorte de paradis est-il fondé? D'où vient alors la peur dont je tremble encore? Est-ce bien la mort que je souhaite? Qu'y a-t-il derrière le rideau d'apparences que la mort crèvera, sinon l'inconnu? Sur quelle promesse fallacieuse ai-je bâti mon rêve d'une autre vie, exaltante et heureuse? Je n'arrive pas à trouver le sommeil ni à mettre de l'ordre dans mes idées sérieusement bouleversées par la crise.

Après le déjeuner, je loue une chaloupe durant deux heures, bien décidé à faire le point, seul, en silence, le plus loin possible des oreilles humaines. Je commence à trouver bien lourd le fardeau de ma comédie. Il fait beau, chaud, la baie de Mont-Saint-Pierre brille de mille feux, les goélands crient à tue-tête, les barques de pêche dorment au large tandis que des amateurs de delta-plane plongent dans la baie, ivres de liberté et d'audace. Et moi, au milieu de tant de beauté heureux et malheureux à la fois, je me laisse bercer par la vague et par le regret. Non, la beauté ne m'appartient pas, je n'ai pas mérité les cadeaux d'une nature grandiose et maternelle...

L'instinct me pousse à me rapprocher des sportifs du delta-plane dont l'audace m'impressionne. Leur extravagance m'excite et me fait supposer qu'il existe des catégories de personnes dont l'esprit plane au-dessus des contingences. On m'avertit que l'escalade de la montagne est pénible et la pente très abrupte. Je ne me laisse pas intimider et aborde le sentier en alpiniste bien décidé à atteindre les hauteurs qu'il vise. Sous le soleil ardent, la montée est particulièrement difficile mais le spectacle en vaut la peine. J'émerge de mon ascension la tête bourdonnante de questions que je pose aux étranges oiseaux humains réunis au sommet du mont. Bientôt ils se lancent dans le vide avec leur appareil... tandis que j'imagine un plongeon différent et

286

le fracas de mon corps sur les rochers... Mourir, oui, mais sans violence, dans une sorte de sommeil, sans agonie, sans risque non plus. Ce que je peux être douillet! La mort glorieuse n'est pas pour moi.

J'achète de la mescaline, ce soir. Et je bois comme un porc toute la soirée. Plus tard je m'écroulerai sur la grève, sans dignité, lâchement. Je suis un poltron, un songe-creux, un velléitaire, et l'humanité a joliment raison de douter de moi. Je commence à me percevoir sous cet angle décourageant, mais je ne perds pas la foi. À quoi bon si ce tiède sentiment me traîne dans la confusion du dimanche sur la plage, à ressasser un vieux rêve crevé?

Via la Gaspésie, je me propose de traverser le Nouveau-Brunswick. Journée maussade de pluie, de vent et de brouillard. Gaspé la nuit, sous la bruine, une auberge de jeunesse encore. Je m'installe, farouche et transi, dans un coin du salon imbibé de la musique de Cat Stevens et de Shawn Phillips. Pas le goût de parler ni de penser: je n'ai envie que des îles de la Madeleine, sans escale humaine, dans le vide d'un exil bienfaisant.

Il a dû sentir mon éloignement; il est venu quand même me demander du feu et démarrer un dialogue entre nous. Je m'échauffe lentement à ses paroles et au regard lumineux qu'il pose sur le monde. Il s'appelle Temporel, fait dans les vingt-huit, trente ans, et pratique la spéléologie. Qu'est-ce que c'est que ça? Il explore les cavernes et les grottes, les failles des rochers, les dessous secrets de la terre. En un rien de temps il m'extrait de ma léthargie, les yeux et les oreilles ronds de curiosité. Grand et mince, il porte barbe et moustache, il est sain de corps et de coeur, plein de soleil et de charisme. Il raconte tellement bien, Temporel! Avec lui les histoires, les légendes, les menus faits et aventures s'entremêlent en un faisceau vibrant d'images et d'émotions. Je ne sais pas à quelle résignation je suis parvenu, mais j'ai accepté

287

demain matin d'explorer avec lui une fissure et une grotte dans la montagne. Il me réveillera à trois heures trente.

Temporel ne m'a pas oublié et je m'habille en tâtonnant tandis qu'il réunit sa caméra, son carnet de notes, de l'eau, de la ficelle, du café, des flacons pour les échantillons de roche et de végétaux. Je n'apporte rien puisque je ne possède rien. Je partagerai le repas de Temporel, un mets nourrissant et léger facile à transporter qu'il prépare lui-même quand il prévoit une excursion. Durant le parcours, il m'explique quantité de choses utiles et raconte ses aventures de spéléologue, parfois désopilantes. J'entends son amour de la vie vibrer dans ses silences aussi bien qu'à travers ses paroles. Malgré les risques de notre excursion, j'éprouve un sentiment de sécurité et de plénitude qui me fait espérer que pareils instants soient éternels. Auprès de lui, la peur fond comme de la cire. Je deviens aussi élastique et souple que lui pour me glisser dans les trous minuscules du rocher et ramper dans des couloirs extrêmement étroits. Je me découvre un corps inconnu, plus maniable, dès que j'écoute les conseils et les indications de Temporel.

Un certain passage aboutit à une caverne plongée dans l'obscurité totale. Je suis soudain aveuglé et j'ai peur de me brûler avec le café que Temporel me tend. Il me dit qu'il me prépare une surprise, une rencontre inoubliable dont le choc me marquera pour la vie. Alors je m'effondre, oui, je redoute les intentions secrètes d'un homme que j'ai suivi en étourdi, qui me tient à sa merci dans des lieux d'où je ne peux m'évader sans son aide. Le temps passe et la noirceur ne s'ouvre pas. Mes pensées s'affolent. Temporel est un maniaque fort habile et je suis tombé dans le piège de ses beaux discours. Ne tente-t-il pas de remuer mon inquiétude en évoquant les découvertes qu'il a faites sur lui-même dans l'obscurité redoutable du coeur de la terre? Je ne sais plus qu'une seule chose: je veux que mon supplice s'achève, je veux être rendu à la lumière du jour...

Soudain une lueur est apparue au bout de la

caverne. Temporel a dit:

— Il ne faut pas manquer ça.

Nous marchons, hypnotisés par la lueur, jusqu'à une certaine distance de la crevasse d'où elle vient, pour voir apparaître, dans un flot subit de lumière brillante, le soleil lui-même. En un instant il éclaire la grotte qu'il enflamme. Quel éblouissement: j'en ai le souffle coupé. La féerie transforme la grotte sombre en un corridor aveuglant qui semble nous mener droit à l'astre. Je n'arrive pas à articuler un seul mot, j'avance hors de mon corps happé par le soleil. Je ne sais pas sur quel rayon nous sommes sortis de la grotte, par quels couloirs enchantés, car j'ai quitté réellement le plancher des vaches — et la basse-cour — pour m'ébattre en aigle dans le feu même d'un espace sans obstacles.

Puis Temporel est reparti avec les secrets de la Beauté, moins une heure d'extase qu'il m'avait offerte, d'un geste royal, par un matin de juin inoubliable...

Saint-Omer. Chandler. Je ne dresse pas ma tente dans le parc public, je me contente de déployer mon sac de couchage où je me glisse habillé, de rouler tranquillement un joint en attendant de retrouver un peu de l'éblouissement du matin. Le passage de Temporel dans mon itinéraire imprévisible m'a donné un choc, et je mesure l'écart infranchissable entre sa personnalité accomplie et l'embryon de la mienne. De plus, je n'ai pas beaucoup le temps de m'apitoyer sur moi. Il me reste environ vingt-cinq dollars à dépenser — heureusement que j'ai fait une bonne provision de dope à Montréal — et je n'ai pas encore atteint les îles de la Madeleine.

Je n'aime pas beaucoup Campbellton, une ville pareille à tant d'autres; je m'en évade pour me promener le long de la route 11, dans le merveilleux décor de la Baie des Chaleurs. Je dors sur la plage le soir sans être dérangé, je m'emplis les yeux de la beauté du monde.

Bathurst. Rien de spécial. Je commence à regretter de ne pas connaître un mot d'anglais. Les gens me paraissent d'une froideur ennuyeuse. Mes gesticulations ne suffisent pas à me faire comprendre convenablement et j'ai hâte de quitter une province inhospitalière.

Caraquet. J'y suis arrivé grâce à un jeune couple. L'accent est singulier mais plein de chaleur. Sur le quai, je rencontre un vieux pêcheur prolixe qui m'invite à souper avec sa famille. Je lui fais répéter dix fois la même phrase, à cause de l'accent. Sa femme et ses enfants ont le même et je les fais répéter eux aussi. Je me régale de leur excellent pain de ménage, d'un ragoût savoureux. Le pêcheur m'interroge, fixe sur moi ses yeux d'une profondeur infinie, tandis que son fils et ses trois filles se taisent. La maison du pêcheur est modeste, simple et fonctionnelle, mais le coeur de ses habitants est riche et bon. Ils m'offrent une place pour dormir, mais je préfère coucher à la belle étoile plutôt que d'abuser de leur hospitalité. La femme du pêcheur me remet une provision de nourriture avant mon départ, pour le déjeuner du lendemain, et je m'en vais, vagabond reconnaissant, vers mon destin. Je couche au bord de l'eau, le vent est frisquet, mais j'ai eu raison de partir: quoi qu'il arrive, je ne dois m'attacher à personne, nulle part.

Au fil de mes pensées décousues, je me rends compte que le monde des humains n'est pas monolithique et que les individus ont une personnalité propre qui vaut souvent la peine d'être connue. Je m'ouvre à peine les yeux que je constate l'existence de Temporel et de ce vieux pêcheur accueillant qui m'ont offert une parcelle de leur univers sans rien attendre de moi que la joie partagée ou un clin d'oeil complice. Je me remets en question à travers les détours souvent inintelligibles de ma propre conscience: la beauté existe, les humains respectent certaines valeurs qui me sont chères. Évidemment, pour que mes pensées s'éclairent, je dois absolument fuir les villes et fréquenter la nature. Mes réflexions s'étranglent lorsque je respire la pollution de la foule et perçois l'obligation de me protéger contre elle.

Je ne sais toujours pas où débouche mon errance. Je couche le plus souvent possible près de l'eau, je guette les signes du destin. En ce moment je suis incapable d'imaginer que je rentrerai au bercail. Je vais droit devant moi. Je traverse la Nouvelle-Écosse et son sol rouge, d'immenses champs de pommes de terre. Je marche vite, sans me retourner, je n'amasse pas de souvenirs. Qu'en ferais-je puisque je dois mourir?

La traversée à l'Île du Prince-Édouard dure un peu plus d'une heure, le temps de voir la rive s'éloigner à l'horizon. Le goût de chanter, de siffler, d'oublier le passé et d'être enfin l'homme de mes songes, traverse ma peau, la vieille peau que j'abandonne sur le bateau entre la Nouvelle-Écosse et Wood Island. Mes pensées et mes impressions, semblables soudain à des mouettes et des goélands livrés au seul puissant plaisir d'exister, s'évadent vers la liberté. Le sillage du bateau fait mousser l'eau en écume. Je retrouve le sourire et une tranquille amitié pour les voyageurs de la traversée, pour les insulaires qui nous regardent accoster. Comme des personnages de cinéma ils nous dévisagent alors que nous franchissons la passerelle. Une fois à terre, je m'attarde à mon tour à observer la manoeuvre du traversier en sens inverse, les pêcheurs à la ligne assis le long du quai, les embarcations qui flottent au large...

Le spectacle est beau mais le monde n'est qu'un spectacle. Ne pas me laisser distraire. Je viens de nulle part et n'arriverai nulle part, sinon à ce quai où la mort m'attend avec ses mystères. Il ne me reste plus rien, ni argent, ni dope; je dois gagner Charlottetown, cinquante milles plus loin, afin de retirer des fonds à la Banque Royale. Mon conducteur parle français, vient de l'Ouest canadien et me propose la couchette, gestes à l'appui. Le quidam me chasse de sa voiture dès que je signifie mon refus, mais je m'en contrefiche; je suis rendu à Charlottetown. Je me sentirais presque heureux si le saligaud n'avait soulevé par sa proposition de la poussière de souvenir qui m'étouffe et me replonge dans l'enfer d'avant Temporel, c'est-à-dire les exigences de ma sexualité malade.

291

Je retire soixante-quinze dollars à la banque et me propose d'acheter de la mari, puis de repérer l'auberge de jeunesse où je passerai la nuit, après avoir quêté mon repas dans un presbytère. J'ai appris à mendier ma bouffe en traversant le Nouveau-Brunswick. J'apporte le lunch dans un parc voisin et gaspille le reste de la soirée à quémander désespérément de la drogue. Après cinq heures de recherche, je rentrais à l'auberge, le pas traînant et l'oeil torve, lorsque je rencontre deux motards qui me conduisent finalement à un revendeur. Après mon achat — du colombien, s'il-vous-plaît, à soixante dollars l'once — une folle équipée sur un trip hilarant, et beaucoup de tournage en rond je m'endors dans un parc jusqu'au lever du soleil. Enfin, la routine: drogue, perte de contrôle, errance, amertume. Néant.

Ô l'amertume plus pesante encore que soulève en moi le spectacle des gens heureux et sains, qui ne fuient ni eux-mêmes ni le reste du monde. Je ne supporte plus la compagnie de ces gens: leur bien-être m'humilie. Je ramasse mon pacson à l'auberge et déguerpis en douce. J'ai envie de faire le tour de cette île de falaises et de sable, hantée par les goélands, éperdue de beauté et de grandeur. Le ciel, la mer, la forêt, quelle trilogie fascinante. Je flâne quinze jours dans l'île, seul avec la nature, sans me lasser d'elle, couchant sur la plage ou dans les parcs, mendiant ma nourriture dans les couvents et les presbytères, sobre durant la journée, explorant le somptueux paysage... Mais le silence nocturne m'effraie, j'ai peur de l'ennemi blotti entre mes côtes: alors, le soir, j'ai besoin de la compagnie de la drogue...

À Souris, il y a une traverse pour les îles de la Madeleine et je suis prêt moralement à gagner le pays de mes rêves, même si je suis réticent — et pour cause — à payer mon passage. Je raconte une histoire à dormir debout à un camionneur qui accepte de me cacher dans son véhicule pour l'embarquement, et commence à respirer l'air du large, capiteux et exotique, qui nous baignera pendant six heures d'affilée.

L'attente est terriblement longue, car le départ a été retardé, mais elle a fini par se transformer en traversée. J'ai pris ma place dans le camion, où la noirceur totale et la solitude m'ont joué un tour à leur façon en me rappelant les garde-robes où je me dissimulais, enfant, pour échapper à maman et à mes frères. Je me contrôle du mieux que je le peux, je sue et je tremble et le camionneur doit m'aider à sortir de mon trou une fois l'embarquement terminé. Ému par mon état, il m'offre un café chaud tandis que je lui raconte une autre histoire fictive pour le dédommager.

Je m'installe dans un coin solitaire et calme du bateau-passeur afin de retrouver la paix perdue et d'évacuer le trop-plein d'émotions qui m'étouffent. Mais il fait plutôt froid et je n'y reste pas très longtemps. La mer m'a quelque peu réconforté, elle ou je ne sais trop quelle puissance à qui j'adresse mes appels et mes plaintes. Dans la salle d'attente je m'assois sur un banc, tellement fatigué que le sommeil vient quand même. Les îles sont à portée du bateau maintenant et j'ai l'impression que le destin m'y hale, complice de mon interrogation et de mes regrets. La traversée épuisante n'a rien de la fête imaginée mais, au matin, alors que la sirène annonce aux Madelinots notre arrivée, je suis conscient d'aborder les îles de rêve où, petit garçon, je conduisais le fabuleux navire de mes extrapolations.

On me dit que je pourrai camper à Gros-Cap. Va pour Gros-Cap. Les falaises de grès rouge travaillées par la mer, le duvet de sable sous mes pieds me semblent une entrée au paradis lui-même. Et la simplicité chaleureuse des insulaires me fait oublier les provinces maritimes et leur population anglo-saxonne si froide, et leur foutue langue que je ne comprends toujours pas.

Les arbres sont des nains; il n'y a pas de fleurs, seulement des champs brûlés par le soleil et le vent, mais je sais que je ne voudrai plus quitter ces îles. Je m'installe sur un terrain privé, un champ que son propriétaire abandonne aux campeurs discrets, heureux, conquis, ivre de la béatitude de l'explorateur qui a enfin déniché la terre promise. Pendant deux semaines enivrantes, je vis de poisson frais grillé dans du papier d'aluminium avec de l'oignon, et de pommes de terre cuites de la même façon. Je déjeune de pain et de beurre d'arachides et passe la journée en maillot de bain, à la manière des insulaires. J'explore les falaises et me baigne du matin au soir, presque toujours seul. Quand j'ai besoin de compagnie, je rejoins un groupe de jeunes campeurs. Je me tiens à distance des filles, je ne veux absolument pas d'aventures de vacances ni de chaînes affectives. D'ailleurs le temps passe tellement vite.

À trois reprises, je suis invité par des pêcheurs de homards à passer la journée en haute mer: ma joie évidente et mes remarques naïves les font sourire, mais je nage dans un état de bonheur si complet que mon ignorance ne me donne pas le moindre complexe. Ce bain de nature et de sauvagerie pourrait modifier mon attitude profonde, je le sens. Le goût de vivre traverse ma carapace de dégoût et me plonge dans de bizarres questionnements. Pourtant, il suffit que je retombe dans mon puits de doute et de suspicion... Décidément les rapports humains me remettront toujours les pieds sur terre et le coeur en gibelotte.

Ces rapports mesquins me chasseront sournoisement du paradis terrestre; je n'ai plus d'argent et n'ai pas encore trouvé le moyen de communiquer avec des humains sans cet intermédiaire: les vagabonds, si futés soient-ils, ne peuvent compter que sur lui. Je réussis à obtenir un passage sur le traversier au bureau de l'aide sociale, et m'embarque le 8 août pour le continent, en route pour Montréal où j'arriverai le 15 ou 16 du même mois. Comment ai-je effectué le retour? Je n'en sais presque rien. Je me rappelle uniquement mon impatience si vive à refaire en sens inverse le trajet de l'exil, et la fuite, et la drogue...

L'air de Montréal, étouffant et porteur des miasmes qui ont ruiné ma santé morale et psychologique, m'a pris à la gorge. J'étouffe, je suis incapable de rester dans l'étuve, il faut que je reprenne la route. Je retire vingt-cinq dollars à la Banque Royale, me rends chez les Chevalier dans l'espoir de rencontrer Florent: absent. Je pense à Raoul mais renonce à le relancer; il faudrait lui donner ou de l'espoir ou des explications — et je n'ai rien à lui offrir. J'entre au hasard dans un cinéma puis vais passer la nuit sur le Mont-Royal. Au matin, j'ai repris mon pacson et la route, vers l'ouest cette fois. Je suis à Ottawa le 18 août 1977.

18 août 1977

Je ne sais pas quel caprice m'a pris d'acheter Princesse, une chienne terrier de race pure. Six mois, pelage noir et blanc, fidélité à toute épreuve, voilà son pedigree. Je me promène avec elle dans la ville ennuyeuse comme la pluie même sous le soleil, et je constate que les restaurants y sont chers. Heureusement, il y a des parcs pour dormir et ma tente en guise de toit.

19 août 1977

Je me rends au terminus Voyageur avec l'intention de prendre l'autobus; mais il faudrait me séparer de Princesse... Pendant que je parlemente, un individu m'a demandé du feu et nous avons causé. Comme nous allons dans la même direction, il m'offre un lift jusqu'à Windsor, à trois heures de l'après-midi. En attendant, il écume les tabagies et achète les journaux qui consacrent des reportages à Elvis Presley. Elvis est mort hier et mon quidam est un de ses fans et imitateurs. Le style de la vedette lui sert d'inspiration. Réal — c'est son nom — ne voyage pas seul. Il fait la plus formidable paire d'homosexuels avec Mario. Et ils ont un chien aux dents cariées qui endure n'importe quoi pour un carré de sucre.

J'ai eu peur que Princesse se soit cassé la queue et nous allons chez un vétérinaire. Bilan: un muscle étiré, honoraires de vingt-cinq dollars pour le pansement sophistiqué qu'on a fait à ma chienne. Réal paie généreusement la facture, et je commence à trouver que mes originaux un peu détraqués ont aussi du coeur.

Réal tient le volant et tout roulerait sur des roulettes s'il n'y avait les autobus. Oui, enfin, les autobus sont le problème de Mario. Dès qu'il en aperçoit un, il pique une crise, s'empare du volant car il lui faut absolument le dépasser. Réal devient blanc comme un drap, puisqu'il doit protéger sa peau et l'humeur de Mario par la même opération. Je me rends compte que Mario, le plus jeune des deux, n'a pas sa tête à lui, à sa façon de frapper le chien par exemple, puis de le gaver de sucre; à sa façon aussi de ficher les autobus qui nous dépassent sur la route.

Toujours est-il que Réal paie mon repas, puis ma chambre à Toronto, de même qu'il entretient Mario. Peu lui importe, il a de la fortune et n'est pas obligé de travailler.

20 août 1977

Dès huit heures, après le déjeuner, nous repartons pour Windsor. Haute vitesse, coups de Mario sur le chien, chasse aux autobus. Je commence à m'y habituer. Princesse dort constamment et ne me cause aucun ennui. Si Mario ne parlait pas tant, je pourrais réfléchir en paix, et j'ai besoin de réflexion. D'abord le samedi la banque est fermée. Ni la centrale de police ni le bureau d'information touristique ne peuvent me dépanner en échangeant mes chèques personnels. Au bureau d'information, les trois jeunes Anglaises ont pitié de mon dénuement et me prêtent quatre dollars que je promets de leur rendre dès l'ouverture de la banque lundi. Je me réfugie ensuite dans un parc pour y passer le week-end. Mon projet de voyage éblouit certains jeunes à qui j'en parle. Enfin je dresse ma tente pour la nuit et j'y dors avec Princesse.

21 août 1977

Pluie battante, froid, brouillard. Tout l'après-midi je suis coincé sous la tente avec mon chien. Nous avons faim et nous nous sentons comme des prisonniers. Je n'ai pas un sou noir dans mes poches. Vers midi je pars en quête de nourriture et découvre un monastère à une courte distance du parc. Les religieuses nous servent généreusement, Princesse et moi, en plus de me remettre un gros sac de provisions pour la journée. Plus ou moins abrité de la pluie sous un toit improvisé par-dessus une table à pique-nique, je dévore mon repas. Puis je tue le temps à jouer de la bombarde et à tenir d'interminables discours à Princesse à propos de mes rêves. Pour la soirée, il me reste heureusement du colombien que je partage avec un Abitibien rencontré aujourd'hui.

22 août 1977

Lundi enfin. Je démonte ma tente et plie bagages, puis je file vers la Banque Royale où la caissière m'apprend que j'ai encore soixante-quinze dollars (au lieu de quarante) dans mon compte montréalais. Quelle aubaine! J'empoche vivement la manne. Ce n'est sûrement pas moi qui la détromperai. Je quitte la banque le coeur joyeux et vais rendre aussitôt les quatre dollars empruntés aux étudiantes du bureau d'information touristique. J'aimerais bien continuer mon voyage en train, mais le coût en est prohibitif aussi bien pour moi que pour mon chien. Au centre de main-d'oeuvre, on me refuse de l'aide en ce sens et je dois me résoudre à faire du pouce sur l'autoroute.

Durant la journée, pas une seule voiture ne s'est arrêtée, sauf celle de la police qui m'a rappelé l'interdiction de faire du pouce en cet endroit, surtout avec un chien. Quelle guigne! Je me retrouve au centre-ville, à l'Armée du Salut qui refuse catégoriquement d'héberger mon chien. La somme des ennuis de la journée commence à me peser et j'enrage. Mon amertume et mon hostilité envers la société et ses lois ridicules refluent dans un vilain sentiment de révolte. Encore une fois je me réfugie dans un parc, près d'une rivière. En face, il y a la ville de Détroit, ses énormes gratte-ciel et j'aimerais bien y faire une trotte. Mais, aux douanes, on refuse de me laisser traverser le tunnel, avec un chien et pas suffisamment d'argent pour y demeurer une journée complète. Je m'aperçois que la présence du chien nuit considérablement à mes initiatives, qu'il devient encombrant et dispendieux d'être accompagné d'un animal lorsqu'on voyage à ma façon. Ma décision est prise impulsivement: je vais confier Princesse à un centre de dressage et d'adoption de la ville. Son excellent pedigree la fait accepter sans problème et je l'abandonne à Windsor, faute de pouvoir lui donner les soins et l'attention qu'elle mérite.

Puis je retourne dans mon parc, en face de Détroit, car je prévois prendre le train à six heures demain matin. (Cette nuit, je couche dans un wagon-lit désaffecté avec la permission du contrôleur de nuit.)

23 août 1977

Le contrôleur de jour doit ignorer la permission donnée par son collègue de nuit, car il me jette carrément à la porte de mon wagon dès son arrivée. Je m'assois dans la salle d'attente pour guetter l'arrivée du train en direction de Toronto. Eh! oui, je retourne sur mes pas, mais pour rebondir à Winnipeg. J'ai placé mes derniers dollars et mes ultimes illusions dans un aller simple qui, je le crois, ne me mènera nulle part. Mais je n'ai personne à qui parler de mon itinéraire épuisant, je suis incapable de concentration et de communication, je broie du noir. Ma mort est imminente et je ne sais plus si j'ai envie de pareil affrontement. Je continue à refuser de rentrer à Montréal, de revenir vers ceux que j'ai quittés en leur promettant une métamorphose qui n'a pas eu lieu. Je suis hélas le même Yannick et, maintenant que j'ai pu me comparer à Temporel, à Maryse que la distance me permet d'estimer avec plus de discernement, à Raoul qui supporte avec courage et discrétion une condition très difficile sur le plan social et psychologique, je ne peux continuer ma pitoyable comédie. Je veux ressembler aux meilleurs, et non aux épaves avec qui je partage de la fumée et des chimères dans des parcs publics et des abris de fortune.

Autant le reconnaître, je suis un peureux, et ma fuite dans l'irréalité en témoigne. Je me prends pour un aigle, mais je m'écrase sous des préjugés et des objectifs de basse-cour. Mon égoïsme ne m'échappe pas toujours, mais je n'ai pas la force de m'en sortir. Je commets quantité de fautes envers mes semblables chaque jour: rapines, abus de confiance, abus de toutes sortes. J'ai volé ce pantalon et ce veston à quelqu'un qui en avait besoin, mais lequel y avait droit, lui ou moi...? Je me suis choisi, comme si je valais infiniment plus que celui que j'ai frustré. Facile de s'excuser devant le Seigneur de ces fautes-là; mais devant les hommes?

Une attente de douze heures dans une gare de chemin de fer où l'on ne parle qu'anglais, ça vous en laisse du temps pour examiner votre conscience... Et la mienne n'aime pas trop se faire bousculer.

24 août 1977

J'ai demandé à deux filles, mes voisines de banquette dans le train, d'écrire dans mon journal. (Aujourd'hui encore, en avril 1984, je suis incapable de traduire le message qu'elles ont écrit. Je le recopie tel que dans mon journal):

"Here I am on my way to British Colombia seeking a job. Whether I will find a job or not is another question. I really think this train ride is super fantastic. The only problem is that every time the train stops, Jan thinks that we are being hi-jacked. I hope that your experiences

around the world will prove to be interesting.
Good luck in the future.
                    Brenda Hoste and Jan Vanderheide

À l'arrêt de Sudbury, j'ai fumé comme un porc avec des types rencontrés dans le train. En une heure, au moins cinq à six joints et, lorsque nous avons réintégré nos wagons, je me suis rallié à un groupe de Noirs formidables pour encore fumer et faire de la musique. Guitare, musique à bouche, bombarde, xylophone, sans compter les vocalises de l'un d'entre nous, un concert effréné qui a bientôt attiré autour de nous les jeunes et les amateurs de *jam-session*. Circulation bloquée dans le wagon, odeur étouffante du pot, fumée dense. Les menaces du contrôleur de nous faire jeter dehors à la prochaine station ont fini par nous séparer. Je me suis prudemment retiré dans mon wagon.

25 août 1977

Quelqu'un m'a encore payé à déjeuner.

Dès mon arrivée à Winnipeg, je suis allé au bureau d'aide sociale. On m'a fourni de la nourriture en conserves et l'adresse de l'Armée du Salut, et conseillé de rentrer chez moi le plus rapidement possible, par mes propres moyens.

Je me suis promené dans la ville avec quatre bûcherons de langue française, Montréalais et Abitibiens. Winnipeg est remplie d'Indiens et j'ai failli être dépecé par l'un d'eux que j'ai insulté involontairement dans la rue. Seule la présence des bûcherons m'a sauvé de l'assaut qu'il méditait dans mon dos. Je n'aime pas la clientèle de l'Armée du Salut, les clochards en général, la nourriture infecte, mais les chambres sont convenables.

26 août 1977

Inutile d'insister. Winnipeg ne m'offre rien. L'épouvantable déjeuner de l'Armée du Salut achève de me dégoûter et je songe à rentrer au Québec. Je m'y

300

apprêtais lorsqu'un individu m'a offert du travail pour la journée, le nettoyage d'un hangar à bateaux. Cinq pensionnaires de l'Armée du Salut ont accepté comme moi, et nous avons trimé pendant huit heures pour la somme risible de vingt dollars. Une soirée nous a suffi pour engloutir notre paie en alcool à l'hôtel. Quand on a commencé à parler de subtiliser les sacs à main à des passantes, je me suis enfui avec une subite envie de dormir. Je veux rentrer au Québec au plus tôt.

27 août 1977

Oui, je veux rentrer. C'est clair.

J'accepte pourtant de travailler aujourd'hui afin de mettre un peu d'argent dans mes poches et ne pas arriver chez moi les mains vides. Même routine qu'hier sauf que je ne vais pas boire à l'hôtel et que je ne couche pas à l'Armée du Salut. Je dors dans un parc, en banlieue de la ville; je veux être près d'une route où faire tôt demain matin du pouce vers le Québec.

28 août 1977

Une première étape m'amène à Thunder Bay. Il fait nuit, il pleut et vente très fort. Je dois absolument trouver un abri. Première requête dans un garage où on ne comprend absolument rien à mon charabia. Déconcerté, je suggère qu'on appelle la police pour moi; mais je dois littéralement sortir de mes gonds pour qu'on acquiesce à ma demande. Les agents n'ont absolument rien à m'offrir ni à me proposer d'ailleurs, et je repars bredouille à la recherche d'un abri.

La pluie ne diminue pas. Le vent non plus. Je suis trempé jusqu'aux os, gelé, et refuse de passer la nuit en butte aux éléments déchaînés. Je longe à présent un parc de stationnement d'autobus scolaires et l'idée de me faufiler à l'intérieur de l'un d'eux traverse mes méninges. Hélas, ils sont tous fermés. Qu'à cela ne

301

tienne! Avec une pierre, je fracasse la vitre voisine du volant, ouvre la portière et me glisse à l'intérieur. Ce n'est pas le grand confort. Mes vêtements dégoulinent et l'humidité me glace. Même mon sac de couchage est détrempé. Pas moyen de dormir. Pas moyen non plus de contrôler la colère qui m'envahit, car je crois que la police aurait au moins pu m'offrir une cellule pour la nuit. Je n'ai plus rien à boire ni à fumer, et le jeûne forcé me plonge dans des transes épouvantables. Qu'est-ce qu'on me veut, à la fin? Pourquoi le monde entier se détourne-t-il de moi lorsque je crie au secours?

29 août 1977

Il y a du soleil ce matin heureusement. Mais pas de quoi décolérer; en cherchant un endroit où faire sécher mes nippes et mon sac de couchage, je croise un local de l'Armée du Salut. Ma rage monte d'un cran: pourquoi ne m'a-t-on pas dit que j'y pouvais dormir, hier? Je ne sais pas si le ton que j'emploie avec le concierge du lieu l'indispose, mais il refuse que je fasse sécher mes vêtements dans le local et je sors furieux de la ville. À une halte routière, j'étends mon attirail au soleil et laisse couler les heures à ne rien faire, repris mollement par mon dilemme fondamental: ai-je vraiment envie de rentrer au bercail? Ne suis-je pas simplement en train de fuir, encore une fois, la décision qui m'effraie? La vie de clochard a, elle aussi, ses exigences. Moi, je ne veux connaître que les beaux côtés de l'existence, voilà la vérité. Ma bombarde elle-même refuse désormais de me conter des romances. Excédé, je la lance au bout de mon bras.

Je suis tombé si creux dans mon trou noir que mon unique consolation aujourd'hui est d'avoir acheté deux capsules de mescaline à un motard. Aussitôt je les ai gobées. Puis je me suis rhabillé en vitesse afin d'aller à la régie des alcools acheter un flacon de tequila. Ce soir, à la halte routière, je m'offrirai une bonne cuite et tout ira bien. Mon pantalon est encore humide, mais quelle importance? Je vais brasser des tas d'idées, raconter des histoires aux passants, les emmener avec moi dans mon mirifique tour du monde imaginaire... Eh oui, je redeviens le marchand de bonheur qui prétend s'occuper du moral des autres, mais laisse le sien en panne, à la merci d'une capsule de mescaline et de quelques onces d'alcool.

30 août 1977

J'aurais été mieux de ne jamais me réveiller. Ce matin, le spectacle hideux de ma désolation n'a d'égal que le sentiment de défaite totale que filtre ma conscience. Je reste hébété, amorphe, si humilié par l'échec que je constate que je n'éprouve ni colère ni rien. Mon dégoût n'a pas de définition, pas de limite, pas même de cause précise. Je me trouve dans une chambre de motel et il y a un homme dans le lit, à côté de moi. Un homme à qui j'ai promis que je me rendrais à Ottawa avec lui. Du moins, c'est ce qu'il me répète, très étonné de me voir aussi effondré et prêt à fuir. Son explication me flanque la frousse. Encore une fois j'ai perdu le contrôle. Mais c'est la dernière. Je quitte le motel en claquant la porte. J'ai changé d'idée, quoi. Je ne vais plus à Ottawa.

Mais où est-ce que je vais? Dehors. Une route quelconque en direction de Québec. Le conducteur qui s'arrête se rend à Hull justement. Il s'en va-t-au-Québec, Yannick, allez, monte, fuis, prends tes jambes à ton cou, comme le bon petit trouillard que tu es!

Mais à lui aussi je dis que j'ai changé d'idée, et il démarre en vitesse, croyant probablement avoir affaire à un fou. Et je retourne m'asseoir sur le bord de cette route tranquille, peu fréquentée, sans voir filer le temps, à examiner l'obstacle que j'ai toujours refusé de voir: mon moi haïssable et pleutre. Non, je ne veux pas rentrer à Québec et reprendre ma vie là où je l'ai laissée, ma vie creuse, ma vie malade. Je ne monterai plus de bateaux à ceux qui m'aiment et qui détestent mes mensonges. Si je rentre chez moi, ce sera pour recommencer à neuf, autrement, avec mes véritables moyens et dans la mesure de ces moyens.

D'un autre côté la vie de clochard voyageur et sans but n'a de sens pour moi que si j'y trouve la mort. Si je choisis la mort, je veux l'affronter à chaque instant, sans me défiler comme je le fais en ce moment et depuis le début de mon périple. Quel dilemme épouvantable; je réalise pleinement que je me suis joué la comédie à moi-même autant qu'aux autres, que je doutais de moi et que l'orgueil m'empêchait de l'admettre.

Moi, Yannick Duntel, vagabond sans feu ni lieu, sans amis, sans famille, comment peut-on exiger que je conclue pareil choix, à des centaines de milles de mon pays, à la croisée d'une route secondaire où les gens ne parlent ni ma langue nationale ni ma langue intérieure? Encore une fois, la colère déferle dans mes poings qui cognent rudement le sol, dans des cris qui ameutent la Vie. Non, je ne peux prendre un si crucial engagement sans un signe de la Vie, une indication complice. De quel droit m'arrachera-t-elle la promesse qui me déchire, qui me brûle et me jette dans l'enfer de la vérité, sans rien qui me protège et me défende? Est-ce qu'on exige d'un homme qu'il se condamne lui-même à mort?

Je hurle à la Vie de m'accorder la dernière chance. À son tour, la garce! Je m'escrime en vain pendant des heures. Puis vidé par la crise, complètement désorienté, ahuri, plus seul qu'un mort qu'on a négligé d'enterrer, je ramasse mon pacson et me remets en marche, en direction de Québec. Soudain, à la croisée des quatre chemins, une inspiration irrésistible me saisit en apercevant les quatre écriteaux indiquant le STOP obligatoire pour tous. Voilà le signal que j'attendais, j'en suis certain. Porté par une impulsion surnaturelle, je m'avance au centre des quatre routes, pour dicter mentalement, dans une fièvre qui me met en sueur, mes conditions à la Vie:

— Ou je tombe la face tournée vers l'ouest et je me tue; ou je m'effondre tourné vers l'est et je recommence à zéro. À toi de décider!

Alors, lentement d'abord, puis en accélérant, en concentrant mes énergies sur ce mouvement de toupie de plus en plus folle, je fais tournoyer mon corps, les yeux fermés, jusqu'à ce qu'il s'affaisse comme une poupée de linge flasque et sans ressort, comme mon âme dont je ne distingue plus que l'écho désarticulé, sous le soleil oblique de fin d'après-midi.

Lorsque j'ai repris conscience, mon corps était tourné vers l'est. Et me voici, vivant et libre. J'ai vingt-six ans.

Mai 1984

Achevé   Imprimerie
d'imprimer Gagné Ltée
au Canada Louiseville